中国陕北匠艺丹青（第三卷）

秦塞邊牆根的水陸畫藝術

呼延胜 著

陕西新华出版传媒集团

未来出版社

图书在版编目（ＣＩＰ）数据

秦塞边墙根的水陆画艺术 / 呼延胜著. —— 西安：

未来出版社, 2017.12 （中国陕北匠艺丹青；第三卷）

ISBN 978-7-5417-6298-7

Ⅰ.①秦… Ⅱ.①呼… Ⅲ.①佛教—寺庙壁画—研究—中国 Ⅳ.①K879.414

中国版本图书馆CIP数据核字(2017)第282921号

秦塞边墙根的水陆画艺术

陕北匠艺丹青纪胜（第三卷）　　　呼延胜　著

选题策划	陆　军
责任编辑	陆　军　王小莉
装帧设计	北京雅昌艺术中心·北京
排版制作	北京雅昌艺术印刷有限公司·西安分公司
出版发行	陕西新华出版传媒集团　未来出版社（西安丰庆路91号）
印　　刷	北京雅昌艺术印刷有限公司
开　　本	210mm×285mm　1/16
印　　张	11.25
版　　次	2018年2月第1版
印　　次	2018年2月第1次印刷
书　　号	ISBN-978-7-5417-6298-7
定　　价	118.00元

目　录

引　论

在陕西省榆林市榆阳区的麻黄梁乡、安崖镇、刘千河乡，神木县的乔岔滩乡及佳县的方塌镇、上高寨乡、刘国具乡等处，存在着一个绘有水陆壁画的庙宇群。这种寺庙多达12处，地理分布相当集中，全部地处葭芦河和秃尾河流域。

1　水陆壁画庙宇群的分布

陕西省关中地区、陕北和陕南部分地区的寺庙和博物馆以前收藏的洛川、彬县、三原、长安等地水陆画有100余幅，主要是卷轴形式和镜片，绘制于明清时期。后来，在陕北横山和榆林又发现一批卷轴水陆画和清代民间线描水陆画稿。

佳县至神木县公路的王家砭镇至虎头峁段中间，有座兴隆寺。距王家砭镇十千米处，从公路旁一条很陡的土路可以下到庙里。寺庙位于郑家后沟老村西头，是一个有相当规模的乡间寺庙。在该庙的正殿石窟中存有两壁水陆壁画，从碑文和题记初步判断为清代壁画。

2008年夏，笔者又一次来到兴隆寺，在该寺会长郑进旺的介绍和指引下，在佳县上高寨乡观记沟村又找到一处更大的观井寺水陆壁画。之后三年，相继又找到榆林市榆阳区麻黄梁乡西长塌村水陆庙、榆阳区刘千河乡屈渠村香严寺等两处保留完整的清代水陆壁画。佳县方塌镇杨塌村报恩寺、榆林榆阳区安崖镇刘良村金佛寺两处部分被改造后留有旧壁画的寺庙。

除上述六处外，调查中还发现五个庙宇被铲掉旧水陆壁画后重绘的新水陆壁画，有榆林榆阳区安崖镇崖窑沟赤脚寺（龙兴寺）、榆阳区刘千河乡康家湾村土佛寺、榆林市榆阳区安崖镇刘兴庄毗卢寺、佳县朱官寨乡朱官

陕北水陆壁画集中区域图

寨村金山寺、佳县刘国具乡白家铺村化云寺等。

　　神木县乔岔滩乡高仁里峁村龙泉寺一个坍塌的水陆殿，殿宇建筑的台基尚在，寺内留存的清代碑刻记载此殿原为水陆殿，绘有水陆壁画。当地村民也告知此处原为水陆殿，约在20世纪40年代坍塌。

　　这12处绘有水陆壁画的庙宇或遗址所在地虽属不同的行政区县，但其地理位置都离得很近，方圆不足百千米。这些绘有水陆画的庙宇被称为水陆画庙宇群，都曾举办过水陆法会，有别于众多其他的寺庙，因为水陆画这一特殊的宗教题材绘画，点明了水陆法会超度亡灵的主题，足以使这类庙宇成为一种独特的类别。

　　这个水陆壁画庙宇群，是水陆法会频繁举办的时代里不可或缺的场所。虽然该区域水陆殿不会仅仅是这12处，但这一发现足以说明该区域民间宗教信仰的独特之处，同时补充丰富了笔者对陕西省内水陆画资源调查的材料。目前调查资料显示，陕西的水陆画主要分布在渭河、洛河流域，以及陕北地区葭芦河、秃尾河和无定河流域一带。这些水陆画与河西走廊地区山丹、古浪、武威等地所藏卷轴水陆画，黄河以东山西的繁峙公主寺、浑源永安寺、左玉宝宁寺，河北石家庄毗卢寺、蔚县重泰寺、故城寺等一起构成了北方水陆画分布的大图景。

2　中国历史上的水陆法会与水陆画

2.1　水陆法会的兴起

　　水陆法会，也叫水陆道场，全称“法界圣凡水陆普度大斋盛会”，为佛教中最隆重、时间最长的一种经忏法事。著名学者周叔迦认为，水陆法会是以梁武帝的《梁皇忏》与唐代密教冥道无遮大会结合而成。阿难救面燃鬼王的故事最早见于唐代于阗实叉难陀所译《佛说救面燃饿鬼陀罗尼神咒经》[1]，此经译出时间约在公元699～704年之间；水陆仪文中的咒语出自或是参考了菩提流志于唐神龙三年（707年）翻译的《不空绢索神变真言经》[2]，水陆法会形成的时间应该不早于这两部经的译出时间。对水陆法会的文字记载，以宋代较多。

　　宋代遵式《施食正名》中说：“施食一经，凡两译共三名。一曰救面燃，二曰救拔焰口，三直云施食饿鬼。今吴越诸寺多置别院，有题榜水陆者，所以取诸仙致食于流水，鬼致食于净地之谓也。”[3]日本学者牧田谛亮先生认为，此等法会之所以称为“水陆”，只是从施食的对象命名而已。[4]“法界圣凡水陆普度大斋盛会”中，“法界”指诸佛与众生本性平等，通称法界；“圣凡”是指十法界中的四圣六凡，四圣即佛、菩

陕北水陆画调查区域

萨、缘觉、声闻，六凡指天、人、阿修罗、地狱、饿鬼、畜生；"水陆"指水陆空三界众生居住受报之处，空中飞行之众生，须以陆地而休息，故包括陆地而称水陆；"普度"指悉皆度化六道众生，使之解脱饥饿之痛苦；"大斋"指不限制地给予众生饮食；"盛会"是法施之意，除布施众生饮食外，又有诵经持咒之法施，令受苦众生心开意解，得法水之滋润，故名盛会；教度者与被度者集于一堂，饮食与佛法会于一处，故名为会。简言之，水陆法会就是诸神赴会，施食广大仙人、鬼神的一场盛宴。

《佛祖统纪》卷三十三："所谓水陆者，因梁武帝梦神僧告之曰：'六道四生受苦无量，何不作水陆大斋以拔济之？'帝以问诸沙门无知之者，唯志公劝帝，广寻经论必有因缘，帝即遣迎大藏。积日披览，创立仪文，三年而后成。乃建道场，于夜分时亲捧仪文悉停灯烛，而白佛曰：'若此仪文理协圣凡，愿拜起灯烛自明。或体式未详，烛暗如故。'言讫，一礼灯烛皆明，再礼宫殿震动，三礼天上雨华。（梁）天监四年（505）二月十五日。就金山寺依仪修设。"[5]

敦煌写卷中虽未发现题目为"水陆斋文"的宗教文献，但S·2144V《结坛散食廻向发愿文》（A文）和S·3427《结坛散食廻向发愿文》（B文）中所奉请的各路神祇[6]，与《天地冥阳水陆仪文》奉请的神祇十分相似。这两件文书据考证为后晋天福八年（943）撰文，这些唐代文献与后来民间流行的水陆仪文有着密切联系。

宋代以后，水陆法会十分兴盛，特别是在每次战争以后，朝野常常举行。宋代宗赜《水陆缘起》中说："今之供一佛，斋一僧，施一贫，劝一善，尚有无限功德。何况普通供养十方三宝万灵，岂止自利一身，独超三界，亦乃恩沾九族，福被幽明，等济群生，同成佛道，可谓无央无数，无量无边，不可思议功德大矣。所以江淮两浙川广福建水陆佛事今古盛行，或保庆平安而不设水陆，则人以为不善；追资尊长而不设水陆，

则人以为不孝；济拔卑幼而不设水陆，则人以为不慈。由是富者独力营办，贫者共财修设。"[7]有的水陆画题记中写出功德主的姓名，或叫管龛信士，他们出资绘制的水陆画。

历史上的一些水陆道场非常著名，例如：北宋元丰七八年间（1084~1085），名僧佛印在金山主持的"金山水陆"；元祐八年（1093），苏东坡在四川为亡妻设水陆道场；南宋韶兴二十一年（1151），慈宁太后施钱于杭州崇先显孝寺修水陆法会；南宋乾道九年（1173），四明（宁波）人史浩在四明东湖月波山施田百亩，专建四时水陆，宋孝宗特地赐予"水陆无遮道场"额。月波山附近的尊教寺，有僧俗3000人，遵照月波山四时普度之法，举办道场；元代延祐三年（1316）、至治三年（1322），朝廷曾在金山寺开设水陆法会，参加的僧众达1500人；明初宋濂所撰《蒋山寺广荐佛会记》记载，洪武元年至五年（1368~1372）朝廷多次在南京蒋山举行水陆法会，参加僧众常达千人，其中以五年正月的一次最大，明太祖与群臣均与会礼佛[8]。

水陆仪轨的纂集，有北宋苏轼重述《水陆法像赞》，世称《眉山水陆》。宋熙宁年间（1068~1077），东川杨谔作《水陆仪文》之卷，流行于四川，其书今佚。江淮、浙江则流行不同的版本。宋绍圣三年（1096）宗赜删补修订以前各家著述，完成《水陆仪文》四卷，此书今仅存《水陆缘起》，后收入宗晓所编《施食通览》。志磐有《水陆新仪》六卷。元代四川华严学者痴安祖觉尝修《水陆斋仪》行世。明末名僧袾宏依南水陆著《水陆仪轨》，行于杭州地区水陆法会。清代仪润在袾宏著作的基础上撰成《法界圣凡水陆普度大斋胜会仪轨会本》六卷，成为水陆法会的仪轨。此后咫观也依袾宏之意增补，著《法界圣凡水陆普利道场性相通论》九卷，简称《鸡园水陆通论》，现行寺庙水陆法会多依据此规则举办活动。

据明、清水陆仪轨，水陆道场分内坛和外

坛。内坛设于大殿或法堂，外坛多设于配殿或临时场所。内坛中间悬挂毗卢遮那佛等佛像，下安放供桌，布置供品。其前置长方台四只，组成四方形，台上放置法器及仪轨。四周挂起布幕，把内坛分成三间，两侧分挂上堂、下堂的神像。画像下置牌杆，上书佛、神名称。牌的上部画宝盖，下部画莲花，所见有彩绘、金笔等品种。外坛根据不同的要求布置挂像。法事活动一般要进行七昼夜，主要有：结界洒净、建幡、遣使发符、请上堂、奉浴、供上堂、请赦、请下堂、供下堂、送圣等步骤。中间还有斋僧、说戒、放生等活动。外坛有六个坛场，诵念不同的经文。瑜伽坛场又称施食坛，每夜放焰口一台。"焰口"是"面燃"的意译，放焰口，即是施食饿鬼的仪式。第六夜时放五方焰口，内、外坛法师、僧众均参与，是法会活动的高潮。

超度亡灵、放焰口、施食饿鬼等是水陆法会仪轨重要内容，一般在大的战争或大的自然灾难后，地方政府或民间要在当地举办水陆法会超度亡灵，历史上也有朝廷捐资举办法会超度的记录。李淞教授在其论文《唐太宗建七寺之诏与彬县大佛寺石窟的开凿》中，论证了彬县大佛寺的开凿与唐初平定薛举父子的大战有直接关系。皇帝在战后下诏立寺，为殒身戎阵者祈福超度[9]。

在唐代有许多著名的寺院是朝廷为大战后超度战争亡魂而设，唐道宣著《广弘明集》对七座著名寺庙的修建原因就有明确记载：

"誓牧登陑，曾无宁岁。其在桀犬，愚惑婴此汤罗。衔须义愤，终于握节，各徇所奉，咸有可嘉。日往月来，逝川斯远。虽复项籍放命，封树纪与丘坟；纪信捐生，丹青著于图史。犹恐九泉之下，尚沦鼎镬；八难之间，永缠冰炭。愀然疚怀，用忘兴寝，思所以树立福田，济其营魄。可与建义以来交兵之处，为义士凶徒殒身戎阵者，各建寺刹，招延僧侣。望法鼓所震，变焰火于青莲；清梵所闻，易苦海为甘露。所司宜量定处所，并立寺名，支配僧徒，及修造院宇，具为

事条以闻，称朕矜愍之意。破薛举于豳州立昭仁寺；破霍老生于台州立普济寺；破宋金刚于晋州立慈云寺；破刘武周于汾州立弘济寺；破王世充于芒山立昭觉寺；破窦建德于郑州立等慈寺；破刘黑闼于洺州立昭福寺。右七寺并官造，又给家人车牛田庄，并立碑颂德。"[10]

《广弘明集》中另一则因战争而立寺的记载为隋高帝的《相州战场立寺诏》，曰：

"门下昔岁周道既衰，群凶鼎沸，鄴城之地，寔为祸始。或驱逼良善，或同恶相济。四海之内，过半豺狼；兆庶之广，咸忧吞噬。朕出车练卒，荡涤妖丑，诚有倒戈，不无困战，将士奋发，肆其威武，如火燎毛，始无遗烬。于时朕在廊庙，任当朝宰，德惭动物，民陷网罗，空切罪己之诚，唯增见辜之泣。然兵者凶器，战实危急，节义之徒，轻生忘死，干戈之下，又闻徂落，兴言震悼，日久逾深。永念群生蹈兵刃之苦，有怀至道与度脱之业。物我同遇，观智俱愍，思建福田，神功祐助。庶望死事之臣，菩提增长，悖逆之侣，从暗入明；并究苦空，咸拔生死。鲸鲵之观，化为微妙之台；龙蛇之野，永作颇梨之镜。无边有性，尽入法门。可于相州战地，建伽蓝一所，立碑记事，其营构制度，置僧多少，寺之名目，有司详议以闻。"[11]

宋代《东京梦华录》中也记载："七月十五日中元节……本院官给祠部十道，设大会，焚钱山，祭军阵亡殁，设孤魂之道场。"[12]

山西左玉宝宁寺珍藏的一堂明代卷轴水陆画共计139轴，其中有清康熙乙酉年（1705）和嘉庆二十年（1815）的重裱水陆画序记，此画均称为"敕赐镇边水陆画"。专家认为这一堂水陆画是明正统十四年（1449）土木堡之变后，天顺年间明朝廷赐给位于山西大同附近的宝宁寺的。据明成化十年（1474）碑记，宝宁寺初建时间在天顺四年（1460）[13]。该寺的初建和赐画前后不过几年时间，据此推测，宝宁寺也是因为战争亡灵的超度而建。

以上证据表明，水陆法会在梁武帝的创制倡导下从南方江浙一带肇始，隋唐之际一度失传，后在唐代高僧大德主持下恢复，并随唐宋时期佛教世俗化之风传播全国。由于近古时代北方地区战争灾难、瘟疫疾病致人死亡事件频繁，水陆法会活动在北方地区再次兴起，并盛行于民间。这次兴起的水陆法会活动、所遵从的仪轨以及水陆画都已经融合了北方的文化特征，变身为北方地区特有的宗教文化形式。

2.2 近代中国的水陆法会与水陆画

佛教进入中国后的传播，一度以长安为基地，辐射周边，陕北地区深受影响，留下大量佛教石窟和石刻造像。大批佛教经典也是在长安被翻译并传布全国，并随佛教传播进入民间的。许多经文被民间宗教改造利用，有的被改变为歌本唱词，佛教传播的过程与世俗化的过程同步并行。

宋元以降，中国宗教已形成儒释道三教合一、杂糅并蓄的格局，并对中国社会造成长期影响。水陆法会是宋元时期最为兴盛的佛教仪式，在这一时期的文学作品中多有描述[14]。至明清之际，在江浙、四川一带更是极度活跃，南水陆、北水陆、眉山水陆各已形成面貌[15]。中国传统文化习俗，包括丧葬仪式、民间信仰、岁时节庆风俗都与不断发展的水陆仪轨相互融合。法会所用水陆画图谱也在这一过程中不断丰富，内容越来越庞杂，数量越来越多，几乎收入了中国人所崇拜的所有神祇，形成了独特的宗教绘画类别。

从调查所见水陆庙宇群分析，明清以后水陆法会在陕北地区的盛行，应该与明清两代该地区人口迁移、佛教道教的广泛传播以及民间宗教的兴起有关。在调度戍边军队的过程中，南方文化随之迁入陕北地区，移植于自然生态艰辛、人间斗争艰险的环境，与当地文化相融合并反映到宗教艺术中，使陕北地区水陆壁画的图像中既有水陆仪轨本来的图像，也加入了该区域的地方特色。

水陆画是举办水陆法会时奉请的神像图，

是水陆法会修斋仪轨的一部分，有壁画和卷轴两种形式[16]。水陆壁画绘制于寺院殿堂中，现在存留的壁画，主要为清代作品。卷轴式水陆画通常是绢、纸质地，所见有立轴装和直幅镜片装两种装潢形式。水陆画这一艺术形式从属于庙宇建筑或水陆法会临时会场的装饰，属中国传统绘画中工笔人物画，在宋代《宣和画谱》中，将绘画从"道释"到"蔬果"，"析为十门，随其世次而品第之"，"而道释特冠诸篇之首"，介绍了顾恺之、陆探微、张僧繇等唐朝著名画家，水陆画应该是在这类画家的画稿基础上发展而来。

水陆画所对应的一是水陆法会的活动，一是绘制水陆画所应遵循的规矩，也就是画背后所依托的文献。国家图书馆收藏一套三卷《天地冥阳水陆仪文》，此文记载所奉请和召请的神祇鬼灵，开列出每一个前来赴会神祇的名称和所司之职，基本包括了水陆画的图像谱系中的全部神祇。据此可知，水陆画的神祇共分为上下两堂，包括正位神祇、天仙、下界神祇、冥帝十王、往古人伦、诸灵、孤魂等七大类[17]。水陆画是佛教中国化、世俗化后的产物，形成了固定的构图仪轨，有着明确的宗教象征意义。一部分图像又反映出当地自然环境、物质资源、社会组织、信仰、审美、文化习俗等方面的特点。这种创造和活力一般体现在"往古人伦"和"孤魂"两类题材，这些图像是社会生活在宗教艺术中的反映，也是水陆画区别于其他宗教图像的特质。

有专家认为水陆法会应该分为"南水陆"与"北水陆"两个分支[18]，所用仪轨及图像应该属于两个不同的体系：北水陆所用仪轨叫《天地冥阳水陆仪文》[19]；南水陆所用仪轨叫《法界圣凡水陆普度大斋盛会仪文》。在认同这一观点的前提下，陕北地区的水陆画无疑属于北水陆的范畴，在图像释读、艺术风格分析时应该与《天地冥阳水陆仪文》对应，该仪文出自山西省太原市文水县广报寺。晋中地区与陕北隔黄河相望，属于同一方言区域和文化交融地区，仪文在两地民间传用，或民间艺人在两岸活动都是常用的。水陆法会的超度亡灵、施食及放焰口等核心的宗教内容并没有南北之别，所谓"水陆法会"，在民间有着更为丰富的形式，并不限于佛教或道教。有的地方在家族范围内举办追荐超度亡故之人的"亡事"；也有乡村庙会举办祈福禳灾的"打醮"活动，借用水陆画来布置场所。

水陆画图像风格南北差异应该与南北不同的文化背景有关，甚至在北水陆范围，如河西走廊、陕西、河北、山西等地的水陆画，都会有内容、风格以及绘制方式等方面的差异。水陆法会仪轨对水陆画创制的要求相对严格，但民间画匠文化水平有限，有的人并不信教，一般不会严格遵守规制，这一点为民间宗教信仰的随意性和松散性所决定，也与各地寺庙不同的建筑风格有关。

民国时期，水陆法会逐渐退出社会生活，在文学作品中只是偶尔会被提及[20]。新中国成立后，屡次政治运动中提倡破除迷信活动，从"四清"运动到"文革"浩劫，宗教活动受到极大冲击。水陆法会完全被人们忘却，卷轴水陆画被卷起来放入箱底，壁画留在穷乡僻壤的小庙被人遗忘，这些艺术品当初被绘制出来时的灿烂辉煌，已被历史的尘埃所覆盖。

2.3 当代学界水陆画研究的热潮

近几年，随着水陆画考古资料的陆续公布，学术界对古代水陆画的研究逐渐热了起来，一批水陆画研究的学术论文和学位论文逐渐发表。主要有：

洪起龙博士论文《元明水陆法会图研究》（1997）[21]。论文对水陆法会中上堂和下堂、坛式和图像的演变，元明清时期水陆画的画面构图及思路，水陆画中人物绘制技法和所反映的民间冥府信仰等做了逐一探讨和研究。论文所显示的主要价值是对已公布的一些水陆画资料的梳理，及民间信仰在水陆画上所反映出来的成因的探讨，

有一定参考价值。

戴晓云博士论文《北水陆图考》。主要对珍藏于国家图书馆的重要文献《天地冥阳水陆仪文》与北水陆图的对应关系给予肯定。这是一个在艰苦研究后得出的突破性成果，论文讨论了南北水陆仪轨的流变及异同，同时有田野调查资料发表，是一篇颇有学术价值的论文。笔者认为该论文有几点遗憾：首先，该论文认为陕西地区是一个水陆画空白区，文中所绘制的全国水陆画分布示意图及通篇讨论中，对陕西水陆画未置一词；其次，该论文的结论中将水陆画划归为佛教水陆画太过武断，似乎三教合一后的中国宗教中，儒教和道教一定为佛教所统御，民间宗教就根本不算宗教，对此观点笔者认为还应继续讨论。该论文经修订后已正式出版，书名为《佛教水陆画研究》[22]。该书对国家图书馆收藏的《水陆道场鬼神图像》依据《天地冥阳水陆仪文》做了

郑振铎藏本手执莲花菩萨图明代刻本，高25厘米，宽16厘米

榆林市榆阳区万家藏清代水陆画稿，白描，高32，宽17厘米

一番考订，可惜的是她在图像认定上也有错误，如第148页注4，"无榜题。据手持的莲花，应该是观世音菩萨"。其实手持莲花的菩萨有两种可能，可能是观世音，还可能是大势至菩萨。比对笔者在陕北考察发现的一套清代民间画工珍藏的水陆画稿，其中有同样一幅菩萨图，图上有题字，确定是大势至菩萨。

赵明荣著《浑源永安寺壁画绘制年代考》[23]。书中认为，山西浑源永安寺壁画上的信士即为供养人，通过考证供养人的生活年代，进而确定水陆壁画的绘制年代为清代乾隆年间。论文的可贵之处在于在结论的最后，提出了这个问题："笔者在研究工作中发现，水陆画粉本在历代传承中，其用途很可能扩大，按照水陆仪轨，在举办水陆道场的时候，水陆画作品会按照一定的仪式，依次悬挂到会场上相应的位置。而目前发现的水陆画却有

许多是壁画、雕塑等固定载体形式的作品。这些使用固定载体的水陆画，是否依旧出自举办水陆法会的用途，是很值得怀疑的。因为固定载体的水陆画作品与水陆仪轨不符，无法完成召请和恭送的步骤。"这个问题包含两个方面，一是水陆画图像与水陆仪轨所召请神祇名称不符，该问题在2007年戴晓云的博士论文中已经讨论清楚，赵明荣所说的不符，是对应于进入佛教经典的《法界圣凡水陆修斋仪轨》不符。戴晓云博士的论文认为：所有北水陆法会图所对应的仪轨都是《天地冥阳水陆仪文》，并做了大量的论证。这一结论在2008北京大学熊雯的硕士论文中，通过对公主寺水陆壁画的研究考证也得到证实。二是卷轴水陆画和水陆壁画等固体形态水陆画的使用问题（笔者认为如果在固定寺院佛堂举办水陆法会就用水陆壁画，如果到山野荒郊之地的超度现场临时搭建的佛堂举办水陆法会就会用卷轴式水陆画。该问题本书会在后面章节中专门予以讨论）。

张炳杰论文《水陆画之神祇谱系及其社会功能的初步研究》[24]，认为水陆画在唐末五代时期出现，道教神仙谱系对水陆画像之神祇谱系的逐步完善有较大影响，水陆画的社会功能主要是伦理教化。在一定程度上，水陆画的教化功能是通过参加水陆斋的信徒在置身于仪式的整体情绪氛围中，面对仪式所奉请之神祇的图像符号时，由畏而生敬的心理实现的。

呼延胜论文《陕西现存世几套水陆画调查与初步研究》[25]。作者通过实地考察，对现存于陕西几个寺庙和博物馆的几套水陆画情况进行了调查和记录，揭开了陕西地区留存众多很有艺术价值的水陆画这一事实，为笔者后来在陕北地区水陆画调查和博士阶段的进一步研究搜集资料，打下一定基础。论文属资料性较强的论文，弱于对问题的研究探讨。

熊雯论文《山西繁峙县公主寺东西壁水陆画内容考释与构图分析》[26]。作者首先考订了公主寺水陆壁画所用仪轨就是北水陆仪轨《天地冥阳

水陆仪文》，对戴晓云博士论文的结论与她自己的研究对象能否对应作了较为详细的讨论，通过比照研究肯定了戴晓云的结论。同时，作者将壁画构图与《仪文》所附坛场图式进行对照研究，分析曼荼罗的基本构图，发现公主寺东西壁水陆画受曼荼罗构图影响的可能性。但在第二章结论中，讨论了水陆画佛道内容混杂的内在规定性，认为"道教神祇出现在水陆画中是有原因的：他们都是作为被超度的对象，并通过在水陆法会中承担一定职责，可以满足人们寄托在水陆法会中'禳灾祈福'的世俗需求而被请入水陆法会中，其次则体现在水陆画中的道教神祇地位是低于佛教神祇的特点上"。

对这一结论，由于笔者在陕西彬县文化馆所藏的36轴水陆画中找到了道教和儒教本尊图像各一幅，所以该问题需要继续商榷。

徐戈论文《河北地区水陆壁画在宗教壁画中的地位与价值研究》[27]，则通过对河北地区水陆画介绍和分析，论述河北水陆壁画与宗教壁画的异同，试图总结水陆画的特质。论文将水陆壁画三教合流现象与民间神仙崇拜的直接关系作了梳理和归纳，剖析了河北水陆壁画在各类宗教壁画中的定位。

学术期刊和学术会议近十几年来陆续发表多篇关于水陆画研究的论文。如：

白万荣的《青海乐都西来寺明水陆画析》[28]，介绍了西来寺所藏一套24轴明代绢质卷轴水陆画。对其保存状况、内容以及宗教含义作了简略介绍，并对这批画的绘制年代和画工来源作了初步讨论，让我们对当地水陆画的情况有了初步了解。

夏朗云的《麦积山瑞应寺藏清代纸牌水陆画的初步整理》[29]，介绍了一批特殊的纸牌水陆画——这些画只有44厘米宽，49厘米高，或26.5厘米宽，29厘米高，呈硬纸板状，共34幅。夏朗云先生认为这是水陆画内容的"佛教像牌画"，用于甘肃地区的小型道场。论文对这些画的内容、题材和排列方式作了研究和介绍，让我们了

解到水陆画的另外一种使用形式。笔者认为，这些水陆牌画的用途应该像卷轴水陆画一样，适用于活动的、临时搭建的佛堂装饰。

谢生保的《甘肃河西水陆画简介——兼谈水陆法会的起源和发展》[30]，介绍了留存于甘肃河西地区古浪、山丹、民乐、武威等四个县市博物馆收藏的明清时期卷轴水陆画286轴，同时讨论了水陆法会的起源与发展，水陆画与水陆法会的关系，对我们了解河西水陆画的收藏情况及分布来源有极大帮助。

谢生保的《甘肃河西道教黄箓图介绍》，将甘肃河西地区所收藏水陆画中道教内容单独列出作为研究对象，对道教水陆画的用途略作讨论，并指出了道教内容在水陆画中的独特意义。

苏金成发表两篇论文《石家庄毗卢寺水陆画及其艺术特征》《石家庄毗卢寺水陆画宗教思想探析》[31]。文章分别对毗卢寺水陆画的艺术特征和宗教思想进行了分析，认为毗卢寺壁画的艺术特征反映出明代宗教画是相对于文人画而言又一个重要的、有价值的领域，其题材、造型与色彩比别的宗教绘画更为成熟；还认为毗卢寺水陆画是在三教合一的政治、文化背景下受到时代画风的影响，反映了明代宗教文化的主流和趋向，那就是教化思想。文章对毗卢寺水陆壁画的断代与原有研究的断代有所不同，认为是明代作品。

此外，苏金成的《水陆法会与水陆画研究》[32]，对水陆法会的起源和仪式，水陆画的题材与技法，水陆画的功用与价值逐一评述，将水陆画艺术与明代流行的时代画风"文人画"对应解释。李欣苗论文《毗卢寺壁画引路菩萨与水陆画的关系》[33]，通过对引路菩萨单个图像的个案研究，推导出唐代以后的佛教已完全接受了从"超度——接引"的观念，也说明西方传来的佛教已失去了经典性，完成了佛教中国化的转型。赵燕翼《古浪收藏的水陆画》[34]，主要从这批画中的一幅《重修水陆功德记》入手，探讨了这批画的修设原因和历史上流传的情况，从中可见一堂水陆画是如

何面世和保留下来的（该论文严格说起来不应算是论文，基本没有问题讨论，只是一个物账录，但其中所记水陆法会修设情况有一定参考价值）。徐建中《怀安昭化寺大雄宝殿水陆画》[35]，介绍了河北省怀安县昭化寺明代水陆壁画概况，对该壁画的绘制时间及作者确认等问题进行了讨论。戴晓云论文《水陆画基本情况简述》[36]，综合评述了全国水陆画的分布、保存、价值等情况，可惜的是在该论文中她依然没有将陕西众多水陆画资料纳入视线，导致所公布资料及结论存在重大缺陷。陶思炎论文《南京高淳水陆画略论》[37]，重点讨论了高淳县保存的339幅明清时期水陆画（包括"神轴"和"斗牌"两种形式），认为高淳水陆画是用五色重彩对乡人的精神世界加以了想象的描绘，并透过浓郁的宗教氛围传导出为生存、求繁衍的生命伦理信息。黄晓蕙论文《略论佛山水陆画》[38]，对佛山水陆画内容进行了分类考证，总结出佛山水陆画的特征，从宗教色彩、工细画风、程式化风格等不同角度，探寻佛山宗教思想的传播轨迹，与当时社会上工商业发展情况及民俗文化状况作了关联性讨论。柳建新的《泰山岱庙馆藏水陆画初探》[39]，以岱庙所藏165幅明清时期水陆画为对象，进行归类整理研究，对其来源、内容、岱庙举办水陆法会的历史情况进行探讨，为道教场所在明清时期频繁举办水陆法会这一事实提供了实证。

陕西水陆画研究方面，主要有如下几篇成果。

西安文物保护所王长启先生曾发表论文《古老的水陆画》，介绍了在西安市考古研究所珍藏的两轴元代水陆画，并在论文中展示了这两幅水陆画的照片。据现有资料，西安市考古研究所珍藏的这两幅作品应为陕西现存最古老的水陆画[40]。负安志、左正发表的论文《洛川县兴平寺水陆道场画》[41]，介绍了洛川民俗博物馆藏62轴水陆画，并将水陆画内容按世俗人物画和宗教人物画分类评价，其中有些地方依照阶级分析角度进行评述，让人觉得不伦不类。段双印论文《三教合一

与诸神共和的艺术表现——洛川民俗博物馆藏水陆画欣赏》[42]，也是对洛川民俗博物馆收藏的62轴清代水陆画的情况加以简单介绍，并对其中的十八罗汉图作了简单研究和艺术分析。

2.4 新的认识起点

笔者的硕士学位论文曾就陕西存世的几套卷轴水陆画，做了一些调查与初步研究。从2005年始，又先后调查了横山牛王会、佳县张家堡则村和高起家圪村放赦、延安老醮会及绥德定仙墕花会等陕北民间宗教活动，对陕北北部地区民间"打醮"活动的深入广泛了解，促使我对水陆画的调查研究有了一个新的认识起点。

汶川大地震后，境内外宗教界纷纷赴汶川举办超度活动，除在经济上为灾区筹得善款之外，更重要的是对灾区百姓受伤心灵的抚慰。2008年5月31日，成都大邑县鹤鸣山举行了"两岸四地道教界为地震灾难祈福禳灾·追荐超度大法会"。继而在两个星期之内，台湾、香港以及大陆一些寺庙祈福法会陆续举办，促使国内学术界对历史上水陆法会之类的活动有了更深的认识与反思，他们意识到应将超度活动与受灾民众的精神抚慰联系到一起。有学者发表文章感叹道："那些秉持暮鼓晨钟生活方式的佛僧道士们，从未像这次四川地震这样，感到宗教仪式对于生者心理安抚的重要性。"[43]文章又说："台湾地区'九二一'大地震之后，香港地区'非典'之后，当地佛教界与道教界也发起了规模浩大的超度法会。人们发现，中国宗教团体千百年来一直演习的超度仪式在功能上，与近百年才兴起的西方心理学哀伤治疗，虽殊途而同归。"[44]该文表达了中国当代知识分子通过对这一系列事件观察后的思考，提出了对水陆法会等超度活动的宗教文化内涵与价值的重新评估。

这样的观点使得笔者认识到，在对陕北水陆画研究时应将视点调低，对准下层百姓，这样才能揭示水陆画背后真正的文化价值与宗教内涵。

2.5 水陆画古代资料的简述

目前国内外学术界对水陆画的研究虽有热度但成果不多，陕西水陆画研究成果更少，总体上处于初级阶段。出版物中，只有很少几本专著和几个大型画册。近几十年科研机构和高等院校有很多个案研究文章见诸学术刊物，还有一些美术学专业的博士学位论文和硕士学位论文陆续提交，本书已在上述"当代国内学界水陆热潮"一节中详细列出和评述。

古代文献中对水陆画只有零星记载，现有资料显示水陆法会图的记载始于宋代[45]，且在佛教典籍和文学作品中较多。

当代较早介绍水陆壁画者有王子云[46]、王树村二位先生[47]。他们在自己的研究领域对涉及的水陆图像内容作了客观介绍，为后来者提供了翔实的资料。对于山西地区寺庙所存水陆壁画，金维诺、柴泽俊二位先生在对寺庙壁画总体调查研究的基础上，对其中的水陆壁画也有大量介绍及艺术分析，成果颇丰[48]。俞剑华主编的《中国壁画》中，对山西青龙寺和浑源永安寺的水陆画进行了介绍，其方法按规范的考古学考察，将内容按存在状况分为几个种类，这种忠实记录的资料尤为可贵。

《天地冥阳水陆仪文》是研究水陆画的重要文献依据，据戴晓云著《佛教水陆画研究》28～30页的考订，该版本共有普林斯顿大学藏本、国家图书馆藏本、北京师范大学藏本、中国人民大学藏本、北京大学藏本、日本私人图书馆藏本、湖南社科藏本等七处。七处藏本均为明代版本，笔者查阅了国家图书馆和北京师范大学两处藏本，国家图书馆藏本内容包括仪文上、中、下三卷，杂文两卷，为寺院流传之刻本；北京师范大学藏本有仪文三卷，天地冥阳水陆坛场式一卷，仪文内容与国家图书馆藏本相同。

国家图书馆所藏《水陆道场鬼神图像》为郑振铎先生所捐，为明代版画图集，寺院旧藏本，

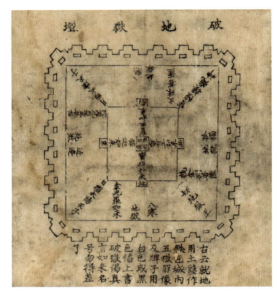

北京师范大学藏《天地冥阳水陆坛场式》中"破地狱坛"图

国家图书馆《西谛书目》著录书名为《水陆道场图》[49]，是目前国内外仅见的孤本。

《宝宁寺明代水陆画》是一部十六开本大型画册[50]，详细介绍了宝宁寺所藏的139轴水陆画。宝宁寺卷轴水陆画是目前发现最齐全、艺术水平最高的一堂。宝宁寺所在的山西左玉县靠近京畿首善之地，位于边关沿长城一线。从宝宁寺水陆画的清代装裱记录分析，这堂水陆画的绘制与宫廷画师有关，是朝廷敕赐镇守边关之物。画册印制精美考究，又有专家初步分析介绍，对水陆画的研究有多方面的参考性和资料性。

康殿峰主编的《毗卢寺壁画》是一部大型十六开本画册[51]，所介绍的河北石家庄毗卢寺水陆画是研究古代水陆壁画一处有代表性、又完整的古代壁画遗存。画册印刷精美清晰，对研究水陆壁画极有帮助。

2.6 国外水陆画研究状况

国外水陆画研究方面也有一些成果，在近代中国遭受外来侵略的过程中，一些卷轴水陆画流失海外，珍藏于一些公私博物馆中，近年来引起一些海外汉学家的关注，目前有少量国外学者的

水陆画研究文章公开发表。

法国学者安娜·赛德尔在《西方道教研究史》中有一段描述[52]，关注到中国流失到国外的水陆画珍藏："迄今为止已经出版的对水陆道场画的研究，是对三种不完整的画卷（一共有150种）里的一些次要角色的研究，这些画卷从1904年以来，就被尘封在巴黎贵迈的博物馆中，似乎没有人确切地知道这些奢华的、而且明显是非常广泛和大众化的水陆道场究竟是什么。它们想必是属于佛教为饿鬼所作的放焰口仪式和道教为孤魂所作的普度仪式那一种类型。绘画中肖像画的繁荣及其曼荼罗的结构，使人联想起中国密教那种隐蔽的但无所不在的传统的影响。"

美国学者马小鹤，美国哈佛燕京图书馆中国研究馆员，2010年在新世纪暨南史学论坛发表演讲，题目为《引路菩萨与引魂明使》。马小鹤认为："引路王菩萨不仅流传到朝鲜，而且朝鲜的各式文本超过了中国。如哈佛燕京藏的《天地冥阳水陆杂文》、松广寺16世纪的《天地冥阳水陆杂文》、1642年保留在湧珍寺的《天地冥阳水陆斋仪》、《天地冥阳水陆斋仪纂要》乃至《天地冥阳水陆斋仪梵音删补集》等。"并以毗卢寺壁画为例，借助图像和文献，介绍了引路菩萨在水陆法会中所起到的作用，以及在众多佛像中处于什么样的地位。马小鹤的结论大致是：引路菩萨早先在敦煌壁画中是起引导施主的某一个亲属去世以后走向天堂的作用，到后期的水陆画中，引路菩萨已经发展成众神中的一个，所引导的对象已经不限于那些亲属，而是引导整个"往古人伦"的菩萨。这个研究实际上是一个水陆画图像个案的研究。

德国学者贾珞琳，1990年在博德加湾召开的中国民间文化的仪式和经典研究讨论会上，提交论文《The All-Chinese Pantheon of the Shui-lu chai》，中文译名《水陆斋的泛中国神系》，是一篇专门讨论水陆斋仪式上神祇谱系的论文，其中对水陆画图像中出现的一些神祇进行了较为深入的讨论。

这些研究成果既有对水陆画整体图像的分析，也有某地某处所存水陆画的个案研究，还有资料性介绍和对水陆画本身的内容、题材、图像等多方面研究。

水陆画研究领域虽然已有一些成果，但要做到巫鸿先生所说，"突破美术史研究中对图像学和图像志方法的单纯使用，争取把这两种重要的方法和绘画的其他结构成分，如媒材、构图、色彩、风格、叙事、比喻、观看、动机等因素，进行有机的结合"[53]，我们还差得很远，也许需要经过很长时间，几代学人的努力。

3　陕北水陆壁画——以往研究的一个盲点

3.1　陕北近古时期

陕北指陕西省的北部，地理位置约为东经107°41′~110°47′，北纬35°20′~38°24′，总面积八万余平方千米。该区域以毛乌素沙漠与北部长城外的内蒙古自治区及宁夏回族自治区相连接，东边与晋西北隔黄河相望，西南以子午岭与甘肃省相隔，南面以梁山、黄龙山为界与关中地区连接。属今榆林、延安两市辖地，共含二十多个县、区。其中，榆林市有一大区域为毛乌素沙漠与黄土高原丘陵沟壑区连接地带：北部为风沙草滩区，中南部为沙盖黄土河谷山道地，东南部属黄土丘陵沟壑区。无定河、窟野河、秃尾河为主要河流。该地气候干燥，雨量不均，日照充足，春季干旱，夏季昼夜温差大，秋季凉爽短促，冬季干冷漫长。延安市在榆林市以南，绝大部分地处黄土高原丘陵沟壑区，西北高而东南低；东南黄河沿岸和黄龙山、子午岭一带为石质低山丘陵地带。洛河、延河、清涧河、仕望河及汾川河为全市五大主干河流。春季干旱多风，秋季温凉多雨，冬季寒冷干燥，四季降水分配极不均匀。

陕北的自然生态因长期以来历史上人类生产活动影响而不断改变，造成生存环境相当艰难。陕北的地下矿藏十分丰富，主要有煤炭、石油、天然气、盐等。近二十多年来，陕北的能源、化工、矿业发展迅猛，但在经济收入大幅提高的同时，局部生态环境的破坏及恶化也日渐明显。

近古时代在我国历史分期上，多指元明清时期。陕北水陆画的兴起与这一时期的战乱和自然灾害频繁有直接关系，也与民间宗教这一时期在陕北地区的广泛传播有关[54]。陕北的历史文化具有广阔博大包容的特性，内涵极为深邃而复杂。在历史上曾长期是农、牧两大文明对峙、竞争之地，也是民族冲突和交融的前沿。在历代战争间余，不断吸纳南方的兄弟民族百姓生存扎根。这里还是边关重要的商旅贸易窗口，汇集甘陕宁蒙的商贸交易活动，与华北地区的山西中北部隔河相望，有便利的水路交通连接，历史上贸易往来十分频繁。自汉代以后，历代统治者为巩固边防而不断向陕北输送大批军队和财物。至明清时期，陕北这块外貌粗糙荒僻的土地上，各种文化杂糅并蓄，形成内容十分丰富的独特文化区域。在自然生态艰辛、人间斗争频繁的环境条件下，当地民众不仅守持着民族文化，而且在传承中显出较内地更为刚健雄悍、坚韧豪放的特质。其艺术也特别富有活性与张力，显示着博大沉雄的文化品格。陕北地区民性友善开朗，憨厚质朴，喜欢交往，宗教信仰多元并存，大小寺庙群星罗棋布，是民间艺人创作的自由天地，也是产生滋养水陆画艺术的肥沃土壤。

3.2　陕西水陆画研究的现状

陕西水陆画的研究成果，在笔者的硕士论文提交之前只有两三篇介绍性短文发表。通过笔者硕士学位论文对陕西水陆画资源的调查结果的公布，使陕西众多的水陆画资源揭开面纱。在近几年后续的田野考察中，又发现了陕北近古水陆壁画庙宇群，资料更加充分，将陕西水陆画的研究工作推进了一步。

笔者调查整理的陕西元明清水陆画最新结果统计如下。

卷轴水陆画（包括镜芯）分别有：西安市考古研究所2轴（元）、洛川民俗博物馆62轴（清）、三原县城隍庙21轴（明清）、长安兴教寺9轴（明）、彬县文化馆35轴（明清）、白水县文管所30轴（清），共计159轴。

榆林"万画"家族珍藏清代水陆画稿一套，80幅。

横山牛王会所用卷轴水陆画一堂36轴。该水陆画一直在活动中使用，现在使用的是20世纪80年代初恢复牛王会时重新绘制，艺术水准不高，但未脱离谱系。这堂水陆画的可贵之处在于，一直在使用中传承，几次被毁几次恢复。

水陆壁画有：榆林佳县郑家后沟兴隆寺水陆殿、佳县上高寨乡观记沟村观井寺、榆林榆阳区麻黄梁乡西长墕水陆庙，榆阳区刘千河乡香严寺等4处。被改造的壁画：佳县报恩寺壁画和榆阳区金佛寺石窟壁画2处。1处已经坍塌的遗迹为神木县龙泉寺水陆殿。5处在旧址上重新绘制的水陆壁画：榆林市榆阳区赤脚寺壁画、榆林市榆阳区刘千河乡土佛寺壁画、榆林市榆阳区毗卢寺壁画、佳县朱官寨乡金山寺壁画、佳县化云寺石窟壁画等，共计12处。

笔者在对陕北有水陆画庙宇实地调查的同时，结合对民间庙会的调查，采访了十几位庙会会长、民间画匠、社家（供养人）、忌口人（也叫善师，是民间宗教信徒）及当地村民，收集了一批谈话录音（这些录音是一部分口述历史，在民间文化研究中弥足珍贵）。国家图书馆所藏《天地冥阳水陆仪文》所记录的召请各类神祇的仪式中，上述这几类人均有各自的作用，他们是水陆法会举办的组织实施者，也是当时水陆画使用的相关人员。对他们的深入采访，可以了解民间醮会组织对水陆画的使用方式，并使笔者将民间庙会活动中的水陆画与历史上在水陆法会活动中的水陆画联系起来考虑，以解读近古时代陕北水陆壁画在民间活动的真实情况。

随着该水陆壁画庙宇群的发现，笔者已经明显感觉到，对陕北水陆壁画的调查研究，已经触摸到以往水陆壁画学术研究的一个盲点——以往陕西水陆画研究方面的文章，都没有利用陕西所存水陆画资料展开，继续作深入的探讨，使得陕西水陆画研究至今停留在宣传性质的介绍，疏于从实地调查到理论的深入研究。所以，形成了一个学术研究的盲点。

笔者对这些存留实物进行实地调查，并结合该地区的历史文化和地理位置作相关的探讨研究，试图揭示出陕北近古时代一段黑暗悲惨的历史时期中，民间宗教组织所发挥的作用和体现出的人文关怀。

4　关注焦点及研究方法

4.1　本书关注的焦点

艺术附着于人类生活中的用具器物或建筑装饰品中，成为某种艺术品，参与到某种活动中去。当有些活动停止，或器物用具随着历史发展的进程遭到淘汰，附着其上的艺术也就不可避免地成为死的艺术。时过境迁后，当人们单纯品评它们的艺术性时，与它们产生时的本意能否一致？也许误读就产生了。在艺术史的研究工作中，若不想对古代艺术品的理解流于表面而产生误读，研究者对与其相关的人文历史背景的深入揭示就成为非常重要的工作。宗教消除不了灾难，灾难却可以产生宗教。妈祖信仰普遍出现在渔民们冒着危险打鱼作业的沿海地区；龙王出现在干旱或易发涝灾的农耕文明地区；北方游牧民族有自己的萨满——人们对崇拜对象的选择绝不会错位，在如此对应关系上显现出的观念和信仰，才是产生宗教图像或雕塑之类艺术品的根本原因。

将区域灾难与水陆画艺术和民间宗教信仰联系起来考虑，是笔者近几年实地考察过程中逐渐形成的习惯。在考察途中不断看到"边墙"的地名、村名[55]，不断现于眼前的烽火台、明代长城和城堡残迹，表明"边墙"在这一带的历史上曾占据有重要的地位。加上散布周围的绘有水陆壁画的庙宇，都在证明着这一地区独特的历史文化。

陕北地区从明清到民国时期遭遇过多次大灾难，这样的大灾难对当地民间宗教信仰、人们心灵势必造成极大影响。在陕北老人们的描述中，灾难后民间所采取的各种应对措施中就包括巫术和各种超度法会。历史的云烟散去后，现在所能看到的实物可能就是存留在一些乡村庙宇墙壁上的水陆画和庙里一些碑文的记录。

在陕北的土地上，战争的频繁发生，自然灾害对生命的威胁，曾经是当地百姓难以摆脱的灾难。在交通闭塞的艰苦环境中，政府管理不力，无助的百姓只能相互依靠，凭借民间的会社组织进行自救。经长期发展，在该区域形成众多的民间会社和民间秘密宗教组织。很多民间宗教信仰活动甚至延续到现在，虽然这些活动大多演变为娱乐为主，商业为辅的庙会"打醮"活动，但活动中所使用的水陆画或其他内容的"神影"，都含有阴森恐怖的图景和灾难的场面，我们从中可以窥见这些乡间庙会活动与陕北地区过去频繁的天灾人祸之间割不断的联系。

本书的研究对象为陕北水陆壁画，相对集中于葭芦河和秃尾河流域一个狭小的地理环境中。笔者深入到民间乡村有水陆壁画的小庙或遗址进行田野调查，深入采访当地民众，在分析其艺术价值的同时，更着重于对每个案例进行具体分析，探究每一个存有水陆壁画的庙宇与当地民俗活动的关系。通过多年跟踪陕北各种庙会活动，勘踏乡间民众为禳灾避祸和心灵慰藉所依托的各种活动的真实场景，从根源上探析民间宗教活动与宗教图像所表现场景的内在联系。艺术发生学、书民间宗教信仰与社会灾难之间的关系问题，是本书透过陕北水陆壁画所关注的焦点问题。

4.2 研究方法

巫鸿说："对于绘画图像的释读，希望突破美术史研究中对图像学和图像志方法的单纯使用，争取把这两种重要的方法和绘画的其他结构成分，如媒材、构图、色彩、风格、叙事、比喻、观看、动机等因素，进行有机的结合。"又说："对'历史物质性'的研究，因此包含了对绘画的原始媒材、环境、目的、观者等一系列因素的重构。"[56]正如巫鸿先生所指出的，在宗教艺术研究领域，选取研究视角时，通常首选对其艺术性进行分析，其次将艺术品与文献的对应关系作为切入点，从文本到文本，很少将视角延伸到文献背后的社会与人，缺乏用人类学和社会学的眼光来关注艺术与生活的关系。这样的人类学眼光应该是："广泛涉及人类一致性与文化差异之间关系的问题。但就研究单位而言，文化人类学家（或民族学家）的关注点更经常是整体的族群和文化区域。"[57]

本书首先用艺术考古学方法对陕北水陆画庙宇群逐个进行田野考察，对寺庙的分布区域、实物的存留状况，包括建筑、碑刻、水陆画遗存等作了详细记录和整理，并对其内容、图像配置规律、艺术性、与背后的水陆仪文相对照、解读图像等方面进行研究探讨。

在此基础上运用社会学、文化人类学等方法，在存留水陆壁画寺庙周边的村庄乡镇调查访问，调查当地民俗活动情况，力求从水陆法会在民间的兴盛对底层民众心理的影响为着眼点，从水陆画与当地的宗教信仰和日常生活的关系入手，探究这些水陆画如何、为何在陕北这块土地上出现。

陕北土地上既指陕北这一地理区域，也指陕北乡村最底层老百姓的乡土生活、民间文化和宗教信仰的背景。土地承载万物，孕育艺术，是生命和人类精神生活的依托。费孝通先生曾说过："从基层上看去，中国社会是乡土性的。"[58]如将中国社会做一个全景式的观察，乡土社会是这一图景中占有巨大比例的基础。本书强调陕北土地上这一概念，是试图将水陆画放到它的生长环境中去，采用社会学、文化人类学等田野调查的方法对陕北水陆画艺术这一特定对象及它活动的人文环境等民俗活动，进行关联性研究，探究古代水陆法会活动和水陆画背后的民间宗教信仰对当地百姓的威慑作用，以及百姓对这些偶像的崇拜、依赖心理。

最后，运用文献学考据方法，借助图书馆查阅地方志、风俗志、民国时期报纸等有关陕北灾难、捐助的记载，了解当时灾难发生后社会各阶层的态度和措施，民间醮会在当时所起的作用等情况，解读水陆画背后民间宗教艺术发生和使用的历史和社会根源。

4.3 本书的结构与目标

本书以在陕北西北部几个县所发现的水陆壁画庙宇为研究对象展开，共分为八章。前六章主要叙述次序相同，大致为以下三个方面：一、田野实录，详细记录了田野考察时所见水陆画庙宇中的建筑、壁画、石刻等实物资料。二、涉及问题讨论，基本围绕该寺庙的建筑年代和水陆画的绘制年代、艺术概貌和民间艺术特色。三、考察所获民俗资料，介绍考察中对村民、会长、忌口人等的采访，介绍该寺庙会情况以及与村民互相来往等事务。每章写一个本章小结。第七章和第八章重点讨论陕北水陆壁画生成的历史文化空间，以及宗教艺术、民间信仰和社会变迁之间的关系，试图在理论上对前边所述实例作一总结。

本书最终目标是揭示乡土的宗教艺术对下层民众心灵影响的社会历史事实。

注释：

1　CBETA 中华电子佛典，《大正新修大藏经》第 21 册，No.1314，465 页。

2　CBETA 中华电子佛典，《大正新修大藏经》第 20 册，No.1092，265 页。

3　CBETA 中华电子佛典，《卍续藏经》第 57 册，No.0950，宋·遵式述、慧观重编《金园集》卷中，10 页。

4　牧田谛亮，《水陆法会小考》，《中国佛教史研究》第 2 期，大东出版社 1984 年版。

5　CBETA 中华电子佛典，《大正新修大藏经》第 49 册，No.2035，宋·志磐《佛祖统纪》，318 页。

6　余欣，《神道人心——唐宋之际敦煌民生宗教社会史研究》，57 页，中华书局 2006 年 3 月版。

7　CBETA 中华电子佛典，《卍新纂藏经》第 57 册，No.0961，宗晓编《施食通览》，114 页。

8　洪起龙，《元明水陆法会图研究》，10 页，中央美术学院博士论文，1997 年。

9　李凇，《长安艺术与宗教文明》，15 页，中华书局 2002 年版。

10　CBETA 中华电子佛典，《大正新修大藏经》第 52 册，唐·道宣《广弘明集》，329 页。

11　CBETA 中华电子佛典，《大正新修大藏经》第 52 册，唐·道宣《广弘明集》，328 页。

12　宋·孟元老，《东京梦华录》，85 页，山东友谊出版社 2001 年 5 月版。

13　吴连成，《宝宁寺明代水陆画》，7 页，文物出版社。

14　《西游记》第九十一回："唐王游地府，回生阳世，开设水陆大会，超度阴魂。"宋·苏轼《释迦文佛颂》引："元祐八年（1093）十一月十一日，设水陆道场供养。"元·关汉卿《窦娥冤》第四折："改日做个水陆道场，超度你升天便了。"《初刻拍案惊奇》卷二十七："（王氏）请旧日尼院各众，在墓前建起水陆道场三昼夜，以报大恩。"《水浒传》第三回《鲁提辖醉打镇关西》："一拳打在脸上，即刻像开了全堂的水陆法会。"

15　赖永海主编，《中国佛教百科全书·仪轨卷》，上海古籍出版社 2001 年版。162 页："元祐八年（1093），苏轼为亡妻宋氏设水陆道场，撰水陆法像赞十六篇，史称眉山水陆。南宋时，史浩路过金山水陆，闻水陆法会之盛，特施给四明东湖月波山田一百亩，专供四时修建水陆之费。乾道九年（1173），月波山创建殿宇，四时启建水陆大斋，史浩亲撰书辞，作《仪文》四卷。南宋末年，志磐又续成《新仪》六卷，并制定像轴二十六轴。于是金山仪文称为'北水陆'，志磐所撰称为'南水陆'。"

16　石刻水陆图仅有山西平顺金灯寺石窟一处，为明代作品，属孤例，不能归为一类。参见王子云，《中国雕塑艺术史》下册，404 页，人民美术出版社 1988 版。

17　《天地冥阳水陆仪文》，明山西文水县刻本，国家图书馆藏。

18　戴晓云，《佛教水陆画研究》，3 页注，中国社会科学出版社 2009 年 5 月版。

19　关于《天地冥阳水陆仪文》版本，据戴晓云《佛教水陆画研究》28 ~ 30 页的考订，共有普林斯顿大学藏本、国家图书馆藏本、北师大藏本、中国人民大学藏本、北京大学藏本、日本私人图书馆藏本、湖南社科藏本等七处。七处均为明代版本，笔者查阅了国图本和北师大本两处，国图本内容包括仪文上、中、下三卷，杂文两卷，为寺院流传之刻本；北师大藏本有仪文三卷，天地冥阳水陆坛场式一卷，仪文内容与国图本相同。

20　鲁迅《两地书·致许广平七五》："但在这里，却也太没有生气，只见和尚自做水陆道场，男男女女上庙拜佛，真令人看的索然气尽。"

21　洪起龙，《元明水陆法会图研究》，中央美术学院博士论文，1997年。

22　戴晓云，《佛教水陆画研究》，中国社会科学出版社2009年5月版。

23　赵明荣，《浑源永安寺壁画绘制年代考》，北京大学硕士论文，2004年。

24　张炳杰，《水陆画之神祇谱系及其社会功能的初步研究》，山东大学硕士论文，2007年。

25　呼延胜，《陕西现存世几套水陆画调查与初步研究》，西安美术学院硕士论文，2007年。

26　熊雯，《山西繁峙县公主寺东西壁水陆画内容考释与构图分析》，北京大学硕士论文，2008年。

27　徐戈，《河北地区水陆壁画在宗教壁画中的地位与价值研究》，苏州大学硕士论文，2008年。

28　白万荣，《青海乐都西来寺明水陆画析》，《文物》1993年第10期。

29　夏朗云，《麦积山瑞应寺藏清代纸牌水陆画的初步整理》，《文物》2009年第7期。

30　谢生保，《甘肃河西水陆画简介——兼谈水陆法会的起源和发展》，《文化研究》2004年第1期。

31　苏金成，《石家庄毗卢寺水陆画及其艺术特征》，《石家庄毗卢寺水陆画宗教思想探析》，分别发表于《艺术百家》2006年第7期和《艺术百家》2007年第4期。

32　苏金成，《水陆法会与水陆画研究》，《南京艺术学院学报》2005年第1期。

33　李欣苗，《毗卢寺壁画引路菩萨与水陆画的关系》，《美术观察》2005年第6期。

34　赵燕翼，《古浪收藏的水陆画》，《丝绸之路》1994年第3期。

35　徐建中，《怀安昭化寺大雄宝殿水陆画》，《文物春秋》2006年第4期。

36　戴晓云，《水陆画基本情况简述》，《中国文物科学研究》2009年第1期。

37　陶思炎，《南京高淳水陆画略论》，《艺术学界》2009年第1辑。

38　黄晓蕙，《略论佛山水陆画》，《佛山科学技术学院学报》2007年第5期。

39　柳建新，《泰山岱庙馆藏水陆画初探》，《民俗研究》2008年第3期。

40　西安关中民俗艺术博物院编，《关中民俗艺术论文集》，三秦出版社2003年版。

41　负安志、左正，《洛川县兴平寺水陆道场画》，《文博》1991年第3期。

42　段双印，《三教合一与诸神共和的艺术表现——洛川民俗博物馆藏水陆画欣赏》，《收藏》2004年第10期。

43　吴真，《宗教仪式与灾后心理治疗》，《读书》2008年第8期。

44　同上。

45　黄休复《益州名画录》张南本条、郭虚若《图画见闻志》张南本条、苏轼《水陆法像赞》等均为宋代对水陆图的明确记载。宋元时期文学作品中的描写更多。

46　王子云，《中国雕塑艺术史》，404页有关于山西平顺宝岩寺水陆内容故事图像介绍，人民美术出版社1988年版。

47　王树村，《中国民间美术史·道释水陆篇》，岭南美术出版社2004年版。第三章《天地人间水陆画》，对水陆画的内容、绘法、对外影响等方面做了全面介绍，所用资料大多来自南方广东等地。

48　金维诺主编，《中国美术全集·绘画编·寺观壁画》，文物出版社1988年版。对山西、河北等地水陆壁画多有介绍，并在卷首的论文中给出了较为深入的理论探讨。

49　国家图书馆藏《水陆道场鬼神图》，《中国古代版画丛刊》第2辑，上海古籍出版社1994年版。

50　山西省博物馆编，《宝宁寺明代水陆画》，文物出版社 1995 年版。

51 康殿峰主编，《毗卢寺壁画》，河北美术出版社 1988 年版。

52 [法] 安娜·赛德尔，吕鹏志、陈平译，《西方道教研究编年史》，71 页，中华书局 2002 年版。

53 [美] 巫鸿，《时空中的美术》自序，V 页，生活·读书·新知三联书店 2009 年版。

54 马西沙、韩秉方，《中国民间宗教史》，上海人民出版社 1991 年版。1263 页："这个教派（收元教）以山西为基地，在乾隆初中叶向直隶、河南两省发展，继而扩展至皖、鄂、陕、川诸省。"笔者考察中发现，现在陕北地区还有秘密宗教混元教在活动，所用经文、敬奉主神与白莲教、罗教相同，应该是在明清时期形成后延续至今。

55 考察中所见与"墙"有关的地名很多，大多分布于陕北明代长城一线，如在安塞县碟子沟乡有边墙村，府谷县有墙头乡，神木县高家堡镇有西边墙村，横山县黄蒿界乡有张墙村，等等。

56 [美] 巫鸿，《时空中的美术》自序，V 页，生活·读书·新知三联书店 2009 年版。

57 王铭铭，《走在乡土上》，2 页，中国人民大学出版社 2009 年 11 月版。

58 费孝通，《乡土中国》，6 页，北京出版社 2005 年 5 月版。

一　佳县兴隆寺水陆壁画

佳县，原名葭县，位于陕北榆林市东南部，西依米脂，北接神木，东临黄河，眺望山西。该县秦时属上郡，北周设中乡县，《葭县志·建制》记载："宋置葭芦砦，寻以砦置晋宁军，金升为晋宁州，改曰葭州，清属陕西榆林府，民国改州为县，属陕西榆林道……"[1] 1964年，经国务院批准改葭县为佳县，属榆林分区（后改为榆林市）管辖至今。

佳县上高寨乡郑家后沟兴隆寺是笔者在陕北发现的第一处水陆壁画庙，正是兴隆寺考察所得的收获和启示，促使笔者在随后几年时间里对该区域寺庙进行了广泛的调查，引出了榆林佳县一带存在的水陆壁画庙宇群，也引出了本书的话题[2]。

佳县郑家后沟兴隆寺，左侧为佛教寺庙，右侧为后修的道教殿宇，水陆壁画在佛教寺庙的最上端，为石窟寺

1 遗存现状

1.1 建筑

　　兴隆寺所在的上高寨乡郑家后沟村距佳县县城40千米。该寺坐北向南，据寺内的明代碑文介绍，兴隆寺初建于明成化年间，在弘治十六年（1503）八月动工凿石窟一处，至正德元年（1506）完工，是为地藏洞。后经逐年扩建，现已有两个独立院落，西边一侧属佛教系统的毗卢阁、药师楼、财神殿、钟楼、大雄宝殿、大悲楼等形成一个小院，沿着一条中轴线展开；东边一侧由药王庙、玉帝三官殿、娘娘庙、马王庙、戏楼等组成道教庙宇，沿另外一条中轴线组成建筑群。碑文显示，东侧道教庙宇晚于西侧佛教石窟殿，为后来陆续修建，20世纪90年代对这些殿宇进行了修复和改造。

　　水陆殿位于庙内西边石窟地藏洞的正上方，为长方形石窟，窟向南偏西30°，门口用石头垒一门框，装有双扇红色木头栅门。大殿内平面呈长方形，东西宽2.29米，纵深2.79米，高约4米。上沿砌有雕刻精美石台一圈，正面宽80厘米，侧面宽90厘米，高约80厘米。正面台阶上塑像为一佛，迦叶阿难二弟子，文殊普贤二菩萨，东西台阶上各塑八位罗汉，共十六罗汉，全部为20世纪80年代新塑。四周墙壁上旧时绘有壁画，内容为水陆道场画及明王，本书着重介绍正殿四壁的水陆壁画。

1.2 水陆殿壁画

　　水陆殿壁画共有120组，都有榜题，除北壁的壁画明王外大多可以辨识。明王像绘于正壁（北壁）泥塑佛像背后两侧，20世纪80年代重新塑佛像时像的背光将部分明王壁画破坏，现只有小部分可清楚辨识。

　　殿内东西两壁各绘有50龛图像，其内容是水陆道场画，上下分为四层，每层12龛左右。南

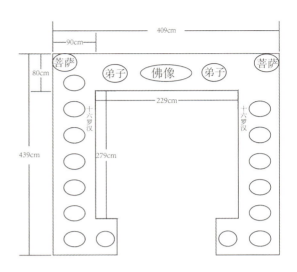

兴隆寺水陆殿石窟内部平面图

兴隆寺水陆殿北壁西侧保留有一块壁画，内容为明王

壁（东西稍间和门楣）共21龛，南壁正中间（门楣上方）绘了一条龙。顶部为平棋彩绘。

　　北壁（正壁）前面塑有一佛二弟子像，塑像背后墙上左右各悬塑一个较小坐佛像，正面也可理解为有三个佛像；两侧墙角塑文殊普贤二菩萨侧面像。

　　西侧壁画部分已被破坏，尚存五个明王，无榜题，可辨识者有：左上角一个明王三头六臂，口衔短刀，上举两臂挥舞镜子、钢刀，下面两臂捧一个面具，全身舞动，毛发虚张，极有动感；左下面一个明王四头六臂，手舞剑、蛇等物，做愤怒状，应为大威德马首明王像。除以上两个明王可看清楚外，其余几个明王漫漶不清。

　　东壁共50组壁画，内容为天仙、地府神众、下界阿修罗神众等。引导之神有三位：大圣天藏

1	2	3	4	5	6	7	8	9	10	11	12	13
14	15	16	17	18	19	20	21	22	23	24	25	26
27	28	29	30	31	32	33	34	35	36	37	38	39
40	41	42	43	44	45	46	47	48	49	50		

东壁水陆画图像位置

王菩萨（疑是）、持地菩萨（疑是）、大威德菩萨。图像自上而下分为四层，形成平行排列式构图（以下所录榜题均为原画上榜题）。

第一层：

①未能辨识②□□□□□□圣众③未能辨识④东方持国天王⑤南方□□天王⑥西方广目天王⑦北方多闻天王⑧北极紫薇大帝⑨太乙诸神五方五帝圣众⑩日光天子圣众⑪月光天子圣众⑫金星真君圣众（见下图：其中一个将军形象2008年2月考察时还完好，2008年8月去时已遭破坏，被无良之人割去一个约5cm×5cm之方块形画面，从被割去部位底下暴露出一层更早的壁画）⑬木星真君

圣众

第二层：

⑭未能辨识⑮天地水府三官大帝等众⑯普天烈曜一切星众⑰北斗七元星君等众⑱井鬼柳星张翼轸星君⑲奎娄胃昂毕觜参星君⑳斗牛女虚危室壁星君㉑角亢氐房心尾箕星君㉒申酉戌亥子丑元君㉓寅卯辰巳午未星君㉔阴阳金牛白羊双鱼宝瓶□□㉕人马天蝎天祥双女狮子巨蟹神众㉖月孛星君等众

第三层：

㉗残缺㉘□□菩萨（疑为持地菩萨）㉙大药义等众㉚阿利帝母等众㉛炬畔拏等众㉜避支迦大将㉝往古旷野将军㉞往古罗义女等众㉟往古大罗义等众㊱阿修罗义等众㊲大威德菩萨㊳年月日时四直使者㊴天曹诸司判官

第四层：

㊵往古宫妃女人等众㊶往古文武官僚等众㊷往古一切将士等众㊸往古比君宜（比丘尼）㊹往古比丘等众㊺往古圣婆姑等众㊻往古聚富婆

东壁第一层第12龛图像，被人割去头像的壁画，露出底下旧壁画

9	8	7	6	5	4	3	2	1
13		12				11		10
17		16				15		14
21		20				19		18

南壁梢间图像位置

1	2	3	4	5	6	7	8	9	10	11	12	13
14	15	16	17	18	19	20	21	22	23	24	25	26
27	28	29	30	31	32	33	34	35	36	37	38	39
40	41	42	43	44	45	46	47	48	49	50		

西壁图像位置

娘㊼往古道士等众㊽往古女官等众㊾往古儒流秀士㊿往古孝子顺孙

　　南壁自上而下分为四层，共21组图像。以门楣中央第5龛为界，分为东西两侧，西侧人物面部朝向与西壁一致，内容与西壁内容相连；东侧人物面部朝向与东壁一致，内容与东壁壁画内容相连。

　　东侧第一层为4组，第二层至第四层各两组。图像自西向东依次为：

　　第一层：⑥罗睺星君圣像⑦土星真君圣像⑧火星真君圣像⑨水星真君圣像

　　第二层：⑫计都星君圣众⑬紫薇星君圣众

　　第三层：⑯天曹府君等众⑰天曹六马判官

　　第四层：⑳（无榜题，画的内容疑为九流百家）㉑往古贤妇烈女、

　　门楣正中央⑤一龙头向东，一虎头向西为一组图案。

　　西侧第一层为4组，第二层至第四层各两组。自西向东依次为：

　　第一层：①北岳安天玄圣帝君②西岳金天顺圣帝君③南岳司天昭圣帝君④东岳天齐仁圣帝君

　　第二层：⑩安济夫人⑪顺济龙王

　　第三层：⑭平等大王⑮泰山大王

　　第四层：⑱依草附木幽魂满魄众⑲大腹臭毛针咽巨口

　　西壁共50组壁画，内容为地祇神、水府神、冥府神祇及孤魂冤鬼等。引导者为虚空藏菩萨、地藏菩萨、面燃大士。图像自上到下分为四层，每层有云气隔开，似连环画式排列，西壁所有人物面部均向北。

　　以下各层图像介绍均为从南到北排列。

　　第一层：

　　①中岳中天崇圣帝君②东海龙王③南海龙王④西海龙王⑤北海龙王⑥江河淮济四渎诸龙王⑦五湖百川诸大龙王神⑧陂池井泉诸龙神⑨虚空藏菩萨摩诃萨⑩主风主雨主电主雷诸龙神⑪主苗主稼主病主药诸龙神⑫未能辨识⑬□府子潼帝君

　　第二层：

　　⑭太岁太煞博士日游太阴⑮大将军黄幡白虎蚕官五鬼⑯未能辨识⑰阴官奏书归急九伏兵士⑱吊客丧门大耗小耗宅龙神⑲护国护民社稷城隍地祇神⑳地藏菩萨㉑秦广大王㉒楚江大王众㉓宋帝大王众㉔五官大王众㉕阎罗大王众㉖（不清，疑为变成大王）

　　第三层：

　　㉗都市大王㉘转轮大王㉙地府□□□□㉚地府三司判官㉛地府都司判官㉜地府五道将军㉝善恶二簿牛头马面㉞八寒地狱㉟八热地狱㊱近边地狱㊲孤独地狱㊳面燃大士㊴未能辨识

　　第四层：

　　㊵衔怨抱恨诸鬼神等㊶投崖赴火自刑自缢㊷赴刑都市牢狱□死㊸兵戈荡灭水淹火焚众㊹饥荒殍饿疾病缠绵众㊺树折崖摧墙崩屋倒㊻严寒大暑虎咬虫伤㊼堕胎产亡含冤抱恨㊽误死饿病疾造毒药㊾车碾马踏中毒身亡㊿地狱饿鬼傍生道中一切有情

　　水陆殿顶部为长方形，中心有一大圆形图案，圆心绘有太极阴阳图；第二圈绘八卦图符，围成一圈；第三圈有八个扇形画面，画面绘有四个龙，四个麒麟相间隔围成一圈；最外围用蔓草花纹与宝相花相间隔作边。窟顶四角

水陆殿窟顶平棋是中国传统祥瑞图案

绘有四条龙，四周空间用彩色云雾填补。从颜色用笔判断，顶部藻井绘画与水陆壁画当为同一时期作品。

1.3　碑石

寺内现存碑石十余通，大多为20世纪80年代后所立，内容及建寺等重要信息大多沿袭前碑的描述，对研究关于建寺和壁画等年代判断没有太大帮助。其中有四通明清时期的碑刻，镌刻于石窟寺旁另辟的小龛中和石壁上，保存状况尚可，研究价值较高。现将四碑分别移录如下。

1.3.1　修建兴隆寺碑洞记

该碑位于观音洞窟前，在面向西一小龛内石壁上浮雕刻出碑型；螭首中刻"皇帝万岁"四字，土黄色沙石质，碑宽1.1米，高1.52米。

碑文内容如下：

佛本西方之教，自汉时入中夏行乎世者，盖

千三百年于此矣。其为教以无为为崇，以慈惠强忍为道，以圆融无染为神，而又以祸福果报一切之说以警动其徒而引掖之，故后世之人相传愈久敬信愈深。或城市或山林，凡地之秀丽者既皆修寺建塔以奉承之也矣，不满其意尤必择名山之处而作寺，以安之佛教，感人其异欤！彼鹳雀沟其势至妙，其石至坚，而庸工至难，执能有事乎。寺僧守能见此地清净高虚，面对幽幽之山，下注潺潺之水，左右周行通于四境，堪做奉佛之处。一旦兴作为己任，择于成化年间，僧人守能同善士郑普春发厥虔心，集厥众善，施厥资，鸠厥工，至外凿入，欲成其寺。

劳神焦思，莫此为甚，其寺始成。而佛像正殿观音罗汉伽蓝之殿后，弘治十六年八月初六日僧正儒发心凿造石窟一处，内塑地藏十王，满龛神荣兼备，完成至正德元年十月十四日，僧正儒求予记之欤！商人非不作庙也，必取景山松柏之材未闻穿石为之，鲁人非不作庙也，必取

兴隆寺碑石全部刻于水陆殿外东侧石壁上，外壁一通，瓮内三通

得来新甫之木亦未闻穿石为之，今作是寺乃不资财木，而其佛像者皆非塑画之所成，乃凿石以为之，用心详审为谋久远。为何如哉？盖千万载不朽记也。异乎！古人事神之方矣，吾知寺之作兴起，将来威发修建殆兴，与天地同为悠久也。巍乎异哉！之后信慕佛法而住持是寺者，宜以佛事无为，慈惠数事自勉，以僧创作艰苦为庶乎，知所感发而善途可入，不识夫教门之法矣。抑或不然，则常于欲而诱于私，其善恶之分未否？何如也，因为之记而勖诸篇末云。

上祝皇图永固，帝道遐昌，佛日增辉，法轮常转。

大明正德元年岁次丙寅孟冬吉日，辛酉科举人童宽撰，书碑人屈子威，男屈孟冬。

葭州知州李廷直，判官刘英、史目，阴阳官冯玉，医学官高文景，儒学以道黄玫，政官郭魁、申明伦，监生高鏊、屈道，生员马腾远、曹谈、张玑、屈才、申瑜，义官薛大宝、刘文盛、张遥、张仲景、魏秦、张忠张宁、高明、李存仁。

山西罗汉庵祖师贵宝，门人道果、道原、道成、道永、圆惺、清纪、圆心、德舍。

兴隆寺修造僧正儒，门人守宗、守朔、守英、守庆、守修、守义立石造碑。

石匠：王宗、张准。

1.3.2　兴隆寺碑记

张万余舍到张家沟胡清圪垯连阳尔地一段共两垧，东至官路，南至刘姓地渠，西至天沟，北至白姓地为界，四至分明。

郑元恩舍到焦泥地圪梁盖地一段五垧，东至碙坡，南至郑姓地，渠北至高姓地为界，四至分明；郑继世舍到焦泥地一垧，东至碙坡，南至郑姓地，北至寺内买地为界，四至分明。

陈世深舍到赵殿则阳圿地一段四垧，东至塔庙，南至陈姓地，西至沙地，北至陈姓地为界，四至分明。

郑进贵舍到青阳村梁阳则地一段二垧，东至碙坡，南至官路，西至碙坡，北至崖畔，四至分明。

本寺主持僧：

源清，徒广旺　孙绪仁　小孙本林

源亮，孙绪信

源海，徒广映　广曜

源发，徒广睁　孙绪佩　小孙本树

广祥，徒绪杰　绪俊　孙本椿

刊碑僧人源海　咸丰二年二月吉立

1.3.3 重修龙王庙碑记（僧人广兴书）

尝思国以民为本，民以食为天，而食则赖龙王为之培植也，况斯庙自创修以来，年年三时不害，岁岁五谷丰登，虽遭劫数，天下共荒，而我郑家后沟村较他处为犹轻，此皆龙王潜庇默佑，赐合社以再生之德也。岂可听其庙之倾圮而不重为修葺乎？以故合社人等各疏资财，共襄盛事，兴工于五年季冬，告竣于六年孟冬。不数月间，墙屋完固，檐廊高耸，内极金碧辉煌，外穷丹青之秀丽。由是瞻其像貌，俨然龙宫海藏之区；睹其庙容，不亚竹苞松茂之地。庶几神有凭依则降福良多也，将多粟多余，咸歌丰年，维粔维秄，共庆乐岁。则斯庙之重修，可获益于无穷矣，是为序。

经领会首，合社施财人等：郑元美，郑继顺，郑守禹，郑日力，郑守彦等30余人。

住持：广具　续仁　续仙

木匠：郑元情　阎文富　陈步兴　陈家严

石匠：艾知魁

泥匠：刘建云　高希彦

主土：田士魁

丹青：李逢春

光绪六年十月十二日开光大吉

高尚达撰书

1.3.4 重修三身诸佛关圣帝君碑序

尝闻祥光现于周韩，佛论始及中国，金身梦于汉帝，佛教盛行天下，此佛□□□有自来矣，至于阅圣帝君者，降生后汉之时，精忠贯

乎日月，灵护百万□□□□

地，此武庚之设也，良有以焉所以，州治百里许，郑家后沟旧有三身□□□□

有十大明王，十殿阎君，十八罗汉，眼观菩萨以及帝君庙不知创自□□□□□

累次重修，弟子郑元美等见其庙貌减色，墙垣侵圮慨然复有重修之志，但□□

大，独力难支，所以募化四方，积少成多，兴工二月之内告竣，于七月之间□□

实神之佑也，是为序。

施主：杜登仁　白佩和　白佩生　白佩金　高继福□□□□

经领会首：郑元美　孙长生　长成　白佩顺　白佩禄　白元知　高继德等

□□□郑继顺　郑元圣等碑上共30余人

木匠：郑元情　阎文富　何生余　刘世明　徐秉长

光绪八年七月立

石匠：艾加魁

丹青：李逢春　贺盛旺　桑沟合村人等

2 建筑形制与壁画年代

2.1 建筑形制

在榆阳佳县一带，地貌尤为特殊。该区域在明代长城的内沿，北部与毛乌素沙漠接壤，有秃尾河、葭芦河、无定河等几条黄河支流穿境而过，形成山大沟深的地形。该区域民居建筑也呈多样化特征，以窑洞和四合院为主，因此由多种建筑结合组成的庙群极为多见。如果一个寺院内神殿较多，各个殿宇可能是由不同时代的不同会长或寺院住持领导修建。加之所募集经费多寡不一或周边地形各异等因素，造成同一寺庙内会出现几种不同的殿堂建筑形制，既有砖瓦房，又有枕头窑和石窟。

兴隆寺整个庙宇就是这样一种组合。兴隆寺水陆殿设于寺内一处石窟，其中除了水陆壁画和石头台阶的雕刻遗留下来外，原有塑像尽数被毁，该石窟寺是一处具有代表性的陕北小型石窟寺建筑。

陕北地区石窟寺的数量和规模相当可观，是陕北最普遍的寺庙形式，也是最容易保留下来的寺庙建筑。在陕北志丹、吴起一带，部分民居就是石壁上凿出的洞穴。陕北黄土高原地区的黄土层下覆盖的是厚厚的岩石，自古就有许多寺院凿石而建。在北宋时期形成高峰，留下大量石窟造像，文物价值较高的有延安清凉寺、黄陵县双龙石窟、富县大佛寺、子长县石宫寺、志丹县城台石窟、佳县云岩寺、神木县高家堡镇东山千佛洞、万佛洞、安塞县真武洞大佛寺等[3]。

笔者调查到有水陆壁画的12处寺庙中，有五处的水陆殿是石窟殿，占有较大比例。还有一些石窟被毁坏、自然风化或坍塌，原来的宗教内容已经不能辨识。

2.2　水陆壁画绘制年代

通过研读兴隆寺所存四通明清石碑，笔者对该寺的初建、重修等活动及正殿水陆壁画的绘制年代，作出一个初步判断。《修建兴隆寺碑洞记》刻石于明代正德元年（1506），兴隆寺初建成时，所记佛（水陆）殿为石窟，建造于明成化年间（1465~1487），随后开凿地藏洞石窟年代为明弘治十年（1497）至正德元年（1506）。据此推测，水陆殿是兴隆寺第一个石窟，这两个石窟历经八年多的时间始建成。水陆殿位于地藏洞上方，经考察殿内现存水陆壁画系再绘。

2008年8月，笔者考察时发现正殿壁画被人盗割一个将军头像，惋惜之余，发现在壁画下还有一层更古老的壁画，所以现在所见水陆壁画不是初建时所画，应该是重修或扩建时绘制。再从割开地方看下面的壁画，从线条长度和露出的色彩块面判断，感觉原来的壁画内容并不是水陆，推测现存水陆壁画为重修时将别的壁画内容遮盖后绘成。

从《兴隆寺碑记》、《重修龙王庙碑记》到《重修三身诸佛关圣帝君碑序》，三通碑石是三次扩建的记录，一次是咸丰二年（1852），另两次是光绪六年（1880）和光绪八年（1882），这几次相距只有30年，三次扩建都有可能重新绘制壁画。那么到底是哪一次呢？在水陆殿入口过道西侧一角离地约80厘米高处遗存一个题记，从墙皮的新旧判断，过道和室内完全一致，应该是同一时期所题，因此该题记或许会有助于对这堂壁画年代的判断。题记内容为"郑家圪山主会首：郑永金、郑永义、郑继庆、郑永登、郑永亮、郑永珍、郑继尧、郑守万、郑继美、郑继林、郑继祥、郑守福、郑守法"。

从排序看，这一题记涉及郑氏家族三辈人，毫无疑问"永"字辈为最高，以"继"字辈为主力，"守"字辈为孙子辈。这可能就代表了该壁画绘制时，生活在郑家后沟的郑家先辈的基本组成。

再看出现在四通碑上的郑姓家人，刻于明代正德年间的"碑1"，只出现了一个郑姓家族的名字，叫郑普春。"碑2"为清代咸丰时期所刻，出现了三个郑姓：郑元恩、郑继世、郑进贵，但从这块碑看不出辈分。"碑3"、"碑4"几乎是同一时期所刻，出现的郑姓家族的人有郑元美、郑继顺、郑元圣、郑元情、郑守禹、郑守彦。可见在光绪六到八年间，郑家后沟的郑姓家族中可能"进"字辈辈分最高，"元"字辈、"继"字辈和"守"字辈为主。那么，水陆殿留下的题记如果与壁画为一体的话，应该在光绪年间绘制，

水陆殿门道题字

或稍后一点，应不会有大的出入。

寺内现存光绪八年《重修三身诸佛关圣帝君碑序》中，可辨识的几句碑文如下：

地，此武庚之设也，良有以焉所以，州治百里许，郑家后沟旧有三身□□□□

有十大明王，十殿阎君，十八罗汉，眼观菩萨以及帝君庙不知创自□□□□□

累次重修，弟子郑元美等见其庙貌减色，墙垣侵圮慨然复有重修之志，但□□□

大，独力难支，所以募化四方，积少成多，兴工二月之内告竣，于七月之间……

该碑下半段字迹漫漶不清，但从现在所看到的上半截文字可得到的信息是，在光绪八年时对寺内关帝庙和三身诸佛殿进行了维修，其中涉及三身诸佛、十大明王、十殿阎君和十八罗汉。还提到"庙貌减色，墙垣侵圮慨然复有重修之志"，如果碑中提到三身诸佛殿指的是水陆殿的话，这次重修无疑对正殿作了修复，光绪八年可能就是该堂水陆画的绘制时间。水陆殿虽然现在塑的是一身佛像，但在佛像身后的墙壁上还有两身佛像为悬塑。如果联系起来看待，也可理解为三佛二菩萨二弟子的图像配置，如果这是旧制的话，三身诸佛殿很可能就是指水陆殿，那么兴隆寺水陆壁画的绘制年代应为光绪八年（1882）。

其次，兴隆寺之建寺，与郑家后沟所处地理位置有关。《葭县志》记载："元，葭州领县三，神木、府谷、吴堡，属延安。明，洪武七年降州为县属绥德，十二月复升为州，领神木、府谷、吴堡。清初因明之旧，雍正三年葭州隶陕西布政司，所领三县如前，乾隆元年罢直隶，与神木、府谷二县并隶榆林府，以吴堡转属绥德。"[4]从以上可知，葭州在从元至清一直统辖着府谷神木二县，而郑家后沟正好位处府谷和神木到葭州的交通要道，从县志记载可知当年从郑家后沟穿过的大道上，一定是熙来攘往，热闹非凡。在兴隆寺的传说中也有乾隆皇帝经过、夜宿兴隆寺的故事。兴隆寺的初建、重修及扩建都在这一时间

段。乾隆元年（1736），佳县与神木、府谷共同隶属于榆林府，两者之间再也没有隶属关系，如此必将影响到该道路的兴衰，也会导致路边一座庙宇的香火由盛转衰。所以，正殿壁画最后一次全面装修彩绘应在这条大路日渐衰落的过程中，到光绪年间（1875～1908）再一次彩绘也合乎这一推测。

综合以上，兴隆寺现存水陆壁画的绘制年代应在清代光绪年间（1875～1908），兴隆寺水陆殿壁画底下所盖原有壁画不是水陆内容。笔者认为，兴隆寺水陆画有可能多次变换内容，原来的内容有可能就是水陆画，中途壁画内容多次变化。首次绘制水陆壁画的年代有可能是成化年间（1465～1487）。

3　图像配置规律及构图方式

3.1　水陆殿图像配置规律

兴隆寺水陆壁画置于殿内东、西、南三面墙壁，东壁长4.4米，高1.3米；南壁东侧宽0.66米、高1.23米，西侧宽0.6米、高1.34米，正上方画面高0.26米；西壁长4.3米，高1.32米；东、南、西三壁总面积约14平方米。

兴隆寺水陆壁画的正位神祇中，没有绘制佛像和十六罗汉的图像，那么佛与明王、罗汉在该水陆壁画中如何处理？水陆殿内东西两壁及南壁均划分为上下四层水陆图绘满墙壁，应该认为壁画与殿内所塑佛、菩萨、弟子、罗汉像一起组成水陆法会的图像系统。水陆殿的明王一般被绘制于水陆殿泥塑佛像身后的北壁上，菩萨、声闻（弟子）和天龙八部被融进一百多龛图像中，按照水陆仪轨作了地位上的区分。西壁第一排绘出虚空藏菩萨摩诃萨、第二排地藏菩萨；东壁第三排大威德菩萨、□□□菩萨（疑为大圣引路王菩萨）。水陆法会是以礼佛、忏悔、超度、施食为

中心的活动，在水陆画的图像配置中，每组图像的内容都要围绕这一中心。菩萨作为仅次于佛的高级神祇，在该堂水陆画中身后带领一大串其他神祇，意味着这些神祇都是追随他来赴会。分散安排的菩萨在这样的水陆图配置中起到引导众神赴会的重要责任，所处位置相对固定，也有一定的含义。位于菩萨身边的神祇，一般都会根据菩萨的名号来配置，比如说，地藏王菩萨引导的一定是阎殿十君、地府判官、八热八寒地狱等图像中的神祇，并依他们在仪轨中的地位排出各自的位置[5]；大圣引路王菩萨引导的是五帝三皇、后宫婇女、往古忠臣良将、孝子顺孙等往古人伦的图像；面燃大士也作为一个引导神出现，该图像引导的是众多的孤魂冤鬼。

水陆壁画东西两壁画面的排列规律大致是东壁为天王天仙、护法、诸天星君，最下层为往古人伦图像；西壁为龙王、四渎五岳、地府神祇、孤魂冤鬼。任何一个庙宇的水陆壁画图像配置中，这一规律不会改变。卷轴水陆画在临时佛堂张挂时，也遵循这一规律。

3.2　构图的方式

中央美院的戴晓云博士在其博士论文中，将寺庙水陆壁画构图方式分为两种类型，一种是"拱卫式"[6]，即画面中以佛像为中心，周围环绕菩萨、声闻、弟子、众神及孤魂冤鬼，齐聚一壁，赴会礼佛。在这种构图中，佛、菩萨、众神的大小各不相同，佛像尺寸最大，菩萨次之，众神与赴会各界神祇及被超度者都画得很小。山西青龙寺、公主寺、洪洞广胜寺水陆壁画被划为"拱卫式"这一类构图。另外一种构图方式是"平行式"，就像将一部手卷缓缓展开观看的构图方式，上下分为平行的几层图像，山西浑源永安寺、河北毗卢寺等被划为"平行式"构图类型。

关于戴晓云博士对这两种构图方式的区分，笔者认为还需要再讨论。表面看来这样划分似乎没有什么不妥，但从水陆画的内容和含义上来看，这是一个礼佛的活动，所有图像的配置都应以佛像为中心，不可能出现中国画的"散点透视"，多个中心。所以在永安寺、毗卢寺及陕北地区水陆壁画构图中[7]，所有壁画中的人物脸部均朝向一个方向，就是佛像所在的方向，仅仅以壁画人物分层排列就称之为"平行式"并不符合此壁画构图本意。在兴隆寺水陆壁画中也是这样，即使是南壁的图像，也以青龙白虎为分界，西边的向西，头像朝向与西壁所有图像的头像朝向一致；东边的向东，与东壁头像的朝向一致。从这一点来讲，戴晓云所分"平行式"与"拱卫式"的构图观念，不能成为两大类型。从佛教礼佛的角度所形成的固有图像配置规律应该是一致的，不应出现两种方式，如欲将赴会礼佛这一构图本义清晰地体现出来，笔者认为现在所见的水陆壁画构图方式均应称为"礼佛式"构图较为妥当。

4　壁画内容和题材特色

按水陆仪轨配置图像使得很多水陆画庙宇看起来大同小异，这种内在规定只会按神祇的重要性和所司职责排列，但实际上画工的水平和个性并非用仪轨所能约束，用心研究这些壁画中的细微之处，会发现几乎每一处壁画均有出自画工个性的创造。将北水陆法会的仪轨《天地冥阳水陆仪文》所记召请的神祇名单与兴隆寺壁画中的神像比对，发现兴隆寺壁画两组图像在内容上与仪文不符，就是位于东壁的第45、46两组，名称为《往古圣婆姑等众》《往古聚富婆娘》。这两组图像很明显是民间画匠的创作，《往古圣婆姑》画了六个妇女形象，都戴着类似蒙古妇女的毡帽，身披对襟长袍，作礼佛的姿势。《往古聚富婆娘》则画了五个汉族女性，身着华服，作礼佛姿势。其实这种内容正是该地区的特色。佳县北通内蒙古，东接晋北，兴隆寺是一个交通要道上

东壁第四层第45龛图像中戴蒙古毡帽的人物形象

南壁第一排第五组图像位于南壁门楣正中，龙与虎出现在水陆壁画中

的重要寺庙，在民间画工绘制水陆壁画时偷梁换柱，将自己的所熟悉的人物形象绘于壁上，传之万代，是否也是一桩内心暗喜之举。

兴隆寺水陆壁画题材还有一处较为特殊，就是在南壁上第一排第五组位置，绘制了一组龙虎的图像，该图位置为门楣正中，画面上龙头向东，虎头向西，似从云雾中腾身而出。在水陆画图像系统中全为人物图像或人化了的各路神祇，本没有单独的动物图像。但这组图像配入兴隆寺

的水陆壁画中，却给人以融洽之感。在中国古代传统中，龙虎分属代表方位神的四灵之神，而这两个神灵的头向位置有明确的指向。中国传统文化的方位观念中，左青龙右白虎，前朱雀后玄武。也许是图像设计中墙面位置出现了空白，民间工匠巧妙将这一思想融入到水陆画图像中用以填补空白；也许这样的构图是本来就设计好的方案。无论如何，这是中国传统观念融入佛教图像的一个极好例证。

笔者曾经于2005年暑假赴山西繁峙公主寺考察，在水陆殿的壁画中也发现有类似情况。在公主寺壁画东壁孤魂冤鬼的中间，有一个奇怪的图案，仔细辨认之下，发现原来是四个字组合到一起的一个大字，内容是"皆是命也"。可见民间画匠在绘制壁画的过程中，一定有将自己的思想想方设法通过作品表达出来的欲望。

从这种现象不难看出，民间宗教艺术品在创作过程中，对固有传统的仪轨规定既遵从又不受约束，在不改变原有宗教仪轨的要求下，将主神、佛、菩萨、护法等图像按照宗教要求绘制，当画到往古人伦和孤魂冤鬼的形象时，总会想办法将自己的喜好和熟悉的形象，加入到那一堆堆的人物和一龛龛故事情节中去，用色用笔自然赋予地方特色和个人观点，体现出民间艺术贴近生活和下层百姓对生命的观念。他们笔下的世界，也是他们心中的世界。

5 艺术特色

5.1 艺术风格概述

兴隆寺水陆壁画在陕北地区众多水陆画中有一定的代表性，与陕北这块土地有着内在联系，它负载了清代中期该地域的文化和时代信息，呈现出反映下层苦难生活的艺术特色。

笔者初次看到兴隆寺水陆壁画时，惊异于其内容和构图与前几年考察过的山西浑源永安寺、繁峙公主寺等水陆壁画的一致，细看之后发现在相同内容下，绘画的技法和观念却大不相同，给人的感觉差别很大。前两处均位于山西五台山外围，既靠近佛教圣地，又毗邻京都文化高地，庙堂高大，壁画绘制富丽堂皇，虽是苦难题材却也给人高贵之感。兴隆寺是一处山村寺庙，水陆殿是一个小小的石窟，气势不像前者那样宏大，给人总的感觉就是乡土气息

浓郁，质朴亲切。

兴隆寺水陆殿石窟较为狭小低矮，整个壁画压缩在一个很小的空间中，又给人以满窟彩绘的感觉。东、南、西三个墙壁和窟顶的壁画基本保留完好，窟顶彩绘是传统吉祥图案，壁画所用色彩相对单纯，在各龛的图像中反复使用。由于用一些当地的有颜色的土或者风化石充当颜料，历经上百年时间的壁画依然有鲜亮之感。绘画技法属民间一路，线条粗糙，人物造型给人以头大身子小的视觉效果。许多人物形象画得比较自然，少了概念化的造型，与陕北农村生活中的人物较为接近，给人以鲜活和亲切之感。

总之，站在兴隆寺水陆壁画之前，感到在与一个民间画工对话交流，感到民间画工在遵照画谱和水陆法会仪轨在创作时，技术上永远达不到精致与工细，他们在情感上不贴近富丽堂皇，有些一辈子也不会见到那样富丽堂皇的壁画，毫无富贵之气。但这些民间画工有他们自己的艺术特色，笔下同样创造着艺术，这种艺术生长于陕北山区，服务于陕北百姓，形成该区域寺庙宗教绘画的艺术特色。

5.2 壁画的实用性决定其艺术性

水陆画的实用性规定了它作为公众艺术的性质，它被创作出来的目的就是作为水陆法会的神像，用于装饰庙宇，教化民众，是宗教活动实用性和礼仪性的艺术。它的作者主要是民间画工，这样的群体在传承时以师徒传授为主，出师后凭自己的悟性在从业经历中提高技艺。在陕北民间，历代均有影响一方的高手名家。水陆画在创作时主题放在第一位，除了设计画面外，画匠首先要掌握熟悉画谱内容，要传达宗教的情绪和意义，依照墙壁情况划分区域，准确把握和设计每龛构图的细节，同时必须顾及整体画面的完整统一效果。其次面对的才是画得美不美、线条是否流畅、色彩是否艳丽和谐等问题。立足下层乡村社会，在百家门里讨饭吃的民间画匠，必须在

有限的条件下，用老百姓最便于接受的语言来讲话，在色彩和人物塑造方面追求朴素实在，形成独特的地方性绘画语言。

陕北乡村阎殿十君信仰的壁画在庙宇中十分普遍，一半多见于地藏殿和城隍殿，同时在水陆殿中也出现过，水陆画图谱中这一题材必不可少。"在中国，依据佛教经文描绘的十王图，从九世纪以来就存在了。"[8]一套齐全的《阎殿十君图》应是10组。据《玉历宝钞》介绍[9]，阎殿十君分别是：一殿秦广王；二殿楚江王；三殿宋帝王；四殿五官王；五殿阎罗王；六殿卞城王；七殿泰山王；八殿都市王；九殿平等王；十殿转轮王。敦煌莫高窟曾出土二十多卷经名不同的唐至五代《十王经》抄本。《十王经》叙述的是人初死的七七四十九日及三年内鬼魂经历地狱的情景。十王之说传源于道明，亦可能与印度的十神王有关[10]。

兴隆寺水陆画中的阎殿十君图位于西壁，其中二殿楚江大王在第二层第22龛。据《玉历宝钞》记述："第二殿楚江王历掌管活大地狱，此狱又叫剥衣亭寒冰地狱，另设十六小地狱。凡阳间忤逆尊长、教唆兴讼者，推入此狱，另发应至几重小狱受苦，期满押至第三殿。"

楚江大王属于"阎殿十君"的题材，一般民间画匠可能将其画成较为凶狠狰狞的形象，以表现地狱的恐怖。在色彩运用和人物面部表现上，都会根据内容作统筹和考虑，但在这一组画面上却看不到一丝的恐怖。色彩也较为柔和，人物面部表情淡然甚至微笑，让人有亲近之感。画面只绘有四个人物，前排的楚江大王双手持笏板，头戴梁冠，身穿红色官袍，脸上的胡须似乎还在舞动。身后两人正在交谈，一人戴梁冠，手执笏板，身穿官袍；另一人武将打扮，头戴头盔，双手抱拳做作揖状，二人眼神对视刻画十分到位。执幡童子前额头发剃去，似乎在脑后扎了一个辫子，穿圆领束腰长袍，是清代下层百姓装束，手执幡旗上写有"楚江大王"四个大字。在这幅画中，人性超越了神性，民间工匠以自己的理

西壁第二层第22龛楚江大王。阎殿十君题材的狰狞面目被民间画工刻画成慈眉善目的微笑模样

东壁第一层第14龛月光天子，民间传说的图案被强调夸大

解，改变了画面内容应有的威严和恐怖，画面表现得宁静、平和，不会引起观众的反感，反而觉得阴间与人世非常相像，让人睹之感到一种朴质之美。该画面用笔流畅自然，构图起伏有致，色彩柔和，应该属民间绘画中优秀之作。

榆林丹青世家万氏家传水陆画稿中也有同一题材的一组图像[11]，该幅画稿的序号为第22号，榜题为"楚江大王"，其画面构图和人物装扮与兴隆寺壁画中完全一样，不排除画工使用同样画稿的可能性。郑振铎先生收藏的明代成化年间木版刻本《水陆道场神鬼图像》是寺庙的旧藏本[12]，其中右43组图像为"楚江大王"，构图和神祇配置与该组壁画相同，只是人物衣着略有不同。画稿上楚江大王及随行官员戴通天冠，着交领长袍，手执笏板；兴隆寺壁画楚江王及随行官员戴梁

冠，穿圆领长袍披肩，手执笏板。画稿上武将戴幞头；壁画上武将戴头盔。可见在水陆图谱中，人物图像从明代到清代变化不大。

创作中的艺术性处理，民间画工用了很多方法，这种呈现与宫廷绘画及文人画截然不同。例如位于东壁第一层第11龛的"月光天子圣众"。《天地冥阳水陆仪文》说："一心奉请，昏衢宝鉴，瞩夜金精，垂不二之光明，示平等之愿力，月曜太阴天子。"[13]在水陆仪轨中，月光天子被划归天仙，既是负有责任的天仙，又属受超度的对象。该组画面绘三身神祇，一个童子。三身神祇中戴平顶王冠者为月光天子，月光天子身穿圆领束腰长袍，双手执笏板，身后跟随两个戴官帽，身穿长袍的随从官员，官员做双手持笏板的姿势。童子所执幡旗上书写"月光天子圣众"。

兴隆寺水陆壁画中，该图最有趣的是，从月光天子手中的笏板上飞出一缕白色云雾，云雾在空中托出另一个画面，是月亮中的图景：有一个兔子在树下捣药，身后很具体画出宫殿的一角。玉兔捣药，嫦娥奔月，都是中国民间流传几千年的故事，家喻户晓，常常与西王母和长生不死对应起来。玉兔捣药图像从西汉的铜镜、画像石、造像碑等各个时期中国有图像的器物上都可看到，是中国传统观念中的一个图符。在兴隆寺水陆殿东壁第一层第10龛"日光天子圣众"图像中，也同样画了一个圆的图景，内有一幢房屋前站立一个正在伸脖子打鸣的公鸡。这与上一图像的构思完全一样，既强调民间传说，又表现出生活化的艺术趣味。

郑振铎藏本的《水陆道场鬼神图像》中左26、左27画的也是这两组图像，"日光天子"也有云气中飘出楼阁房屋与公鸡的图景；"月光天子"也有云气中飘出桂树宫殿与玉兔捣药图景，只是郑藏本中每幅图都少画一个神祇，这个神祇是一个官员模样，在兴隆寺壁画中这位官员却立于月光天子和日光天子的身后。月光天子和日光天子都是天仙神祇，在水陆画中属于负有具体职责的一组神祇，所以民间画工会想当然地为他们画上一个随从官员，这样就比画稿上多出一个人物，体现了民间画匠将生活中的认知赋予艺术创作之中的观念，也说明佛教世俗化后在民间宗教活动的运用中入乡随俗的包容性。

5.3　造型上的夸张变形

民间艺术在造型观念上夸张变形的运用十分普遍，包括剪纸、木板年画、门神等艺术形式中都有这种情况，这种造型的观念同样见于陕北水陆画图像中，这些夸张变形因素更多地体现在画鬼神的图像中。兴隆寺壁画西壁第三层第34组，内容是"八寒地狱"。画面呈现了两个地府官员和两个小鬼，一个官员身穿绿袍，戴幞头，满脸红色胡须，左手拿着生死簿，右手拿着判官笔，怒目而视，神态极其夸张。画工极力夸张

西壁第三层第34龛图像
八寒地狱，夸张变形

其腹部，似乎把腰向后折了90°，画出一个人不可能完成的动作和神态的形象。身边一武将好像是护法，戴头盔，双手握住一柄三叉戟，怒目圆睁，挺胸凸肚，一副凶相。身后两个小鬼画成不规则脑袋，打赤脚，裹兽皮，脖子上还拴了一条铁链，另一个则肩扛三叉戟，跟随着两个官员，画出的地狱相也是人间实相。画匠在绘制这幅图时，并不按照人的身体比例或规律去画，而是充分发挥想象，极力将人物形象夸张、变形，以表现地狱的情景，反映出民间画工在作画时的自由和创造力。

查看榆林万家世传画稿，编号为第29号的画稿内容为"八热地狱"。其中人物的数目、构图都与兴隆寺壁画中相符，只是兴隆寺壁画中前排判官手里拿的是判官笔和账簿，而万家画稿上是右手拿榔头，左臂夹木枷，好像衙役出发去抓人的样子。判官的装束也不同：兴隆寺的判官穿长袍，而画稿的判官是武将装扮。在画稿里人物姿势是正常姿势，没有兴隆寺壁画里那么夸张

变形。在郑振铎藏本的水陆图像册中，右第57组为"八寒地狱"，构图与万家画稿一致，人物造型与装扮也一致。可见，民间画工在依据画稿创作时发挥了自己的想象。

兴隆寺水陆画中的面燃大士，位于兴隆寺水陆殿西壁第三排第38龛。该处画面略受潮气影响，右半边有些地方剥落，但画面基本清楚。兴教面燃大士，名面燃，又作焰口，是佛教说的饿鬼。他在水陆画中是非常重要的一个角色，与水陆法会的起源有关，陕北村民直接称他为"起醮大士"。传说中阿难夜梦面燃，告诉他将会堕为饿鬼，阿难向佛祖求助，佛祖教其诵念经咒，并施饮食以度饿鬼，遂免。在《大雄氏水陆缘起》文中就有关于面燃大士与阿难对话的情节[14]，这一画面描绘的就是这一场景。右边着红色僧衣一和尚，应该是阿难，双手合十，转头对着面燃鬼王，似乎在说着什么。图像中面燃被画成红发长脸，血盆大口，上身赤裸，衣带挥舞，双手当胸抱拳，在向阿难说话。他身后还跟随了三

西壁第三排第38龛描绘的是起醮大士阿难和鬼王面燃大士对话的故事

个小鬼，均赤身赤脚，手里还捧着饿死者零碎骨骸等。走在阿难身后的一执幡童子手执幡旗，上书"面燃大士"。"面燃大士"的图像会出现在所有的水陆画图像中[15]。

据《天地冥阳水陆仪文·召请孤魂仪》，阿难和面燃是水陆法会中首先要请到的二位神祇，水陆仪轨中地位等同于菩萨，是孤魂冤鬼的引导之神。

兴教大士阿难尊者："心行隐显慈悲，誓但洪深利物。"

面燃鬼王："普门示现，愿力洪深，救济饥虚，接引殍饿，运慈舟于苦海波中，引众身而登彼岸。"[16]

大唐三藏法师所译《佛说救面燃焰口经》对面燃形象的形容极为具体："……阿难见此面燃饿鬼，身形羸瘦，枯焦极丑，面上火燃，其咽如针，头发蓬乱，毛爪长利，身如负重，……"[17]

郑振铎藏本《水陆道场神鬼图像》中右第61为"起醮大士面燃鬼王"，其构图及人物形象与兴隆寺壁画大致相同，但郑藏本画稿中面燃鬼王口喷火焰，其咽如针，将脖子画得很细，与经文描述的刺激性较为接近；而兴隆寺壁画中面燃鬼王口中没有喷火，脖子画得较为粗壮，也是民间画工对其加入了自己的看法。

通过这两组图像的比对，我们可以看到画工在创作时的取与舍。一个恐怖的场面，画稿布局不变的情况下，只要把色彩稍作调整，整个画面气氛就会全都改变，成为一个柔和宁静的画面。第二组图像就像在向读者讲述一个情节，一个故事，其中画工的用心可以透过画面凸显出来。第三组图像是画匠在设计画面时，将自己心目中的形象添加到水陆画谱特定的神祇中去，因为对对象认识和情感的不同，怪异味减少的面燃大士形象可能更加符合他的想象。

5.4　兴隆寺水陆壁画中的程式化表现

程式在中国传统艺术中是一个十分重要的概念，涉及戏剧、音乐、绘画等各个门类。具体到绘画，学习程式是古代画匠入门必不可少的途径，主要涉及技法、材料、画稿等有形和无形的经验，是民间画匠长期的经验累积起来后形成的对一些民间经常绘制的人物形象的固定路子。程式之中有着许多规律和窍门，是民间绘画艺术的宝贵财富。比如《绘事指蒙》中对坐者东边右手微高些，西边右手微低些——这是指画坐北朝南寺庙东西两壁的壁画而言的。壁画画在墙上，观者站在地上，从下往上看，坐在东边的人物右手在后，坐在西边的人物左手在后，所以都要高些，这里关联到透视的道理。又如画胡髯，"人面下段不可小了，宁大些，染仙须髯淡淡侵入些则恰好"[18]，也是由经验总结出来的一种诀窍。在兴隆寺水陆画中就可以明显看到很多程式化表现，可以说没有程式就没有民间艺术。

在兴隆寺水陆画中，"往古旷野将军"位于东壁第三层第33龛。旷野大将为佛教中十六药叉神之一，因为此种鬼神常住旷野聚落，多食众生血肉，故名。后虽经佛陀教化，仍然仰仗血肉存活。依据佛制定的戒律，凡有佛法修行的地方，就要给他施行饮食。图中绘有五身神祇和一个执幡童子。在五身神祇中前排三人都是武将装扮，中间一人回头向后面说话，其余二人都左手持宝剑，右手拈须。虽可看出作者刻意将一人的脸绘成黑色皮肤，一人为白面青年，但二人装扮如出一辙，戴头盔，铠甲，战袍，鞋子都一模一样，没有差别。后排二人也是如此，都为武将打扮，铠甲头盔，一人手执宝剑，一人双手抱拳，看起来有点像现在军队的制服，整齐统一。其实这就是民间绘画的程式化，对铠甲和头盔都是一样的画法，只需将每个人的脸部区分开就行，既简便又快捷。这组画中民间工匠对这一路子运用得相当纯熟。

东壁第三层第43龛武将造型衣物等方面的程式化描绘

　　郑藏本画稿中右第45组为"往古旷野大将"，此画稿虽然程式化配置也较为明显，但可以看出，与兴隆寺壁画中"往古旷野大将"有很大不同，画稿中一组绘制了七员大将，所持武器动作等均与兴隆寺壁画不同。所以，这组壁画的稿子另有来源，或许是将画稿中的七身神祇，选择五身重新配置画入壁画。这一点对民间画工来讲不难做到。

　　"往古宫妃女人等众"这组图，位于东壁第四层第40龛。据《天地冥阳水陆仪文》记载："一心奉请往古妃后，婇女夫人，或争一拜而异国酬冤，或运机关而图谋位次，致使君王见怒，耻辱其身，脱霞帔而责向阴宫，去衣冠而罚于冷院，姿容美丽，颜貌端严埋葬于青冢之间，践踏于马嵬之下，一切古往后妃，宫院夫人等众。"[19]

　　从这则记载我们知道，该组图像超度的是像杨贵妃之类在宫中因各种原因被贬或被赐死的亡灵。图像中共绘制七身神祇和一个童子，分为两排站立。前排三人头戴凤冠，身着华服，手执笏板，似乎在朝堂上奏，可能暗示她们有权参与政事；身后四人，靠右边二人手执长柄团扇，头戴幞头，身穿圆领长袍，是侍女的身份；左边两女人头戴凤冠身穿红色长袍，应该是婇女的身份。在这组图像里，前排三个人是一个模式，后排分左右是两个模式。三个模式下绘制七身神祇，采用民间程式化表现，人物表现过于类型化，缺乏个性。

东壁第四层第40龛人物面部表情衣饰动作等方面的程式化表现

核对郑藏本《水陆道场鬼神图像》，《往古妃后宫嫔婇女众》在左64幅。从画面分析，兴隆寺壁画的该组图像共有七身神祇，三个宫妃，两个女官，两个侍女；在画稿中也是同样的人数和身份，但排列和配置完全不同。画稿中从前往后三排，两宫妃前排合掌礼佛，旁边一童子执幡上书"往古妃后宫嫔婇女众"；第二排右边一侍女双手捧礼盒，中间一宫妃袖手而立；后一排女官执长柄团扇，中间一个侍女捧一盘子上面置一酒壶。这一构图在兴隆寺壁画中完全被打破，人物被重新组合安排，形成一种简单化的构图，便于画工绘制。但衣纹装饰、头饰、器物等细节，无不显现程式的痕迹。

6　调查手记和民俗材料

6.1　关于兴隆寺水陆壁画绘制的环境空间

兴隆寺庙址属于郑家后沟地界。从立于寺内的《修建兴隆寺碑洞记》碑文得知，明代成化年间，云游僧人守能与善士郑普春共同发起筹划建寺，选中此处的原因有两点，一为风景秀丽，二为交通方便。

现在看到的郑家后沟老村是一个偏僻的小山村，在明代时为何交通发达？这与佳县城的地理位置有关，佳县当时叫葭州，属州治。据《葭县志》："元，葭州领县三，神木、府谷、吴堡，属延安。明，洪武七年降州为县，属绥德。十二月复升为州，领神木、府谷、吴堡。清，初因明之旧，雍正三年，葭隶陕西布政司，所领三县如前，乾隆元年罢直隶，与神木、府谷二县并隶榆林府，以吴堡转属绥德。"以县志记载，从元朝到清乾隆元年，葭州一直管辖着神木和府谷二县，在村里通过的老路就是佳县县城通往神木的官道，所以，以前的郑家后沟位处"通于四境"的交通要道，加之风景优美而被选中建寺。现今的神佳公路是20世纪90年代新修，位置上移了两千米，远离了郑家后沟老村，使得现在的郑家后沟老村犹如一个废村，很少有外人光顾。

佳县位处黄河沿岸，明清时期的交通除陆地外，水上码头也十分重要，逐渐发展形成黄河两岸许多著名的渡口城镇。如山西北部的河曲、保德、临县碛口及陕西的府谷、万镇（万户峪）、佳县城等。这些码头经常有大量的货物集散，从内蒙古的包头、神木到山西地区，必须先到佳县城再过黄河，当时郑家后沟老村就是必经之地。所以，在一个和尚和一个善士筹划下，兴隆寺石窟开始建造。

郑进旺会长讲了在村里流传的一个故事："守能和尚与郑普春四处化缘，筹集开窟造寺的资金，雇请工匠，每日凿窟打寺不停。石匠打石窟需要先给岩石刷一层盐水浸泡，然后才能够打一层石头，再拿盐水泡，再打一层。两孔大殿打成，共用了八百多石盐。这样不停地开凿，一直到八年后才完成。"

6.2 关于兴隆寺水陆壁画绘制的时代背景

兴隆寺兴建的时间碑石记载清楚，水陆殿将原有壁画覆盖后绘制了水陆壁画，其中必有原因。光绪年间是清政府走向覆灭的前夜，陕北地区也是多灾多难，光绪前一朝同治年间西北地区爆发了大规模暴乱事件，陕北榆林、佳县一带遭受了严重损失。

"清穆宗同治六年（1867）七月十五日，回民起义军兵分两路进攻榆林府城，翌日，已革游击李允芳率军自米脂县增援，榆林知县严书麟会同游击牛玉林出城与战，起义军在归德堡遇挫，败走怀远县。"[20]

"十一月十八日，蓝五等率回民起义军由花马池入神木县境，以张家新庄、官家崖窑为据点，进攻神木县首镇高家堡，击败救援的乌审旗蒙古兵。参将瑞福檄调守备王殿元率兵抵御起义军，在石窑坡战败，守备王殿元、武生牛二芝等被杀。"[21]

大事记中关于陕北战乱和自然灾害的记载在同治、光绪两朝比比皆是，这就是兴隆寺出现水陆壁画的社会背景。

6.3 壁画中榜题错别字

庙的兴起与水陆画的出现，都与人的活动有关，只有在信仰的力量推动下，才会出现这样的艺术品。现在看到兴隆寺保留完好的水陆壁画，在对总体壁画的水平赞叹之余，也有一点遗憾，寺内遗留的明清石碑上对水陆殿壁画的画匠并未记载。笔者观看之下感觉到兴隆寺壁画是出自一个画匠群体，因为画的水平参差不齐，有的很精彩，个别龛内画的水平较差。由于民间画工普遍文化水平较低，在写榜题时出现了较多的错别字，这种现象在所有的民间艺术品中较为常见。

以下是兴隆寺水陆壁画榜题中出现的部分错别字，笔者对照画稿及《天地冥阳水陆仪文》等部分文献予以补正——

西壁：8龛，"波"应为"陂"；17龛，"归急"应为"归忌"；31龛，"都司"应为"诸司"；40龛，"唧怨"应为"衔冤"；43龛，"水潡火焚"应为"水火漂焚"；48龛，"饿病疾造"应为"饿病疾缠"；49龛，"车碾马托"应为"车碾马踏"。

南壁：17龛，"天曹六马"应为"天曹六司"。

东壁：16龛，"普天列耀"应为"普天列曜"；19龛，"奎娄胃昴"应为"奎娄胃昂"；21龛，"心尾翼"应为"心尾箕"；25龛，"人马天蝎天祥双女狮子巨解"应为"人马天蝎天秤双女狮子巨蟹"；29龛，"大药义"应为"大药叉"；30

瓮，"阿利帝母"应为"诃利谛母"；32瓮，"避支迦"应为"般支迦"；43瓮，"往古比君宜"应为"往古比丘尼"等。

6.4 兴隆寺与民间庙会的关系

乡村有庙的地方就会在每年固定时间举办庙会，兴隆寺每年举办活动中最重要的有两次，一次是四月十八的娘娘庙会，一次是十月份打一次平安醮。在庙会上有三项主要内容：念经、上供、唱戏。尤其是十月的平安醮，会期为三天，由兴隆寺僧人主持举办，届时邀请周边29个自然村会首前来参加，希望为合会人等禳瘟解厄，消灾延寿。庙会给每村发五幅在寺庙内香薰过的平安吊，祈祷各村人口平安，无灾无难。

据《葭县志》记载："乡俗有丧风，经礼忏或延僧，或延道，或僧道并延，以超度亡魂，而报恩于已死祖先者，久已相习成风，牢不可破，此外或遇有瘟灾，修设临时清醮……"[22]可见，在清代佳县境内这类活动较为普遍。当地百姓把所有寺庙活动都叫做"打醮"，在记载中的"礼忏"、"超度亡魂"、"修设临时清醮"即是专题的水陆法会，有着相同内容而叫法不同。在这些活动中，自然也是要用到水陆画的。

在兴隆寺大会所编的宣传册《兴隆古刹》中，有一个"安村子"的故事，大概描述如下：安村子是一项民俗活动，安村子时有三人顶三个楼轿，楼轿里面安放的是三官大帝的塑像，两人扮祝神，后跟随一队人马敲锣打鼓带着镇物、馒头、香纸、五谷（豌豆、麦子、麻子、栗子、谷子）、生铁、羊毛、菜籽、新针、鸡蛋、安神砂、镇鬼砂、朱砂、逼鬼砂；一米左右青杨树干，一头剥皮削平，上书"姜太公在此百无禁忌大吉大利"；五雷碗，碗内画符；在村子路口垒一个石人等。安神队伍带上收来的贡品，围绕村子转一大圈，并到每家每户门口安顿。村民提前将自己家的亲人叫回家中等候，并清扫家里门外，给家神焚香烧纸，三官大帝到家安顿完毕后，本户人家要给安神队伍上布施，并送

烟酒等物，以示感谢[23]。

安村子的故事中出现祝神、镇鬼砂、逼鬼砂、五雷碗等物，似乎受到古代的巫术影响。

类似活动在这种交通相对封闭地区长久流传，既表达了人们心中求福祈祥的愿望，又包含有喜庆娱乐的成分，给当地老百姓精神上带来满足和慰藉。上述安村子事件在陕北很多地方都有，叫法有所不同，如陕北地区的闹阳歌就是从"安村子"或叫"圈庄子"发展而来。一般在瘟灾流行时抬着神楼闹腾禳镇以息瘟灾，与水陆法会有着同样的安稳人心的作用。

6.5 庙与乡村居民的联系

人与神鬼的交流，在文化封闭地区显得尤为重要，其中的讲究忌讳也很多，"黄裱敬神、白纸敬鬼"，在庙里敬神烧的是黄裱，上坟或祭祀时烧的是白纸，这些细小的事情都不能搞错。陕北百姓总觉得人与鬼神之间存在交流，迷信神鬼报应，各种各样的敬神活动成为慰藉人们心灵的主要途径。陕北人常说"穷地方神神多"，几乎是村村有神庙，家家设牌位，不少富裕家庭专门设有家祠堂，除了祭祀祖先外还兼敬神佛。敬奉神灵是穷苦农民寄托心灵的重要方式，他们经常会希望自己村的神神最灵，有求必应，可以消灾免难。娃娃有病时磕个头烧个香就见好转，遭遇难事时到神面前忏悔一番，以求得心理解脱。可以说，山村小庙相对于名山大川的著名庙宇，所司的职责更为具体，与周边十里八乡村民是一种相互依存、必不可少的关系。

2008年8月一天早上，笔者一行正在兴隆寺给壁画拍照，冷清的庙里来了一位60多岁的老人。他是本村人，因为昨夜孙子发烧，今天一早就到庙里求神。听完爷爷叙述，一位姓高的会长扛起楼轿带着这位爷爷到几个相关的庙里烧香磕头，转一圈后，楼轿在院子站住不走了，这表示神神要与事主说话。爷爷马上迎着楼轿跪倒在地，先诉说了孩子得病的情况，并向楼轿问道："孩子的病要不要

紧？要紧站着不动，不要紧退一步。"话音刚落，楼轿向后退了一步，爷爷说："喝点庙里的药对孩子有用没有？有，站住不动，没用，退后一步。"楼轿退后一步。爷爷磕头起来，拿了一包会长交给他的药就匆忙离开了。

这就是山村小庙给人看病的方式，他们很多的生活琐事和烦恼都是靠着这样与神的交流与感应来解决的。

郑家后沟郑氏家族与兴隆寺似乎相伴了几百年，建寺时善士郑普春就是郑家的先辈，在历代碑记中可得知，郑氏家族对兴隆寺建设和发展起了极大作用，郑家后人一直恪守护寺受戒的传统。会长郑进旺的父亲郑长和也是一个善士，一生忌口，不食荤腥，晚年就住在兴隆寺，以庙为家，在庙宇及周边栽植松柏树百余株，一直守护着寺内文物。其子郑进旺也笃信佛教，在"文革"期间，全国宗教文化受到冲击的情况下，郑进旺一直在暗中保护兴隆寺的文物。1966年11月，闻悉29个村子的红卫兵过几天要来寺院洗劫，在父亲郑长和带领下，他们弟兄4人和本家7个侄儿侄女，冒着严寒，半夜三更秘密紧急搬运，把包括经卷、碟、磬、石碑和100多件泥塑神像等物转移到安全地方，几个人搬了三晚上才将所有东西搬完。随后十几年悉心看护，因遇紧急情况，期间三次被迫秘密转移这些文物，直到1983年国家逐渐放宽宗教政策，寺院恢复，这些文物才陆续运回到兴隆寺。

6.6 碑刻所见民间画匠

与郑家后沟兴隆寺有关的画匠，在光绪六年《重修龙王庙碑》上有丹青李逢春；光绪八年《重修三身诸佛关帝圣君碑序》记有丹青李逢春、贺盛旺二人。二碑刻石时间相差仅两年，从工程规模及画匠人数来分析，李逢春至少在这两年间就在兴隆寺工作。因为陕北在冬季气温太低不可能画画，一年工作时间只有七八个月。一个人要在七八个月连塑带绘做完一个庙，两个庙至少用两年。据此推

测，这两年兴隆寺一直在修建。

郑进旺说父亲郑长和开始学做庙里的雕塑及绘画，师从榆林的薛画（当时只叫薛师，并不称呼名字，所以也不知道师傅的名号）。笔者在白云观碑刻资料中查到一则关于薛画的记载，《重修马王庙碑记》记载："白云山玉皇阁侧之马王、牛王、水草大王之庙，于明万历年间创制，迄今三百岁矣。……光绪丁酉，榆阳诸君邀集同仁道众，商议补葺，凡水木金火土谷之役，一时备举，而蛛网蜗椽，忽改观也。……"[24]该碑立碑时间为宣统二年（1910），所记丹青为"薛田生"，召集人为榆阳诸君。这一时期刚好是郑长和的少年时期，所拜榆林薛师很可能就是薛田生师傅。

后来到郑进旺、郑进昇兄弟做了画匠，他们的子女也学做庙宇塑绘，揽塑画庙宇的活不为挣钱，只把挣来的钱用于重修和扩建兴隆寺。郑进旺之子郑龙现在在佳县一带绘塑庙宇名气颇大，多年来已陆续为兴隆寺免费塑像71尊，画檐头20多处。郑进旺说他始终相信兴隆寺的神是灵验的，虽然这里的许多神是他亲手塑成。

小结

1、兴隆寺水陆殿现存壁画绘制年代，可大体断定在光绪八年（1882），是在覆盖了其他内容的壁画后所绘制。但兴隆寺水陆壁画的初绘年代应该追溯到明代成化年间（1465～1487）。兴隆寺保留完好的四通碑刻、两个石窟殿和郑家后沟老村居民，共同为我们提供了相对丰富的研究信息。

2、兴隆寺的水陆壁画服务于周边几十个村庄，对该处水陆壁画的研究，使我们从一个小地域的宗教艺术兴起的话题，关注到明清时期黑暗的时代里下层民众的生活和希望。兴隆寺的兴衰，也反映了该地区在历史上交通要道的变更和不同时期官方对该寺的重视程度的变化。

3、从兴隆寺水陆壁画中可以看到一些脱离水

陆神谱的图像，流露出陕北的民间画匠个人喜好的痕迹，也让我们看到民间对水陆法会和水陆法会图像的理解，同时体味到民间宗教艺术的魅力。

注释：

1　陈琯、赵思明、张德华编撰，《葭县志·建制志》，民国二十二年（1933）刊印本。

2　佳县上高寨乡郑家后沟老村的人们，过着慢节奏的生活。坐落于村西头的兴隆古寺，宁静安逸，恰如世外桃源。从 2008 年 2 月第一次发现兴隆寺水陆壁画至今，笔者先后四次对兴隆寺进行了考察。2008 年 8 月，笔者与王宁宇教授等人第二次来到郑家后沟，在兴隆寺住了四天，做了较为详细的学术调查。会长郑进旺的家就在佳县通往神木县的公路旁边，这里是我们一行晚上的寄宿之处，离沟底下的兴隆寺有两千米远。几天里，我们白天驱车赶往老村对庙宇进行考察测量，傍晚时回到公路边与郑进旺一家人交谈，翻看他保存的寺庙画稿和书籍，询问了解该寺的历史概况和寺庙宗教活动情况。随后几天，在兴隆寺又接触到另一位会长高生均和兴隆寺的住寺和尚能忍等人，都进行了深入交谈。

　　在 2009 年夏天和 2010 年夏天，笔者又有两次机会去佳县考察，期间抽出时间前往郑家后沟兴隆寺补充测量碑石和拜访郑进旺会长。几次考察下来主要收获有：对寺庙所存水陆壁画和其他殿宇内壁画塑像尽数进行拍摄，并对寺庙建筑、塑像、壁画、碑石等进行了测量，获得了较为完整的兴隆寺的照片资料和各种数据。通过与郑进旺会长、能忍和尚和其他几位会长的交谈，获得了一批口头叙述资料。

3　李凇，《陕西古代佛教美术》，171 ~ 202 页，

陕西人民教育出版社 2000 年 1 月版。

4　陈琯、赵思明、张德华编撰，《葭县志·历代沿革表》，民国二十二年（1933）刊印本。

5　关于水陆画图像配置规律及其意义，参见国家图书馆藏明刻本《天地冥阳水陆仪文·召请各路神界之仪文》。

6　戴晓云，《佛教水陆画研究》，131 页，中国社会科学出版社 2009 年版。

7　笔者在 2005 年暑假曾对山西浑源永安寺做过考察，在 2010 年 10 月份也曾前往河北石家庄毗卢寺考察，对两处壁画都进行了详细观看研究。

8　参见雷德候的《十王图的图像学分析》。

9　《玉历宝钞》是流传于中国寺庙的抄本，据清代李宗敏考证：《玉历》一书，受自淡痴道人，由他的弟子勿迷道人流传出来。乾隆辛巳年，我客居江右，见到此书。是宋朝的旧版本，二十三章。首行有"昔时天下太平，庚午秋九月重阳戊辰日，淡痴登高独步，游神于渺茫之中"等句子。第二十四章末页有：贫道于戊申夏六月，云游四川，路遇吾师淡痴。并有"大宋绍圣五年，勿迷钞录劝世"字样，与新本稍微有不同。

10　李凇，《长安艺术与宗教文明》，207 ~ 208 页，中华书局 2002 年版。

11　万家画稿为纸本白描，据"万画"第七代传人万忠选称，已在万姓家族流传了一百多年；2009 年暑期，经资深裱画师辨认纸质，也推定为清代画稿。

12　郑藏本《水陆道场神鬼图像》，郑振铎先生得之于梵澄法师处，因系残本无题名，故郑先生曾暂定名为《天神灵鬼像册》，选数图编入《中国版画史图录》，并考证为明成化年间（1465 ~ 1487）所刻。北京图书馆编《西谛书目》著录书名为《水陆道场图》。现藏中国国家图书馆，是目前国内外仅见

的孤本。

13 明代刻本《天地冥阳水陆仪文·召请天仙仪》，国家图书馆藏。

14 《大雄氏水陆缘起》有多个版本，笔者亲见的有陕西洛川民俗博物馆藏康熙三十三年（1694）绘制的一堂62轴水陆画中有一幅，上半段是"梁皇说法图"，下半段是黑底金字书写的《大雄氏水陆缘起》。出版资料中，首都博物馆藏明清水陆画中有一幅《大雄氏水陆缘起》，白万荣在《文物》1993年第10期《青海乐都西来寺明水陆画析》文章中有一幅，这几处均为手抄。《天地冥阳水陆仪文》杂文卷收一篇《大雄氏水陆缘起》，并未注明作者。收入《大正藏》中宗晓所著《施食通览》，作者署名宗赜。

15 现有出版发行的画册如《宝宁寺明代水陆画》、《毗卢寺水陆画》中都有，基本图像都大同小异，明代到清代的变化不大，图像稳定。

16 明代刻本《天地冥阳水陆仪文·召请诸灵仪》，国家图书馆藏。

17 《大正新修大藏经》电子版，台北佛教基金会2000版。

18 王树村，《中国民间画诀》，221页，北京工艺美术出版社2003年版。

19 明代刻本《天地冥阳水陆仪文·召请往古人伦仪》，国家图书馆藏。

20 陕西省地方志委员会编，《陕西省志·大事记》，257页，三秦出版社1991版。

21 同上。

22 陈珀、赵思明、张德华编撰，《葭县志·宗教志》，民国二十二年（1933）刊印本。

23 兴隆寺大会《兴隆古刹》编委会主编，《兴隆古刹》，88页。

24 王富春、张飞荣编，《中国佳县·白云山白云观碑刻》，215页，陕西旅游出版社2008年版。

二 佳县观井寺水陆壁画

　　观井寺位于佳县东北部上高寨乡观记沟村（又名李家圪）东约五百米处。这是一所历史悠久的老庙，《葭州志·坛庙》记载："观井寺在州北七十里观井沟。"[1]旧州志所记与现在的道路并不相同，指的是从葭州城向北，沿途经过岔道铺、白家铺、凉水井，再到高家堡直至神木县的"官道"——观井寺与兴隆寺都位于这条古代官道之侧[2]。光绪年间的《葭州志·习尚》描述此道："市中布匹悉贩之晋地，向黄河一带实为利源，北通河套，南通汾平，盐食之舟，疾于奔马。"[3]布匹、盐和粮食都是北草地（内蒙古）所需的大宗商品，从当时黄河航运的繁忙景象，也可知从各渡口通向北草地陆路交通的兴旺势头。处在这种运输线上的寺庙，其香火必然被旺盛的人气所带动，水陆壁画的出现更与商旅客死他乡、盗贼土匪的劫掠或战争等不安定因素和突发事件频繁相关联。

观井寺全景图

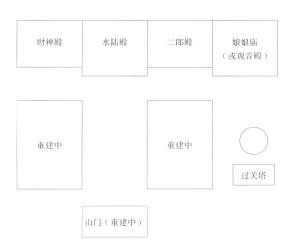

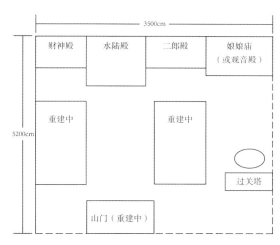

观井寺建筑分布平面示意图

1 遗存状况

1.1 建筑

观井寺是一所佛教寺院[4]，坐北向南，背靠土山，山门前有一条已经干涸的小溪。寺院平面呈长方形，寺院东西宽35米，南北长52米，占地面积约1850平方米。寺内建筑以中轴对称展开，山门正对主殿，寺内旧有殿宇大都坍塌，仅留主殿水陆殿及东西配殿，东侧配殿为二郎神殿，西侧配殿为财神殿。山门及院内东侧殿已按原址重修。西侧殿在十多年前重修过，旧有壁画残迹被重描破坏。寺院外东边另有一个旧殿，里面像与壁画全部不存，门前有一个新砌的过关塔，此殿疑为娘娘庙或观音庙。

从寺院前小路向东不足百米处崖间开有一小窟，已废，内残留一些罗汉塑像的残躯断肢。向南，有两处泉水，农民仍在从中打水浇园，未知是否即寺名"观井"之井。

水陆殿内塑像已全部不存，部分壁画已被屋顶上渗下的漏痕破坏，漫漶不清。东配殿壁画塑像全部不存。西配殿有三尊新塑神像，东西两壁留有壁画，内容为辅助二郎神的天神天将，绘艺精湛。

水陆殿屋宇高大、面阔、进深各3间，歇山顶砖瓦结构，门窗廊檐做工精细，檐上可见旧有的彩绘描金的痕迹。殿内无柱，保持建筑古制，在四架梁上设驼峰承载负重，架梁上也有彩色图案。北壁及东西两壁皆绘满壁画，北壁壁画已基本不存，东西两壁在大梁上方三角墙中间各有一幅长条形山水图。

1.2 水陆殿壁画

1.2.1 壁画概况

观井寺水陆殿平面呈正方形，东西宽5.2米，南北长5.16米。南面无墙壁，为三开间花格木门，北壁除西侧留有一小块壁画外，其余均已被屋顶漏下雨水冲坏，东西两壁为水陆壁画。

东西两壁水陆壁画的布局相对，格式相仿。壁画外围绘有蔓草花纹饰边框，下边框沿离地有60厘米。墙体用青砖，殿内墙面抹压麦秸和泥打底仗，然后再在底仗上铺一层底色，在底色上作画。由于门窗较大，山风可吹入殿内，加之殿顶多处漏水，使画面颜色有所剥蚀，部分壁画受到损害。西壁紧靠北边一行6层壁画都有不同程度损坏，东壁紧靠北边一行也有部分损坏，都是由于两边屋角漏雨造成。东壁第六层壁画几乎有三分之一不能辨认，应该是刮南风时雨水从门槛上方溅进殿内所致。整体上东壁颜色较为浅淡，应与常受日光照射有关，西壁颜色较为鲜艳，比较东壁剥蚀较少，保存得相对好一点。两壁壁画每龛图像旁侧画有一个方框，红底黑字，题写有布施者姓名，如"管龛信士某某"。

下面将该殿水陆壁画按东、西两壁分别介绍。记录中对每龛图像旁方框内题记文字凡可辨识者皆附录于各榜题名称之后，置于方括号之内；凡残破不可辨识者不予录入，部分龛没有管龛信士。

1.2.2 东壁内容

在大梁之上有一幅约两米长、60厘米高的山水图，水墨绘制，无着色。东壁水陆壁画占大梁下整个墙壁，画芯长5.16米，高3.54米，共约18.3平方米。从上到下分为六层，每层十余龛图像，所有人物形象全部面朝北，形成"礼佛式"构图的半边。所绘内容有天仙、诸星君等天府神祇、往古人伦等。引导神有三位：天藏菩萨、大威德菩萨及大圣引路王菩萨。东壁第六层残缺比较严重。

第一层：

①天藏菩萨②无色界四空天众[管龛信士 王长林 妻 何氏，棱儿 招儿 清喜 妻 史氏]③□界四禅天众[管龛信士 王文忠 妻张氏，男元民 元庆 妻张氏]④大梵天王[管龛信士 刘茂正 妻贺氏，男天佑天志 妻 贺氏 强

1	2	3	4	5	6	7	8	9	10
11	12	13	14	15	16	17	18	19	20	21	22
23	24	25	26	27	28	29	30	31	32
33	34	35	36	37	38	39	40	41	42	43
44	45	46	47	48	49	50	51	52	53
54	55	56	57	58	59	60	61	62	63

东壁各组图像从北向南分布顺序

氏，孙男三才]⑤欲界上四天主并诸天众[管龛信士 刘西泰 妻王氏 男守黄 守金 妻朱氏，孙男 马成儿]⑥忉利帝释天王并诸天众[管龛信士 刘家旺 妻李氏]⑦东方持国天王众[管龛信士 马世有 妻武氏，男阎锁儿]⑧南方增长天王众[管龛信士 高门武氏，男贺登云 白氏，孙男□王奇]⑨西方广目天王众[管龛信士 何国贵 妻刘氏，男流狗]⑩北方多闻天王众

第二层：

⑪未能辨识[管龛信士 刘体翠，男阙宗 妻刘氏，孙男 建栋 妻贺氏]⑫太乙诸神五方五帝等众⑬日光太子⑭月光天子[管龛信士 薛门沙氏，男 兆恭 兆温 兆俭 妻郭氏 李氏 贺氏，孙男天□ 天马 天德]⑮金星真君[管龛信士 刘体翠，男阙宗 妻刘氏，孙男 建栋 妻贺氏]⑯木星真君[管龛信士 白受登 妻白氏，男关长保 妻郑氏]⑰水星真君[管龛信士 白王儿，男世仓 守璋 妻贺氏，添男枉思 枉德 妻□氏]⑱火星真君[管龛信士 高世书 妻朱氏，男满儿]⑲土星真君⑳罗睺真君[管龛信士 马占德 刘氏，男德锁 □锁]㉑计都真君[管龛信士 张有成 妻张氏，男成生儿 春则 妻杜氏，孙男 高则]㉒紫炁星君[管龛信士 □天国 妻郑氏，男大福 大有，孙男 双成]

第三层：

㉓未能辨识㉔人马天蝎天秤双女狮子□蟹宫神㉕阴阳金牛白羊双鱼宝瓶□君宫神㉖寅卯辰巳午未元辰众㉗申酉戌亥子丑元辰㉘角亢□房心尾箕星君[管龛信士朱日贵 妻李氏，男昌泰 初正 妻武氏，孙男五姓儿 闻喜]㉙斗牛女虚危室壁星君[管龛信士朱日富 妻武氏，男昌荣昌烈 妻刘氏贺氏，孙男采子 春乐]㉚奎娄胃昴毕觜参星君[管龛信士高恺通，男国顺 妻刘氏，孙男买虎儿 成龙儿]㉛井鬼柳星张翼轸星君[管龛信士贺天俊 妻高氏，男佛家锁]㉜北斗七星真君[管龛信士李东长 妻曹氏，男改官]

第四层：

㉝未能辨识[管龛信士吕佩仓　妻□氏，男富□]㉞天地水府三官大帝众神[管龛信士 刘加佑 妻王氏，男刚武 刚随 刚健 妻贺氏 云氏 武氏，孙男□□]㉟天蓬天猷翊圣玄武真君[管龛信士 白守旺 妻贺氏，男白时贵 白时□ 妻郑氏 □氏，孙男士魁 士达，妻贺氏 米氏]㊱天曹府君众神[管龛信士 白门郑氏，男太来 官玉 常富 平则，孙录则]㊲天曹掌禄判官㊳天曹诸司判官[管龛信士 武崇仁 妻白氏，男法恭 法宽 法信 法惠 妻张氏 贺氏 刘氏 何氏，孙年儿]㊴年月日时四直使者[管龛信士 贺宗礼 妻徐氏，男登□ 登榜，妻韩氏 李氏，孙贵连 □题儿 妻裴氏]㊵大威德菩萨[管龛释子源深 徒广玉 广玫，徒孙绪随 绪仲 绪杰 绪依 绪便，曾孙本畎 本宽]㊶阿修罗众[管龛信士 高凯乐 妻李氏，男国荣 妻何氏]㊷大罗刹众[管龛信士 高国宝，男正官 妻王氏，孙男顺喜]㊸罗刹女众[管龛信士 刘守贵 妻徐氏，男登徒 登殿 妻徐氏 史氏，孙男随成 招兰 高成儿 妻何氏]

第五层：

㊹未能辨识㊺未能辨识㊻巨畔奴众㊼诃利谛母㊽大夜义等众㊾大圣引路王菩萨[管龛释子 源昆，徒广运 徒住比丘广旺，徒孙绪佩 绪俨]㊿往古帝王一切诸王子[管龛释子 源禧 源怛，徒广还 广□ 广殖，徒孙绪偉]51往古妃后宫嫔婇女[管龛信士 刘门魏氏，男刘家瑞 刘家祥 刘家兆，妻刘氏 魏氏 李氏，孙男天古 拴儿 漏存]52往古文武官僚[管龛信士 李之通 妻郑氏，男□□]53往古为国亡躯一切将士[管龛信士 高门武氏，男继双 继舍 绞其儿 妻张氏 贺氏 程氏，孙栋儿]

第六层：

54未能辨识55未能辨识56未能辨识57未能辨识58往古道士59往古女冠60往古儒流秀士61往古贤妇烈女[管龛信士 李之明 妻□□]62往古孝子顺孙[管龛信士 李东鳌 妻武氏 男拴成儿]63往古九流百家[管龛信士 都官 高谈，男舒金 舒成 妻刘氏 张氏 孙五斤儿 妻白氏 巨儿]

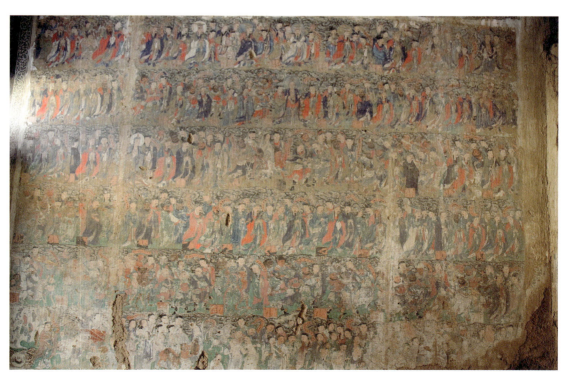

西壁全图

1.2.3 西壁内容

在大梁之上有一幅约两米长，60厘米高的山水图，水墨绘制，没有着色。西壁水陆壁画占大梁下整个墙壁，长5.2米，高3.63米，共约18.8平方米。从上到下六层，每层十余龛图像，所有人物全部朝向北，形成"礼佛式"构图的半边。所绘内容有水府、地府等下界神祇、冥殿十王、孤魂冤鬼等。引导神有四位：持地菩萨、虚空藏菩萨、菩萨幽冥教主地藏王及启教大士面燃鬼王。每龛图像旁侧有布施者姓名，写为"管龛信士某某"。笔者将可辨识者录于各榜题名称之后，残破不可辨识者未录入。

第一层：

①西海龙王众[管龛信士 王世福 王世贞]②缺榜题③东海龙王众[管龛信士 王长彦 妻贺氏，男高来儿 顺祥儿 妻刘氏，孙男刘生儿]④中岳中天崇圣帝君[管龛信士 王得荣 妻白氏，男文显，孙外姓]⑤北岳安天元圣帝君[管龛信士 王文□ 妻常

1	2	3	4	5	6	7	8	9	10	11
12	13	14	15	16	17	18	19	20	21	
22	23	24	25	26	27	28	29	30	31	32
33	34	35	36	37	38	39	40	41	42	43	44
45	46	47	48	49	50	51	52	53	54	
55	56	57	58	59	60	61	62	63	64	

西壁各组图像从南向北分布图

氏，男元义 元善 元魁 元良 妻□氏 万氏 李氏，孙男□贵 根贵]⑥西岳金天顺圣帝君[管龛信士 王文安 妻白氏，男自来儿]⑦南岳司天昭圣帝君[管龛信士 王元亮 妻刘氏，男定儿]⑧东岳天齐仁圣帝君[管龛信士 王文□ 妻，男庙□ 住男 双喜 银喜]⑨后母圣土[管龛信士 王文珍 王文禄 王文燦 妻李氏 乔氏 □氏，男□□，孙□锁]⑩后士圣母⑪持地菩萨

第二层：

⑫顺济龙王众[管龛信士 贺世发，男景贵 妻武氏]⑬三元水府大帝众⑭守斋护戒诸龙神众[管龛信士 贺福介 妻□□，男光谟]⑮主苗主稼主病主药诸龙神众[管龛信士 徐秉刚 妻刘氏，男加祥 成□ 妻郑氏 白氏]⑯主风主雨主雷主电诸龙神众[管龛信士 贺守□]⑰虚空藏菩萨[管龛信士 朱曰明 妻郑氏，男贺锁 牛卷，孙满□ 妻齐氏]⑱陂池井泉诸龙神众⑲五湖北川龙王神众[管龛信士 李生先 妻刘氏]⑳江河淮济四渎诸龙神众[管龛信士 白受□ 妻刘氏，男怀珍 怀人 怀玉]㉑北海龙王

第三层：

㉒二殿楚江王众[管龛信士 贺宗庆 妻刘氏，男广智 女则]㉓一殿秦广王等[管龛信士 贺登庸 妻段氏，男广叩 天枢 根叩]㉔幽冥教主地藏王菩萨[管龛信士 刘西会 妻郑氏，男守正，孙□贺]㉕护国护民城隍社庙土地神祇众[管龛信士 魏长云 妻武氏，男秦□ 振儿，孙永乐]㉖吊客丧门大耗小耗宅龙神众[管龛信士 贺宗祥]㉗阴官奏书归忌九伏兵刀士众、㉘金神飞廉豹尾上朝日畜神众[管龛信士 贺福祥]㉙黄幡等众[管龛信士 李自富 妻刘氏，男秀 妻武氏]㉚大将军黄幡豹尾白虎蚕官五鬼众[管龛信士 高宏晖，男经善，孙西堂 西□ 西武]㉛太岁大煞博士日游太阴神众㉜安济夫人[管龛信士 何门武氏，男景仁 景义 景禄]

第四层

㉝地府五道将军[管龛信士 贺天□，孙家儿 发刘 □地]㉞地府都司判官等众[管龛信士 高继孟 妻段氏，男二驴 妻杜氏]㉟地府三司判官等众[管龛信士 朱世仁，男德□ 福□]㊱地府六曹判官㊲十殿转轮大王等[管龛信士 郑守□]㊳九殿都市大王等[管龛信士 何世元，男景思]㊴八殿平等大王等[管龛信士 刘李德 李氏，男二狗 黑狗 拴狗]㊵七殿泰山大王等[管龛信士 郑永亮 男富生]㊶六殿变成大王等[管龛信士 贺守保 妻刘氏，男银祥 呈祥 正祥]㊷伍殿阎罗大王等[管龛信士 刘宣，男永

仁 永义，孙解尤儿 浪良]㊸四殿仵官王㊹三殿宋帝王等众

第五层：

㊺枉滥众迦衔抱恨诸鬼神众[管瓮信士 刘天寅 妻李氏]㊻大陆空居依草附木幽魂满魄无辜[管瓮信士 吕昌 妻白氏，男双福 成□]㊼大腹臭毛针咽具钦噉盃大然识[管瓮信士 武门王氏，男友直友谅 妻毛氏 郑氏，孙传则]㊽主病鬼王五瘟使者[管瓮信士 贺天德 妻赵氏，男生清 生和 生海 生彦妻王氏 姚氏 陈氏]㊾起醮大士面燃鬼王[管瓮信士王长月，男付兰 妻刘氏]㊿孤独地狱[管瓮信士 王宗旺 妻刘氏，男贺锁](51) 近边地狱[管瓮信士 强汝宁 妻马氏，男元述 妻沙氏，孙男佛家管](52)八热地狱[管瓮信士 刘宗明 刘宗尚，男付仔](53)八寒地狱(54)善恶二薄牛头马面阿傍都

第六层：

(55)六道四生种种□众(56)身殁□客死（他）地乡诸鬼神众(57)误死针病□遭毒药诸鬼神众(58)堕胎产亡含冤抱恨诸鬼神众(59)严寒大暑兽咬虫伤诸鬼神众(60)墙崩屋倒树折崖摧诸鬼神众(61)饥荒浮漂疾病缠绵诸鬼神众(62)兵戈荡灭水漂火焚鬼神(63)赴刑都市幽死随主诸鬼神众(64)未能辨识

1.3 碑石

因为笔者调查时观井寺正在修建中，观井寺所存几块碑石均集中存放在寺院西边一孔窑洞内，已经离开原位。碑共有五通，两通保存完好；一通已断为两截，但内容尚能接上；另外两通都为缺半截的残碑。兹将其碑文抄录于下。

1.3.1 重修观井寺碑记

自汉唐以来佛教之入于中国也久矣。斯人崇尚道教奉事香火，于今两□□。观井寺去葭芦北六十里许，地名曰硬地□泉。旧有观音禅院，殿宇倾圮，仅存弘治三年乡耆刘普茂、刘普彪、周普华等端请祖师贵宝峰门徒修葺之一□。今之事远，寺事之维新者，寻复坏于十八九矣。缁素等复整其旧，重修佛洞□石桥一孔，北建佛殿，铸塑圣像，金光灿烂，香烟辽远，灯烛交辉，钟鼓晨昏，东西僧舍厨室焕然一新，外内□用。观源头活水之盛，系于西山脚下，仍置普通宝藏，代代而入此。嘉靖壬寅来，明习、明良协同施主刘普谵诱众僧修钟楼碑阁香亭，诣京师请五大部□，读益垂先贤之德于不朽也。

夫佛虽往矣，举而行之存乎其人，凡□人斯，以之而存心，以之而养性，则所以□圣者有阶矣。工就落成，属予为文，志不忘也，予是为记，以勒诸石。

时大明嘉靖癸丑仲旬吉旦 米脂县□艾希仁弟艾□仁撰

本州奉直大夫知州高尚义，修造僧明来，住院僧明良，明惠，圆攀，隆春，圆远，明宰，明坚，明心，真绪，如琴，真云，明印，真祭，真翠，圆忍……

观井寺会窑保存的古代碑刻：明嘉靖癸丑年《重修观井寺碑记》

1.3.2　施地洒粮碑记

□　□六十里有观井寺宝刹，形胜□□，有纪该无□□然询其□□

□　地灵人杰欤，抑人杰地灵耶？夫非其地，则人之灵于何处□□

□　□□□臻，住持衲予性宝则苦于养□之无资，一则□□

□　天哉。先是花十甲民刘昌施其地一段，东至关王圪垯坡，□□

□　地一段，水井峁东至大沟，南至刘昌地大沟，西至右道，北至□□

□　李德林地，北至高得显高畔坎，四至分明，随地粮一年二□□

□　南至大灭□，西至榆刻峁重碰，北至□□散岔，四至分明，随□□

□　粮废也。寺邻王希闵、高应愿、李良才等日餐心伤，连名□□

□　王胡，素以慈悲心普度政遂，允其来□批□为省□□

□　□之后，以□永交庙是有地而无粮之累，集□僧而出地之□□

□　人灵耶？地灵耶？付之不可思议之天矣。虽然，人有觉地无□□

□　州奉道大夫知州胡□各里下□□刘□□乞恩其状乡。

□　□王□门高□□李良才

普照寺住持长老　觉悟

观井寺主□僧　永恕　徒远梜　远就　福保

千佛寺僧大明　徒文上

延寿庙僧性沧　僧人性觉　徒□止。

清凉寺僧永杰

□□寺僧义堂　徒□

撰文　生员刘景敬

大清□顺治七年岁次□□冬仲□□员六进士。

1.3.3　重修观井寺碑记（残碑）

尝闻佛生西域而金像传于东土□□

善信人等，将正殿、伽蓝□□

以及钟楼、山门、篙茅不无倾损□□

刘生德等，及今图之尚可相沿□□

而觅良工岂惜些须之费，于是与□□

作福之诚近，以尽诸僧躬赕之□□

奉直大夫知葭州事尤近思。

时大清乾隆二十九年十月二十一□□

功德主　监生李享贵　孙监生之寰　男□□□

耆　宾　刘成孝　男士俊　士杰□□

　　　李应凤　男附□　□□

　　　郑之城　男朱员　生员□□□

　　　刘生德　男刘忠　刘思　生员高□□

　　　刘佩宗　男西富，来保□□

　　　刘国汉　男桂元　生员白成□□

会　首　生员李廷宗　男福孩

　　　监生白崑　生员刘西恭　白守□

　　　贡生涂种培　男□□　□□□　白康

　　　生□□

　　　普照寺僧□□　□□

　　　金明寺僧正司　达皓　□□□

　　　玉泉寺住持普皓　□□

　　　兴隆寺住持普兴　□□

　　　大兴寺住持照□

凤凰山住持普禄比丘通臣　心正　心田　心顺

（此碑仅存中间半截，每一行上下都有缺字）

1.3.4　创建九天观音菩萨□□老爷庙碑记

自古建庙立祠皆以报神，□□神德非但□上境之色饰四方之。

□□净快游资悦心目已耳，故□收或□，德被于民，□为民心之护，敢或怠，然后建庙以肖其像，立祠以致其敬，不特通都大迤在□□心诚，刘姓者复于空地新建庙宇，创造祠堂一以供。

　　□为吾民之祈男女求嗣息者，计欲锺英毓秀，子孙振振，子孙绳绳一以供。

　　□为吾民之熙来攘往者，计欲寻声救苦，怀保小民，惠鲜鳏寡焉一以供。

　　□为吾民之养牛羊畜骡马者，计欲逐日追风，牝牡盈蕃丽黄百出焉，夫神道凋敝，由来已久，□故今一人造意而万人响应，□始于癸亥瓜月之秋，告竣于甲子葭月之冬。庀材鸠工精顾而成，是□宁而楹角丹刻，勿徒曰一境增色也。神功在世矣，睹其祠堂而金碧辉煌，勿徒曰四方巨观也。

　　德之□□寓教，人为□之□心朗，以之快游，谈悦心目，亦无不可，是为记。

　　贡生□□教谕郡弟子刘士兴敬撰并书。岁次乙丑桐月穀旦

　　阴阳：白守旺

　　会首：李吉桂，李之香，刘智，李廷周，刘西□，李若扑，李如槐，贺之顺，李之宝，李之禄，刘佩□，刘冰圣，李□□

　　本寺主持：普行，通显，心诚，心益，心佩，心□

　　施钱人：监生武佩环，男有仁，施钱伍千肆佰文。

　　贺宗禹　男登□　施钱乙千贰佰文

　　郝有仓　男有义儿　施钱乙千伍百文

　　监生贺廷贤　男宗孔　施钱乙千贰佰文

　　（此碑左边残，无落款、年代）

1.3.5　重修观井寺并增修庙宇院墙碑记

　　人生惟善恶两途，乐为善则不为恶矣，惧为□□□为善矣。而善心猝萌，恶念顿消，莫切于入庙之顷。无论老幼强弱，当其目□仪像，未有不肃然敬□□□院之设亦名教之一助欤。观井寺旧有水陆殿、二郎殿、关帝殿、常默楼、□□□藏殿、白衣殿、弥勒佛殿、圣母殿、马明殿、孤魂堂、水神娘娘庙。迄今年湮世远，风□□□为之不整，圣像因而减色，欹斜坍损，殊非所以状，观瞻而感人心焉。功德主刘家祥等□□□捐资财并广为劝募，四方仁人君子，仗义疏财者，指不胜屈。于是连年动工，重整其旧□□□财神庙，赤帝真君殿，井泉龙王殿，土地山神殿，以及钟鼓楼，戏楼，左右山门院墙基，拓□□□庙貌巍然，四壁辉璨，特求予记其事，以传久远，予□记之。

　　增广生员刘凤朝撰、李常馨、刘家瑞书

道光二十一年《重修观井寺并增修庙宇院墙碑记》，断碑，左为上半截，右为下半截

开光大吉　住持僧心呈，徒源亮，孙广□，曾孙绪乐、绪成、绪正

泥匠刘来清，瓦匠张贵生，木匠叶□□、郝建盗、李秉瑞、男祥现，铁匠高永祥、刘家北

丹青李官、郭荒林、高家临、南必虽、李长□、李张方、男驴儿、李秉贵、李顺喜、冯秉珠、李之朝、刘登尚、刘登升

时大清道光二十一年岁次辛二八月□□□总领。

经领会首：大□　男□□　□□　刘家祥　男□□　拴弟　李之明　□□　李汉□　□□　李丙增　男改关　李常□　男建成　建国　建元　李常福　男步纯　刘世泰　男守延　□□□

主土：白守旺　李之适　刘守命　李之禄　刘西会　李之荣　刘守□　李常富

（此碑一断为二，中间缺字）

2　建筑形制与壁画年代

2.1　建筑形制

陕北常见的庙宇形制有两种，一种用陕北特有的窑洞建筑做庙宇的殿堂，另一种是石窟寺。因陕北黄土层下埋的都是石头山，石窟寺修建虽施工艰苦但取材方便，不易损坏。与这两种常见的庙宇形制不同，观井寺水陆殿是高大明亮的歇山式瓦顶砖木结构的房屋式建筑，这种建筑形制在陕北比较少见。由于榆林为边防重地，历代驻守官员在榆林城内留下众多高大砖木瓦房建筑，除此之外，陕北地区这种建筑只见于官府衙署的大院和寺庙中。

这类砖瓦木梁建筑所用较大木料要从外地采购运来，有的砖瓦需要专门开窑烧制，所费财力极大，不是一般农村能够承受。修建庙宇之艰难，从道光十一年《重修白云山正殿碑记》记载的一件事可见一斑。在嘉庆七八年

间，正殿一院以及朝圣、头天诸门，塌毁甚为严重。道正司刘来旬有志整理，募化多方，历二十余年只烧琉璃脊兽一堂。至道光四年，未得动工而奄然以逝。嗣后，高复伸又欲踵其事以成之，然工程浩大，独立难支。爰顾高本国、曹合阜二羽士而谓之曰：修理庙宇吾辈之责也，但吾年渐迈，恐不克终其事，而二人当竭力经营，吾亦从中辅助之。又请会首张硕甫、曹绍等共襄其事，或则募缘以外，或则鸠工于内。于是作于乙酉之五月，成于庚寅之四月，经历数年乃成[5]。在当地没有现成材料的情况下，募款、烧制、修建等程序下来，动辄就会花费几十年时间，在几代人努力下才能修成一座规模较大的庙宇殿堂。

可见观井寺这座水陆殿在当地属于相当豪华的建筑，在当年修造很不容易，应是在当地经济相当殷实的时期所建造，有可能得到官府和富商的捐助。之后作为当时陕北境内重要的庙宇之一，在《葭州志》、《延绥揽胜》等地方文献中均被记载。

2.2　水陆殿壁画绘制年代

2.2.1.　观井寺水陆殿壁画的初创

观井寺现存水陆壁画的绘制年代，所存各种文字资料中均无明晰的叙述，成为一个需要考证探讨的问题。

观井寺水陆殿为正殿，正对山门，位处中轴线上，应该为寺院初建时的建筑。从寺内所存碑文看，观井寺曾于明弘治三年（1490）、明嘉靖癸丑年（1553）、清顺治七年（1650）、清乾隆二十九年（1764）、清道光二十一年（1841）等共五次重修。碑名称为《创建九天观音菩萨□□老爷庙碑记》，碑中提到所修寺庙未必位于观井寺内，对于考证观井寺水陆殿壁画的初创不具有直接意义[6]。

嘉靖癸丑年所制《重修观井寺碑记》中

有"缯素等复整其旧，……北修佛殿，铸塑圣像，金光灿烂，香烟辽远，灯烛交辉"，其中说的"佛殿"从方位和历史逻辑推算，应当就是现在我们说的水陆殿，但从文义看，那时殿内并没有水陆画的迹象。

清道光二十一年（1841）《重修观井寺并增修庙宇院墙碑记》首次点明："观井寺旧有水陆殿、……孤魂堂、……"，经"功德主刘家祥等□□□捐资财并广为劝募"，"连年动工，重整其旧"。可见原水陆画在该庙绘制的时间距道光二十一年已有很久远的一段时间。清顺治七年（1650）《施地洒粮碑记》并未涉及寺院修建工程内容，而乾隆二十九年（1764）《重修观井寺碑记》中有"正殿、伽蓝□□"、"以及钟楼、山门、篙茅不无倾损□□"、"刘生德等，及今图之尚可相沿□□"、"而觅良工岂惜些须之费"这些片断文字，似乎透露出这一次重修有较重要的推进。那么，在明代原"佛殿"、"正殿"中增作水陆画壁，或许就是乾隆二十九年此次重修所致。当然，这只是一个猜测。

2.2.2 道光二十年的"重整其旧"

那么道光二十年（1840）的"重整其旧"其工程内容又如何呢？该庙现存水陆画绘制的时间是否在此时间段内呢？在观井寺壁画的西壁第六层第55组图像"六道四生种种□众"中，发现最上层中间一个人物的装扮是清代官员特有的顶戴花翎帽子，这一装扮意味着该壁画不可能早于清代，应是清代甚至更靠后年代的作品。

碑记显示每次重修之间的间隔年代在一百年左右，这一规律不会有大的变化，因为在清代之前所有建筑材料没有大的变化的情况下，重修之后排除人为破坏，应该在历经百年之后才会自然破损。道光二十一年《重修观井寺并增修庙宇院墙碑记》云："观井寺旧有水陆殿、二郎殿、关帝殿、常默楼、□□□藏殿、白衣殿、弥勒佛殿、圣母殿、马明殿、孤魂堂、水神娘娘庙。迄今年湮世远，风□□□为之不整，圣像因而减色，欹斜坍损，殊非所以状，观瞻而感人心焉……"[7]可见这是一次全面维修，还扩大了寺庙，增修了钟楼等处。其中特别对"仪像""圣像"的"减色"、颓败描述用笔很重，动用泥匠、木匠、铁匠数人，特别是在"丹青"人名栏内列载人名非常多，

西壁第六层第55组六道四生种种一众

左图局部，其中白袍红帽者为清代装束

东壁第三层第34龛天蓬天猷翊圣玄武真君

左图之局部，管龛信士姓名

西壁第三层第24龛幽冥教主地藏王菩萨

有李官、郭荒林等十三人。一次记载这么多丹青匠人在碑石上，无论在哪所寺庙都着实不多见。重修之后的视觉效果突出地用"四壁辉璨"来形容。由此不免让人推测，主持者对该次绘制观井寺庙宇壁画极为重视，延请了众多高手绘制，观井寺水陆壁画就是被重新绘制于这一年。

2.2.3 画面上的文字信息提供了重要断代依据

再搜索壁画本身的文字信息，发现在东壁第三排第34龛图像"天蓬天猷翊圣玄武真君"旁侧的榜题为："管龛信士 白守旺 妻贺氏，男白时贵 白时□ 妻郑氏 □氏，孙男士魁 士达 妻贺氏 米氏"其中白守旺的名字又一次出现。他就是两次出现在道光年间碑记上的阴阳先生白守旺吗？

通过将所有壁画的榜题中管龛信士姓名与碑4、碑5上出现的名字比对，"碑5"主土者姓名中发现一个叫"刘西会"；在壁画的西壁

第三排第24龛"幽冥教主地藏王菩萨"旁侧榜题"管龛信士 刘西会 妻郑氏，男 守正，孙 □贺"中有一个相同的姓名。

"碑5"经领会首姓名中的"李之明"，与东壁第六层第61龛"往古贤妇烈女"旁侧榜题"管龛信士 李之明 妻□□"中"李之明"相同。

"碑5"为道光二十一年观井寺重修完成后

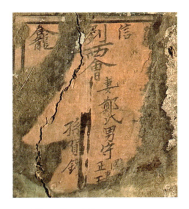

西壁第三层之局部　　　　　　　　东壁第六层第61龛往古贤妇烈女　　　　　东壁第六层之局部

所刻，三个人的名字既出现在"碑5"中，也出现在壁画榜题中，可以肯定壁画的绘制年代就是《重修观井寺并增修庙宇院墙碑记》刻制的同年或稍前一点的时间。

综上所述，观井寺现存水陆壁画的绘制完成年代，可判定为清道光二十一年。

3　壁画构图方式

观井寺水陆壁画总面积约60平方米，由于南面建筑为格扇门的原因，水陆壁画主要分布于水陆殿的北壁和东、西两壁。北壁大部分残缺，仅留的一块壁画约一平方米，是一个明王的身躯；东、西两壁保存尚好。

在构图排列上，总的形式与兴隆寺水陆画大致相同，采用每层平行排列，每行长度统一，每一墙壁画共分为六层，每层约60厘米高，秩序井然，排列整齐，东西壁对称。从宗教意义来说，水陆画必然以礼佛为中心，所以在构图上所有的注意力要集中于佛的形象。在组织构图时一般将殿内的塑像和壁画作为一个整体，这样在壁画中就可以不出现佛像和弟子像，但在绘制壁画时要将每组人物的头的方向朝向佛祖和弟子的塑像。从壁画上看，西壁的人物面部统一朝北，东壁的人物也统一将面部

朝向北方，形成一个对称的图像系统。这也可以叫作"礼佛式"构图。

因为观井寺殿内的佛像、弟子像都已不存，所以壁画的内容和题材看起来没有主神，壁画里绘出的最重要的神祇就是各路菩萨。在水陆法会图中，每一个菩萨都负有引导众神赴会、礼佛的责任。一般以中国传统观念的东方为上，东壁内容绘有天仙、诸星君等天府神祇、往古人伦等。引导神有天藏菩萨，大威德菩萨及大圣引路王菩萨。西壁位置处于次要位置，所绘内容有水府、地府等下界神祇，还有冥殿十王、孤魂冤鬼等。引导神有持地菩萨、虚空藏菩萨、地藏王及启教大士面燃鬼王。

因为建筑规格高、壁面大，观井寺的水陆壁画与郑家后沟兴隆寺水陆壁画相比呈现出人物加大，各组图像饱满，色彩鲜艳的特点。兴隆寺水陆画每层人物只有33厘米高，而观井寺的每层人物高度有60厘米高，将近为兴隆寺水陆壁画的两倍，视觉上更有冲击力。水陆殿整个墙面构图宏大，各组图像连缀成篇后颇有气势，东西两壁呈对称布局，给人造成一种变化之中又协调的美感。

4　观井寺水陆壁画的艺术特色

4.1　绘画艺术风格概述

　　观井寺壁画是陕北水陆壁画中气势宏大，艺术成就很高的一处。初次观看，感到不像是陕北地区壁画常见的风格，该壁画线条流畅，色彩亮丽，构图饱满。在风格上继承了元明简约大气的传统，不似清代风格的繁复世俗。人物造型生动，画面构图丰富。工匠将许多不同的画面连接成浑然一体的艺术篇章，场景和人物之间的关系既按照水陆仪轨绘制，整体给人以艳而不俗之感，又包含着浓浓的民间韵味。

　　壁画系民间画工所创作，属工笔重彩人物画，线条勾勒，画面着色与元明寺观壁画如永乐宫等的青绿为主不同，以朱色、青色为主，辅以绿、赭、黄等色。颜色中主色运用有着自己的特色，壁画整体色彩是以青绿灰为底调，以朱、青为主色彩作搭配，人物面部用色处理淡雅柔和，绘制的人物衣饰、器物等在今天看来依然艳丽，十分醒目。这一亮丽醒目的特征与山西繁峙公主寺水陆壁画有相像之处。水陆画的绘制由于形象繁众、仪轨严密，故多需参照前人历代相传的底本创作，如郭若虚所说"画人物必分贵贱气貌、朝代衣冠"的原则，多以所戴头冠不同，如冕冠或通天冠、幞头、梁冠、武将所戴头盔等，代表其身份的不同。此外，面目表情也有很多雷同。除这些程式化特征之外，观井寺水陆壁画中还有一些图像来自民间生活，属民间画匠的个性表达。观井寺壁画在人物的衣饰处理上可谓浓妆艳抹，基本采用线描平涂的民间手法，人物衣服上基本没有装饰性花纹，也无沥粉贴金，只有一些褪晕和过渡性处理。

4.2　水陆画内容与题材特色

　　水陆画所绘内容与水陆仪轨所奉请的神祇要对应，但并不意味着形成一一对应关系。山西、河北、陕北等地几处水陆画在题材和内容上就有许多不同之处，有时差别还较大。山西洪洞广胜寺、繁峙公主寺等水陆壁画中都将佛祖的图像绘于墙上，处于众神形成的"礼佛式"图像的中轴线上，成为众神目光的焦点；明末以后的庙宇水陆壁画中不再绘有佛像，而是将佛祖的塑像与壁画众神视为一个图像系

东壁第一层第2龛无色界
四空天众，也叫四空天众

东壁第一层第4龛大梵天王，梵名为"Mahabrahma"，位于色界初禅天之第三天，又称"梵天王"、"世天主"、"娑婆世界主"等，意译为清净离欲

统，两边壁画上的人物面部和目光大体朝向佛祖塑像所处的位置，也是礼佛的形式，如河北石家庄毗卢寺、河北蔚县重泰寺、山西浑源永安寺及陕北现存几处水陆壁画都属这种情况。

观井寺壁画东西两壁比兴隆寺壁画多出几组。通过比对，多出的几龛壁画有东壁第一层中②无色界四空天众③□界四禅天众④大梵天王⑤欲界上四天主并诸天众⑥忉利帝释天王并诸天众等。西壁第三层㉙黄幡等众是一龛独有的图像，疑为画工为填补空白而增加的图像。

对多出来的几龛图像内容选择几组介绍如下。

东壁第一层第2龛"无色界四空天众"，也叫四空天众。无色界居色界之上，此界诸天无色相，仅有微妙之意识存在。分为四天，一为空无边处；二为识无边处；三为无所有处；四为非想非非想处。在《天地冥阳水陆仪文》中这样说道："一心奉请，无色无相，变化现行，修习彼地之因，福寿自然之乐，非非相处，无色界中，四空天众。"[8]图中绘六身女

性神仙，长袍披肩，着装华丽高贵；两身男神仙，戴梁冠，长袍束腰，双手执笏板，为官员形象。

东壁第一层第4龛大梵天王，梵名为"Mahabrahma"，位于色界初禅天之第三天，又称"梵天王"、"世天主"、"娑婆世界主"等，意译为清净离欲。大梵天乃自主独存之众生之父，乃自然有之，无人能造之，后世一切众生皆其化生。在《阿含经》及诸大乘经典中，常载此王深信佛法，助佛教化等事。每值佛出世，大梵天王必先来亲转法轮，手持白拂，与会坐参法受听，常依法义与佛问答；后与帝释天同受佛之嘱咐，护持国土，为显密二宗所共尊崇[9]。此图中大梵天王戴梁冠，身穿长袍，双手抱拳躬身而立，好像正在礼佛，身后跟随三个侍女，面目端庄和蔼。

东壁第一层第6龛图像为"忉利帝释天王并诸天众"。关于帝释天王，《天地冥阳水陆仪文》说："一心奉请妙高峰畔，忉利为名，佐如来法界当前，辅世尊云车从后，善法堂中，帝释天众。"[10]本图的情景正好符合仪文的描述，帝释天与随行一官员，身着官服，手持长柄香炉前行，八位女性随从各路菩萨拥簇身边，引领众人聆听圣训。该图绘制了十一身神祇，是一个水陆法会的引导者的集会，用帝释天和随从手中的长柄香炉，交代了他们在水陆法会中所负有的引导作用和职责。该图构图饱满，绘技极精，所绘人物挤满画面，各人面部表情亲切慈祥，令人如见永乐宫的壁画一般。

水陆图中还会出现另一个帝释天的形象，在护法之神天龙八部中，这个帝释天一般绘成三头六臂的明王形象，双手举日月，一副愤怒的样子。在宝宁寺明代水陆画、首都博物院藏水陆画中都有这一类帝释天的图像。

关于这几龛天仙的图像，主要存在于明代的水陆画中，清代以后或乡间小庙在选择图像时多没有这一内容。在郑振铎藏本《水陆道场

东壁第一层第6组图像为忉利帝释天王并诸天众。帝释天与随行一官员身着官服，手持长柄香炉前行，八位女性随从各路菩萨拥护身边，引领众人聆听圣训

鬼神图像》画谱中，也没有如观井寺东壁第一层中②无色界四空天众③□界四禅天众及西壁第三层㉙黄幡等众的图像。出现这样的情况，既有画谱本身的原因，也与民间工匠对这些天仙在水陆法会中的职责和意义理解不透彻有关，他们在选择图像时往往不会选这些他们不太懂得涵义的图像，致使在清代以后乡间庙宇中这几组图像不多见。

4.3 民间造型观念的运用

水陆壁画虽然内容庞杂，所绘人物包括儒释道三教合一题材及民间生活图景，但因为是佛教法会，宗教意义一定有经文对照，因而图像来源则会遵从长期以来所形成的画谱。

西壁第二层第17龛图像虚空藏菩萨，旁侧榜题："管龛信士 朱曰明 妻郑氏，男贺锁 牛卷，孙 满□ 妻齐氏"。图中虚空藏菩萨身着红衣，青色披肩，头戴花冠，后有背光，二脚分别踩两朵莲花，右手施无畏印，左手施与愿印。人物面部绘制饱满，表情慈祥，给人以亲切之感，形象似一个富态的农村老大娘。在陕北众多的娘娘庙可以见到大量的类似形象。一旁服侍的侍女，头上扎两个抓髻，脸部圆润，衣着鲜艳。执幡女童也是同一特征，圆脸粉润，鲜艳的大红长袍。

王树村先生所搜集的《中国民间画诀》中对这一现象有总结，并特意提到在水陆画中人物衣服的绘制要求："富道释，穷判官，辉煌耀眼是神仙。画僧道中的人物要有富相，切忌寒伧；画钟馗不妨衣帽不整，跣足提履；阴曹地府、诸佛菩萨等水陆壁画，要将袍带天衣、金甲亮铠画得越华丽越好。"[11]显然，民间壁画

西壁第二层第17龛虚空藏菩萨

西壁第二层第12龛顺济龙王众

中人物的画法要求与宫廷绘画和文人画的要求截然不同，脸部有富相，衣饰要华丽是其基本原则。

　　西壁第二层第12龛图像顺济龙王众，旁侧榜题："管龛信士 贺世发 ，男景贵 妻武氏"。图中绘四身神祇，一个执幡女童。五人呈对称分布，顺济龙王位于中轴线，头戴梁冠，身着红色圆领长袍，青色披肩，脖子上带项圈，双手持笏，躬身而立，面部表情自然肃穆；身后一老者戴通天冠，身着青色长袍，白须飘飘，拱手而立；后排二人为官员模样，一人戴幞头，一人戴帻巾，穿圆领长袍，是两个随从官员；执幡女童，蓝色圆领长袍，红色披肩，圆脸抓髻，正转头欲与龙王说话，这一形象画的极有生气。在人物描绘上各种线条轻重缓急，顿挫转折，用笔浑圆，层次清晰，民间画匠将墨线的起伏与节奏表现得极为高妙。在几位老者的胡须处理上，都有细微差别，用笔稳健轻盈，十几位老者的胡须看起来有动感，富于艺术感染力。这组壁画极有永乐宫元代壁画的风韵，可见民间工匠造型能力不亚于任何门类的工匠，他们笔下的作品的艺术性也能达到很高

的水准。

4.4　民间色彩观念的运用

　　观井寺水陆壁画色彩的运用热烈而灿烂，给观众留下深刻印象，尤其是保护较好的西壁，历经一百七十余年，依然焕发着华丽耀眼的光彩，令人睹之难忘。在色彩语言的运用上，民间工匠对颜色的认识有自己的观念，自成体系。同时，既有自己的经验总结，也有运用上的忌讳。

　　如西壁第二层第18龛图像陂池井泉诸龙神众。图中绘四身神祇，一执幡童子。神祇均着圆领长袍，带项圈，三人戴梁冠，一人戴通天冠。四人手持笏板，二人顾盼对话，主像为着红袍者，正在恭谦地礼佛。该画面以红色和青色为主调，配以粉色、浅绿、褐色、黄色作点缀，多用于帽饰、衣带等处的装饰。在配色上，衣服等大面积用鲜艳的红色和青色，现在仍然醒目。诸神红袍的边缘都用绿色勾线，这是民间画工"红喜绿"、"红配绿"等观念的表露。前排着深蓝色长袍、黑面长髯的老者衣服着色极为讲究，他深蓝色长袍的两个宽大袖子里面，用的是粉色染成，这也是民间画工常

西壁第二层第18龛陂池井泉诸龙神众

西壁第二层第16龛主风主雨主雷主电诸龙神众

用的软色和硬色搭配的一种讲究，所谓"软靠硬，色不愣（民间画工将大红、深绿、深蓝、黑叫'硬色'，把淡灰或加粉的天蓝、粉红、粉绿、淡黄等称作软色）"[12]。

再如西壁第二层第16龛图像"主风主雨主雷主电诸龙神众"，旁侧榜题："管莞信士 贺

守□"。图中绘四身神祇，一执幡女童。前排右一为风伯，绘一兽首人身的形象，赤身披肩，大红色裤子配浅蓝色束腰，怒发虚张，形象生动。风伯左侧为雨师，左手持水盂，右手拿树枝作播洒状。雨师头戴黑色帻巾，身穿大红色长袍，外披浅蓝色长披风，披风袖子露出白色里衬，绘有各色云纹装饰，面目慈祥可亲。左边一位女神是电母，束发戴有花冠，大红上衣，浅蓝色裙子，细细的腰带绘有小的云纹图案。电母手持雷电镜，这本是行雨打雷前闪光的道具，在这里民间画工却让电母左手的镜子中印出电母的容貌。显然，画工把雷电镜当成生活中的镜子来使用。这样的图像出现，意味着世俗的观念进入宗教图像是不可避免的。后排右侧的形象为雷公，赤身背负六连鼓，双手持锤子，白色裤子，浅蓝色束腰，背鼓的束带为大红，六连鼓每个都用大红色丝带束腰，画得十分醒目。雷公旁边是一个四目老者，头戴黑色帻巾，身穿红衣，披浅绿色长风衣，手持一个方尺。四目老者形象的神祇与风伯、雨师发生关系的古籍记载有："蚩尤做兵伐黄帝，黄帝乃令应龙攻之冀州之野。应龙蓄水。蚩尤请风伯雨师，纵大风雨。黄帝乃下天女魃，雨止，遂杀尤。"[13]传说仓颉是黄帝的史官，《论衡·骨相篇》云："仓颉四目，为黄帝史。"壁画中同样的形象在山西芮城永乐宫三清殿东山墙北部也有一身，位于金阙玉皇大帝右侧。"主风主雨主雷主电"图像在毗卢寺壁画中也有一组，位于水陆殿的西壁，其中无"四目老者"，电母手中的雷电镜合抱在怀中。在郑藏本画谱中，右第29图像为"主风主雨主雷主电"，其构图与观井寺壁画中完全一致，手持方尺者的老者是正常的二目，而非四目；电母手持雷电镜照镜子的情景与观井寺壁画中一样。从这几处细微变化可看出，从明代到清代图像中，不乏民间画工在画谱的基础上加入个人的想象。

该组图像的色彩主要是红与蓝、绿白等色的搭配，一般都是纯色由浅变深，褪染，极少

用中间色，单纯色用得极其鲜艳。这一民间的用色习惯在民间艺术中随处可见，花箱花柜、炕围子、窗格格、坛坛罐罐等的装饰，都符合这一用色规律。

5　调查搜集到的民俗材料

5.1　有关壁画绘制的时代背景

观井寺始建于明代，寺内水陆殿壁画完成于一个对中国来讲极为特别的年代，道光二十一年（1841）。道光二十年（1840），鸦片战争爆发，这一年也就成为中国近代社会与古代社会的分界点。此时是一个外患当前，地方经济衰退的时期。同时，陕北地区各种灾害也在蔓延、再加有鸦片的灾害，此时重修庙宇时绘制水陆壁画，难道是巧合吗？

兹将陕北佳县一带道光十一年至道光二十一年间（1831～1841）重大灾害事件，根据《陕西省志·大事记》整理一列表予以说明[14]。

十年间，六年有重大自然灾害，这就是榆林、葭州这一地区所处的地理环境和当时的社会背景。

观井寺位于葭州通向神木的官道之侧，离葭州六十里，离神木七十里地，到神木县城南边的高家堡镇仅二十余里。按照自然地理环境划分，地处秃尾河南岸，葭芦河北岸，这一带在清初鸦片兴起到民国二十四年（1935）政府禁烟，有一段很长的种植鸦片的历史。民国时期出版，曹颖僧辑著的《延绥揽胜》记载："……高家堡三面临渠，水田膏沃。

序号	年代	重大灾害事件
1	道光十一年（1831）	四月，鸦片流毒日盛，军队及民间吸食，致官场腐败，渐为清廷重视。十二月，陕西地方查食贩鸦片诸案
2	道光十三年（1833）	二月，陕北葭州、榆林、米脂等十七州县间有旱、雹、水灾
3	道光十六年（1836）	秋，葭州、同州、汉中、兴安蝗虫大起，秋禾损十之八九
4	道光十八年（1838）	八月间，定边等九州县被旱，葭州、绥德州、延安府、同州所属诸县有雹
5	道光二十年（1840）	六月，鸦片战争爆发，八月，榆林府属各州县遭受严重旱灾和雹灾
6	道光二十一年（1841）	八月初一日，英军窜陷厦门等沿海口岸，清廷令陕西巡抚富尼扬阿会同陕西提督胡超于陕西境内挑选精兵2000名，开往天津，保卫京畿十一月，缓征榆林、怀远、神木、府谷、绥德、清涧、米脂、葭州、吴堡九州县歉收灾区额赋及旧贷银谷

民二十四年以前，系产烟最著之区，全县每岁烟税，达三十五万元。至是民力疲惫，烟瘴满地……乡村破产，民多流亡，近年间烟禁森严，改种嘉禾，农村经济，逐渐苏复矣。"[15]

至于到清代中期整个佳县地区的经济，《延绥揽胜》有这样的记载："山人曰，佳县地濒河滨，舟楫交通，商贾便利，且地质黄壤，在陕北厥田中上，士习淳厚，民较富庶，自昔蔚为大都。清季嘉道以前，仕官接踵，甲科亦盛，故今之城中犹有张府李府之称。其时商业繁盛，典当、盐铁、油布、棉粟、商行、均各独擅专利，□迁陕北的有无，操持边地的金融者，其惟葭邑有之。故当日沿迁各县，实办货品者，多集中于乌龙铺一带，藉以辗转北运，互通交贸，泃物阜财丰，鼎盛区也。惟惜自咸同以来，商运改道，米脂镇川继起，而晋人之来陕经商者，亦改而之他，遂致地方凋敝，一蹶弗振，良可慨焉。"[16]其中明确记载嘉道以前该区一派繁荣景象，而咸同以后又是另外一番景象，可见道光、咸丰时期（1821～1861）是这一带经济衰落的转折点。

每一处水陆壁画所对应的一定是悲惨、可怕、难忘的旧事，而修造者却往往是在痛定思痛、财力充裕之时开始寺庙和水陆壁画的修复。据此推测，观井寺水陆壁画初创的时间是在乾隆年间，此时是清政府统治者打下江山后稳定下来，国力得到恢复之时，当地贸易兴隆，地方政府出面为战争中大量死亡者的魂灵举办超度活动。而道光年间的重修原因应该是与自然灾害频发后引起瘟疫致人口死亡事件有关，是水陆法会又一度在当地盛行的历史佐证。

5.2 有关观井寺壁画的管龛信士

管龛信士即供养人。古代庙宇壁画绘制十分不易，农村游走的工匠知识水平较低，绘画水平良莠不齐，一处庙宇壁画的艺术性高低，取决于修造者所雇用民间画匠属哪一个档次，

要想雇请高水平画工，就要付出更多的财物，所以筹款捐资成为头等大事。观井寺壁画在每组壁画的旁侧留出一个地方，写上捐款人姓名，壁画上出现了"管龛信士某某"榜题，有的一个龛内三个神仙，会出现五六个侍奉的供养人。管龛信士捐资，换取神仙保佑管龛信士及家人，筹集到的款项多少，直接影响到绘画出什么样水平的壁画。类似举措会经常在庙里看到，功德碑是寺庙一个必不可少的组成部分，一般都要摆到显要位置。对普通百姓来讲，只希望对庙宇的捐款、出力等善事的回报是佛祖、神仙对自己和家庭的眷顾。

这种实用性对艺术性的影响直接来自于筹集到款项的数目，请到好的工匠，买到好的材料，庙建得更漂亮；请到更高级的画匠，庙宇塑绘的艺术性就会大大提高。

西壁第五层第48龛图像为"主病鬼王五瘟使者"，旁侧右下角榜题为"管龛信士 贺天德 妻赵氏，男生清 生和 生海 生彦 妻王氏 姚氏陈氏"。图像绘六身神祇，一个执幡童子。六身神祇全部绘成兽首人身的形象，最后一排是龙首人身和虎首人身，中间一排是鸟首人身和玄武大帝的形象。这四个形象就代表中国传统图像中的方位神：朱雀、玄武、青龙、白虎。另外两人一个是马首人身，左手提药罐，右手持药勺；一个是鸡首人身，手持芭蕉扇。在中国民间传说中，五瘟使者又称五福大帝，并各有称呼：东方行瘟使者周信；南方行瘟使者李奇；西方行瘟使者朱天麟；北方行瘟使者杨文辉；中瘟使者总管史文野。五使者分别持芭蕉扇、药罐、药勺、皮囊、宝剑等物。图像绘制形象生动有趣，借用民间四方神灵的寓意，赋予五方行瘟的意义。在构思上出奇制胜，用色沉稳，勾线流畅有力，虽为兽首形象，却不失人的表情和韵味，是一组绘艺极佳的民间绘画作品。在图像来源上，经比对与榆林万家画谱中第31幅相同，构图和布局极为相像，与郑振

铎藏本的右第62图五瘟使者也基本相同，所以这一图像在民间基本是同一个版本的图像。

但是在洛川博物馆藏的水陆画中，这一图像在布局上被改变，五个使者一字排开站立，神祇的形象却没有改变。

再如，西壁第三层第32龛"安济夫人"，旁侧榜题："管龛信士 何门武氏，男景仁 景义 景禄"。图中绘一神祇、一侍女手执长柄团扇、一执幡女童。安济夫人双手持笏板作礼拜状，身着红色长袍，青色披肩，头戴凤冠，一幅贵妇人模样，应属下界水府的神祇。图像描绘细微入神，衣纹勾线流畅自然，人物面部表情宁静庄严，刻画十分到位。衣物服饰设色艳丽，只是因时间久远才会有减退之感，但这种去除了火气的艳丽之色更加庄重耐看。二侍女均着素服，衣服的边缘绘有滚边花纹装饰，可以看出，画匠在颜色搭配及构图方面十分讲究，属于民间高手的精心之作，尤其在陕北一带不多见。关于安济夫人这一人物的内涵，《天地冥阳水陆仪文》说："一心奉请，名摽瞻部，位列娑婆，海神持宝以临庭，龙女献珠而赴会，安济龙王顺济夫人等众。"《能改斋漫录》记载："安济夫人庙：本朝开

宝中，贞州有渔者钓得一木刻夫人，背刻丁氏二字，既归，神事之辄有灵验，立庙江上，舟过其下者必祀，而后济州为保奏封'安济夫人'，庙在长庐崇福禅院之西。"[17]《文忠录》载："舒州宿松县小孤山惠济庙圣母已封安济夫人，连年调发军马，津运钱粮及舟楫经涉江湖军民，逐时祈祷，皆有灵应，加封'助顺安济夫人'。"[18]可见安济夫人是一位保佑舟楫平安的地方性水神。在水陆法会图的出版物中，《宝宁寺明代水陆画》《披露寺水陆画》及郑振铎藏本水陆画稿均有这一图像，形象都为贵妇人形象。在观井寺壁画中，安济夫人画得十分传神，是陕北水陆画中的精品。

在以上内容的壁画下都有管龛信士，而在有的内容下却没有管龛信士，如西壁第六层的㊺六道四生种种□众㊻身殁□客死（他）地乡诸鬼神众㊼误死针病□遭毒药诸鬼神众㊽堕胎产亡含冤抱恨诸鬼神众㊾严寒大暑兽咬虫伤诸鬼神众㊿墙崩屋倒树折崖摧诸鬼神众61饥荒浮漂疾病缠绵诸鬼神众62兵戈荡灭水漂火焚鬼神63赴刑都市幽死随主诸鬼神众64未能辨识——整整十组图像都没有管龛信士。这是有趣的现

西壁第五层第48组主病鬼王五瘟使者　　榆林万象画谱主病鬼王五瘟使者

西壁第三层第32龛安济夫人

象，人们都愿意将名字落在重要的神祇龛中，像这种孤魂冤鬼没有人愿意作管龛信士，信士这种微妙的心理正好反映出这类宗教壁画的实用性和社会功能。

小结

佳县观井寺，佛（水陆）殿起造于嘉靖二十年（1541）以前，壁画在清乾隆二十九年（1764）、道光二十一年（1841）可能有重绘。推测初绘于乾隆二十九年（1764），现在所见为道光二十一年（1841）重绘作品。由于观井寺位处历史交通要道，得到地方政府的重视，碑刻中出现葭州知府、葭州知事等官员的名字，所以该寺的建筑规模和形制都超过了一般的乡间庙宇。水陆殿壁画无论从色彩、线条和人物造型都是民间艺术中的上品，内容反映

的是当地历史文化中较为黑暗的一面，是战争和自然灾害对人生命的威胁。

注释：

1　高珣、龚玉麟，《葭州志·坛庙》，清光绪二十年（1894）刻本。

2　杜相唐，《明清两代榆林地区驿站、塘铺考》，《榆林文史》1992年第2辑。88页考证："高家堡驿至葭州（佳县），由高家堡东南行40里至虎头峁铺，40里至白家铺，40里至岔道铺，40里至葭州。"

3　高珣、龚玉麟，《葭州志·习尚》，清光绪二十年（1894）刻本。

4　佳县上高寨乡观记沟村的观井寺，笔者在2008年2月曾经匆匆看过一次。第一次有准备的专门考察是在2008年8月，该地离郑家后沟老村有七八千米，中间岔道很多，由热心的村民引路来到寺院，又看到了那一堂齐全的古代水陆壁画。水陆殿建筑较为高大，殿内神像和台阶全无，给拍摄和测量画面带来困难。第一天只拍了一半，次日继续完成拍摄和测量。当时观井寺正在维修之中，寺内正有几个木匠在做房屋的斗拱，他们准备随后将屋顶落架大修。第三日，又在寺庙西侧会窑的地上发现了几通明清时期所留的石碑，字迹基本保存完好，得到会长李德兴的惠允，逐一作了拍摄记录。

5　王富春、张飞荣编，《中国佳县·白云山白云观碑刻》，207页，陕西旅游出版社2008年版。

6　碑刻显示"碑4"与"碑5"年代不会相去太远，"碑4"中阴阳"白守旺"出现在"碑5"中排在主土第一位；二碑出现同名者还有一个"李之禄"；二碑刻出的寺院主持及僧人没有同名者。据此推测二寺并不在同

一庙宇中，但应为同一时期庙宇。九天观音菩萨庙及老爷庙应在另外的院落，为道光二十年（1840）左右新建。

7　见寺内所藏碑石《重修观井寺并增修庙宇院墙碑记》，清道光二十一年（1841）刻。

8　《天地冥阳水陆仪文·邀请正位》，明代手抄本，藏于国家图书馆、北师大图书馆。

9　业露华，《佛教图像说》，400 页。

10　《天地冥阳水陆仪文·邀请正位》，明代手抄本，藏于国家图书馆、北师大图书馆。

11　王树村，《中国民间画诀》，8 页，北京工艺美术出版社 2003 年版。

12　王树村，《中国民间画诀》，124 页，北京工艺美术出版社 2003 年版。

13　袁珂译注，《山海经全译》，318 页，贵州人民出版社 1991 年版。

14　陕西省地方志编纂委员会编，《陕西省志·大事记》第一卷，三秦出版社 1992 年版。

15　曹颖僧辑著，《延绥揽胜》，104 页，史学书局民国三十四年（1945）版。

16　曹颖僧辑著，《延绥揽胜》，99 页，史学书局民国三十四年（1945）版。

17　《钦定文渊阁四库全书》之《能改斋漫录》，卷十八。

18　《钦定文渊阁四库全书》之《文忠集》，卷九十八。

三　榆阳区西长墕水陆壁画

　　西长墕水陆庙被村民称为释迦如来庙[1]，位于榆林市榆阳区麻黄梁乡西长墕村。该村原名李家新庄，位处榆阳区东北方向沟壑深处一山峁上，交通不便。西长墕为李姓家族村庄，全村除去娶来的媳妇，无一外姓。村民李永和家中留有一部完整的家谱，他们称为"忆志"，从李氏第五代开始记录，西长墕李氏家族落户建村到现在的每个家族成员都有记载，最早可追溯至明末清初。

　　水陆庙位处西长墕村中部，西边更高山梁上有一个稍后修建的龙王庙，东边靠南的山梁上有一座观音庙，三个庙形成品字形分布。这三座庙宇分别代表了村民最重要的宗教信仰。三个庙都面对着南边沟底某一方位，属于同一筹划之下的建筑，就像同一庙宇中的三个殿，水陆庙处于中轴线上。该村

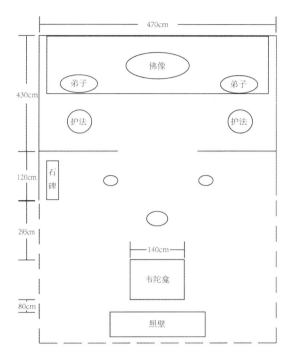

470cm

430cm

佛像

弟子　　　　弟子

护法　　　　护法

120cm

石碑

295cm

80cm

140cm

韦陀龛

照壁

水陆庙平面图

三个庙宇皆为该村李姓先辈筹划修建，有明确目的性，对其赋予了使整个家族的兴旺发达，镇住全村风水等愿望。西长墙的三座小庙具有非常具体的护佑对象，也是这些小庙能够躲过种种劫难得以保存下来的直接原因。

1　遗存状况

1.1　建筑

　　水陆庙建于西长墙村中间靠前的一个山梁上，坐北向南面对一条大沟，庙无围墙，占地约100平方米。庙为歇山顶砖瓦建筑，仅一殿面对一韦陀神龛，韦陀龛后立一照壁，均以砖瓦作檐子和歇山顶，庙宇正门前与韦陀龛之间有一石香炉。庙内碑文称，西长墙释迦如来庙始建于雍正十年（1732），共有四次维修，碑文可见的记载有"宣统四年"（宣统朝只有三年，此处当为1912年）和1989年两次。

　　西长墙释迦如来庙正殿为水陆殿，面阔、进深各三间，廊檐下入口处有两个明柱，廊檐进深1.2米，廊檐西山墙下立一古碑，双面文字记载庙宇历史沿革；内部北壁壁画不存，下有75厘米高台阶，上有塑像三身，分别为释迦牟尼、迦叶、阿难，地下东西两边分别站立两身塑像，为哼哈二将护法。塑像均为画匠张彦珍1989年新塑；东西两壁为存留的古代水陆壁画。

　　韦陀龛长宽各1.4米，高约2.22米，距庙门2.95米，距照壁0.8米。照壁、韦陀龛、香炉正对佛殿大门，位处同一中轴线上。

1.2　水陆壁画

　　西长墙水陆殿平面基本呈正方形，殿内东西宽4.7米，南北长4.3米，廊檐高2.87米，廊檐进深1.2米。南面无墙壁，为三开间花格木门；北壁已被铲掉重绘；东西两壁保留原有水陆壁画，内容为集儒释道三教和社会生活的图景，仙佛鬼神各种人物上千，是民间绘画中最为复杂齐全的庙宇壁画。

　　壁画共分为六层，外围绘有蔓草花纹饰边框，下边框沿离地有75厘米，墙体用青砖，殿内墙面抹压麦秸和泥打底，在上面处理底色然后作画。门窗的小木格用纸糊住，半年就会被风雨撕烂，空气随风吹入殿内影响到壁画，部分壁画受到损害，东壁尤其严重。东壁一大部分壁画颜色褪掉，只可看清每龛人物的轮廓，部分榜题不能辨识；西壁壁画保存基本完好，色彩鲜艳，榜题大多可以辨识。东西两壁大梁以上的三角墙各分为三块，绘有三幅水墨风景画。

　　东壁在大梁之上有三幅约60厘米长、60厘米高山水图，纯水墨绘制，无着色；东壁水陆壁画占大梁下整个墙壁，画芯长3.32米，高1.93米，共约6.8平方米。壁画从上到下分为六层，每层10龛图像，每组都有榜题标明人物身份；东壁所绘内容有天仙、正位神祇、往古人伦等，可以辨识的引导菩萨有大威德菩萨、大圣引路王菩萨两位。

东壁水陆画

1	2	3	4	5	6	7	8	9	10
11	12	13	14	15	16	17	18	19	20
21	22	23	24	25	26	27	28	29	30
31	32	33	34	35	36	37	38	39	40
41	42	43	44	45	46	47	48	49	50
51	52	53	54	55	56	57	58	59	60

东壁水陆画由上到下、由北到南分布图

所有神祇的头像全部朝向北，"礼佛式"构图，以佛的塑像为众神关注的焦点。东壁壁画褪色比较严重，大部分画面只可看到轮廓，有十多处榜题不能辨识。

"文革"期间，"造反派"通知村长要求铲掉水陆壁画，村民们为保护壁画用白土撒到壁画表面，盖住壁画，将壁画保护下来。20世纪80年代，村民将壁画上覆盖了十多年的白土扫掉，露出壁画，又用清水将壁画洗了一遍，这样非专业的方法使壁画又遭到一些损坏。

第一层：

①无色界四禅天圣像②□界四女□□③未能辨识④东方□□天王⑤南方增长天王⑥西方□□天王⑦北方多闻天王⑧北极紫薇大帝圣像⑨太乙诸神五方五帝圣像⑩日光天子圣像

第二层：

⑪月光天子圣像⑫未能辨识⑬残破⑭残破⑮残破⑯土星真君□像⑰罗睺真君神像⑱计都真君神像⑲紫薇真君神像⑳月孛真君神像

第三层：

㉑残破㉒□□□□宝瓶磨□等众㉓寅卯辰巳元君㉔□□子丑元君㉕角亢氐房心尾黄□㉖斗牛女虚危室壁星君㉗奎娄胃昂□觜参星君㉘井鬼柳星张翼轸星君㉙北斗星君等众㉚普天烈曜一切星君

第四层：

㉛天地□□官大帝㉜未能辨识㉝未能辨识㉞地府掌禄判官㉟□□□□判官㊱年月日时四

直使㊲大威德菩萨圣像㊳阿修罗□众㊴大罗刹
□□众㊵罗刹□□众

第五层：

㊶旷野大将㊷支□迦大将㊸未能辨识㊹未能
辨识㊺未能辨识㊻大圣引路王菩萨㊼往古帝王一
切王子等众㊽往古宫妃美（媒）女等众㊾往古文
武官僚等众㊿往古一切将士等众

第六层：

51往古□□等众52未能辨识53往古僧道等
众54未能辨识55往古□□等众56往古女官等众
57往古儒流秀士58往古孝子顺孙59往古贤妇等
众60九流百家等众

西壁在大梁之上有三幅约60厘米长、60厘米
高山水图，纯水墨绘制，无着色。西壁水陆壁画
占大梁下整个墙壁，画芯长3.34米，高1.95米，
共约6.9平方米。壁画从上到下分为六层，每层
10龛图像。西壁内容有地府神祇、水府神祇、孤
魂冤鬼、四生六道等下位神祇。引导者有空藏王
菩萨、地藏菩萨、咸（启）教大士面燃鬼王。所
有人物头像全部向北朝向佛像所在的方位。西壁

壁画整体保护较好，色彩鲜艳，榜题多可辨识，
人物形象及构图极富民间趣味。

第一层：

①北海龙王②西海龙王③五湖百州（川）
龙王④江河淮济四渎龙王⑤南海龙王⑥东海龙
王⑦中岳大帝⑧北岳大帝⑨西岳大帝⑩东岳天
齐大□□

第二层：

⑪大将军黄□□尾五鬼神众⑫太岁太（大）
煞太阴太阳神众⑬安济夫人⑭风调雨顺龙王⑮地
府三官⑯守斋护供诸龙神众⑰主五谷主□药神众
⑱风雨雷电龙王神众⑲空藏王菩萨圣像⑳陂池井
泉诸龙王神众

第三层：

㉑阎罗大王㉒五官大王㉓宋帝大王㉔楚江
大王㉕秦广大王㉖地藏菩萨㉗护军护民诚（城）
隍土地社庙神众㉘吊客丧门□□□耗宅龙诸神
㉙金神能庶豹虎上相目畜神众㉚阴官奉书归儿
伏兵□□

西壁水陆画全景

1	2	3	4	5	6	7	8	9	10
11	12	13	14	15	16	17	18	19	20
21	22	23	24	25	26	27	28	29	30
31	32	33	34	35	36	37	38	39	40
41	42	43	44	45	46	47	48	49	50
51	52	53	54	55	56	57	58	59	60

西壁水陆画由上到下、由南到北分布图

第四层：

㉛善恶二薄牛头马面门傍曹官㉜地府五道将军神众㉝地府三司判官众㉞地府都市判官众㉟地府六曹判官众㊱转轮大王㊲都市大王㊳平等大王 ㊴泰山大王㊵变成大王

第五层

㊶投崖赴火自行（刑）自缢诸鬼众㊷□□黑狱邔（衔）冤炮（抱）恨诸鬼㊸水陆空居依草附水（木）无主无依众㊹大风大雪肌□□死诸鬼神众㊺主病鬼王五瘟使者㊻咸（起）醮大士面燃鬼王㊼孤独地狱㊽近边地狱㊾八热地狱㊿八寒地狱

第六层

(51)四生六道种种诸形等众(52)地狱饿傍生道一切等众(53)身且道路客死他乡诸神等众(54)朠□鍼杀横遭毒药诸鬼神众(55)堕胎产亡衔冤抱恨诸鬼神众(56)严寒大暑兽咬虫伤诸鬼神(57)饥饿□□疾病缠绵诸鬼神众(58)墙倒屋崩□□□□诸鬼神众(59)兵戈荡灭□□诸鬼神众(60)赴刑都市幽死囚□诸鬼神

榜题中括号内为笔者推测正确的字，括号前的字为民间画匠书写的错字或别字。有个别榜题全部写错（或为画匠随意改动），作为问题列出，在后文中另行讨论。

1.3 碑石

西长堳释迦牟尼庙大殿前有一进深1.2米的廊檐，廊檐下立一古石碑，碑通高1.25米，阔53.5厘米，沙石材质，双面文字，保存完好，碑面文字均可清楚辨识，阴面刻于雍正十年（1732），阳面刻于“宣统四年”（1912）；另一碑为木质，高1.1米，阔50厘米，立于殿内台阶上佛像之侧，黄底黑字，书于1989年重修之后。现将碑文抄录附后。

1.3.1阴面（西面）《创修碑记》

考自太极分而两仪生而三才立，天位乎上，地位乎下，得天地之性灵传乎中者人，未闻有佛之名也。自汉文帝时，佛始入于中国，西□载生成，人咸以为天地之功，殊不知主持之力，实出于我佛之德居多，是以春生秋成，天地之责，亦佛之司命耳，救三□之苦者，佛光普照也，度沉溺之艰者，佛德无量也。人曰，感佛之恩无以酬，佛之德吁不幾，置佛德乎莫问哉；于是榆林府双山李家新庄李清，感念佛德，欲报无能，慨然发虔，捐资木石砖瓦建造庙宇三间，设圣像于右，阿难、迦释于旁，韦陀护法无不整齐，五彩金装焕然，光明清□之资费无几，我佛之功德无量，所以请之，家吉人安，日恒月盛，旁见者莫不太息，曰清之善，佛之德也，永垂万代不朽云。

雍正十年十月初一日立

阴阳 赵秉 信葭州儒学生员吕嗣宾书

功德主：李清 李英 李威 李善言 李善继 李善述

施财人：李守正 李守祯 李守唐 李选 李芝 李兰 李栖 李明 李善臣

丹青：王彦臣

石匠：田自理

木匠：王四

泥匠：张良甫

释子：性孜

1.3.2　阳面皇帝万岁（东面）

重修佛殿碑记：

葭郡儒李庠生　王琛沐手撰并恭书

丹青：张凤清主土：段明和　石工：刘选尚

施小六百

今夫莫为之前，虽美弗彰，莫为之后，虽胜弗传，兹我村旧有释迦如来佛殿一所，其始创建也，多历年所，其后改作也，屡费几经，迨今年远日久，风雨倾圮，以致黼光人物损坏，檐头彩色凋零，爰有信士弟子李兴德等目击心伤，不忍坐视，聚众商议，皆曰先人有创建之苦心，后人岂无补葺之良方，于是谨请丹青绘其形也，爰命

碑通高1.25米，阔53.5厘米，沙石材质，双面文字，阴面刻于雍正十年（1732），阳面刻于"宣统四年"（1912）。此图显示为阳面"皇帝万岁"、"重修佛殿碑记"

梓人仍旧贯也，数日之间，昔日之损坏者，今则焕然一新矣，昔之凋零者，今则郁然可观矣。迨至工成告竣，命予作文以记之，予不敏，敢竭敝忱，恭输短引，以志后之不忘云尔。

总领：兴德　子刘拴儿　王家寨公村　刘家沟公村　李生有　万义成　高荣升　李兴高　王生春　李□□　子怀仁　怀义　怀礼　孙银虎儿　朱圈儿　长如子招罗儿

木工：李春枝

会首：李付千　李彦成　李兴贵　李兴旺　李长荣　李长福　春禄　春枝　春茂　春元　招家儿　盯愿儿

外社施财人：王大家畔公村　张虎沟公村　程家要公村　胡麻梁公村　凉水井公村　刘家畔公村　五里塔公村　木瓜湾公村（等30个公村，71个人名，不一一列出）。

宣统四年五月十一日吉立

1.3.3　殿内木碑

重修碑记：

今天莫前，虽美弗彰，莫为之后，虽胜弗传。我村西长墙原李家新庄，而旧有释迦如来佛，左阿难，右迦叶，韦陀护法。庙其情于清雍正十年前建庙宇一所，历经清代、民国年间维护，补修四次，后历公元一九六六年"文化大革命"前后之动乱，遭到破毁。迨今年远，爰有信士弟子李如法、李仲英等目击心伤，不忍坐视，聚众商议，皆曰先人有创建之功，而后人宁无补葺之良方？于是全村善念人等，每人集资人民币二十余元，以作支费，就谨请木匠丹青动工建绘其原形也。爰命梓人，仍旧贯也。数日之间，昔之损坏者，今则庙貌焕然一新；昔之凋零者，今则郁然可观矣。迨至工成告竣，命以作文记之，不忘云耳。

公元一九八九年七月二十一日开光大吉立碑记之

李如俊　子逢云，李仲英　子永同　永静　永诚

会首人等：李永光　李永爱（等十五人）

丹青：张彦珍 徒 田王忠

木匠：刘有全 子旺旺

2　壁画年代和内容特点

2.1　西长墹水陆壁画的绘制年代

关于西长墹水陆画绘制年代，可从以下几个方面分析：

1．"碑1"阴面文字显示该庙始建于清代雍正十年（1732），阳面文字显示在"宣统四年"（1912）重修（宣统朝只存在了三年，并无宣统四年的年号，这是陕北乡间旧时信息闭塞带来的错误，宣统四年应该是民国二年，即1912年）。碑记中并未提到重绘水陆画，该次重修的项目有"迄今年远日久，风雨倾圮，以致黼光人物损坏，檐头彩色凋零"。据此分析，可能只是对檐头彩绘和佛像彩绘进行了重新绘制，所费时间不长，"数日之间，昔日之损坏者，今则焕然一新矣"。如要重绘水陆画，500多个人物，没有数月之工不可能完成。所以，民国二年应该不是该水陆画的绘制年代。

2．雍正十年（1732）至民国二年（1912）时隔180年，中间不加维修似乎隔的时间有点太长。民国二年重修时没有重新绘制该水陆画，那么绘制水陆画的时间只能是民国二年之前的一次重修，但这次重修没有发现明确文字记载。从"碑2"1989年重修碑记载："历经清代民国年间维护，补修四次"之语，可见在民国二年（1912）之前有过两次重修，重修的确切时间如取雍正十年至民国二年的中间时段，有可能道光末年或光绪年间为壁画的绘制时间。

3．东壁第四层第37龛图像"大威德菩萨圣像"，正中偏下处有一块画面遭破坏，底下暴露出一层更早的壁画；西壁第四层第40龛图像"变成大王"中，同样有一处遭破坏，被损害的地方也可看到底下更早的壁画局部。说明该庙水陆壁画为重修和维护工程中重新绘制，不是雍正十年庙初建时的原壁画。所以，西长墹水陆壁画的绘制时间可以限定在清代中后期。

4．兴隆寺水陆壁画是光绪年间的作品，笔者仔细与西长墹水陆画作比对，发现了不少相近之处，仅举两个列子说明。上面一排两组壁画都

东壁第四层第37龛"大威德菩萨圣像"画面，在正中偏下的地方有一块遭破坏，可看到底下更早的壁画

西壁第四层第40龛变成大王

佳县兴隆寺水陆壁画东壁第一层第10龛月光天子（左图）与迆长埫梵恒丰尼庙水陆壁画中东壁第一层第10龛月光天子（右图）比较

佳县兴隆寺水陆壁画东壁第二层第26龛月孛星君等众（左图）与迆长埫水陆壁画东壁第二层第20龛月孛星君等众（右图）比较

绘于东壁第一层第十龛，每龛人物数目、构图以及用色基本相近，只是在人物安排上迆长埫壁画的构图饱满一点，人物稍大，颜色也较为鲜艳。但仔细研究可以看出两组壁画应该来源于同一画稿。笔者认为，它们应大体属于同一时期，前后时间不会相差很远。

再看下面一排壁画的比较，兴隆寺水陆壁画的"月孛星君等众"绘于东壁第二层第26龛，迆长埫水陆画中的"月孛星君等众"绘于东壁第二层第20龛图像，绘制位置不同只是因为二殿内部

结构有所不同，但两组图像的构图和人物形象却相去不远，前排三个人物基本一致，只是后排两男两女的搭配不同。我们可以看到，两个男性神祇头上戴的帽子是同一种形状和画法，两位女神祇的头饰也如出一辙，后排人物在这组图中只是调换了位置，可以看出是来自同一画谱。从这两组相近图像看，迆长埫水陆画绘制年代应该与兴隆寺壁画属于同一时期，应该早于民国。

5. 在对壁画的仔细研究中，还可发现一处清代的因素，即西壁第六层第51龛"四生六道

西壁第六层第51龛四生六道种种诸形等众，其中红色框中人物着清代服装

西壁第三层第29龛全神能麻豹虎上相目畜神众、榜题脱离墙系

种种诸形等众"图中，有一个人物被绘成着清代官服，这似乎也证明，此壁画绘于清代，而不是民国。

根据以上几点，笔者认为，西长塌水陆画与兴隆寺水陆壁画属同一时期作品，其绘制年代可能在清光绪年间或稍早一点的道光年间，与兴隆寺水陆壁画属同一时期作品。

2.2 内容特点：脱离水陆画谱系的几龛图像

水陆画属佛教系统的图像，北水陆仪轨《天地冥阳水陆仪文》是陕北水陆画创作所依据的文献文本，进入陕北地区水陆画中的神祇，应属于《天地冥阳水陆仪文》所奉请的神祇名号之内。在一些乡间小庙的水陆画中，屡屡发现脱离这一文本的内容，反映民间画工创作时对画谱有随意改造的情况，很多榜题出现错字、别字，也可看出民间画工文化知识水平较低，对水陆画内容的理解与文本存在偏差。

西长塌几组水陆画中就存在这样的情况。这些图像与其他地方水陆画比较，非常独特，反映出这里民间画工的个人面貌和榆林地区水陆庙中水陆画的地域特点，也可看出民间画工的个人修养、知识水准及绘画技艺的优劣。

西壁第三层第29龛图像榜题为"金神能庶豹虎上相目畜神众"，此榜题内容在水陆仪文和画谱中都不能查出，是一组脱离谱系的图像。此图绘四个神祇，一个执幡童子。前排右边一个神祇为文官装扮，戴梁冠，手执笏板，似乎正在礼佛；左边神祇为武士装扮，身穿铠甲，戴头盔，右手拿一件武器。二者身后两身神祇，一个绿面红发，手执长矛，另一个手执金瓜锤，二者皆面露凶相，毛发竖起，是护法者的形象。据《天地冥阳水陆仪文》下界神祇中记载，有"太岁大煞博士日游神"、"太阴大将军黄幡白虎蚕官五鬼"、"豹尾上朔日蓄阴官奏书归忌九坎伏兵力士"及"吊客丧门大耗小耗住宅龙神等众"

等四组神祇[2]，它们的职责是"行年运度，积岁施为，应祸福于人间，注吉凶于阴界"。图中内容应该来自水陆画谱，应该是《天地冥阳水陆仪文》中记载的"豹尾上朔日蓄阴官奏书归忌九坎伏兵力士"中的一组图像，出现这组脱离谱系内容的主要原因，可能是因为民间画匠知识水平较低，将榜题文字全部抄错，导致观众对其内容不可辨识。但联系前后图像内容，笔者认为并不是画匠独创的图像。

另一组脱离谱系的图像为西壁第十二层第14龛"风调雨顺龙王"。图中绘五身神祇，前一排三个神祇应为龙王，均为头戴梁冠，身穿长袍，手执笏板的帝王形象，身后跟随两名官员，戴武冠，着铠甲，是护卫身份，执幡童子手中幡旗上书"风调雨顺龙王"六字。关于龙王的名号，《天地冥阳水陆仪文》中有："位临觉风，理正无为，化楼台于无热池中，示宫殿于黄金界内，东方青色龙王南方赤色龙王"；"暐昌涌沸，龙口喷涛，分银河而流，澍无穷漾波心而循环不尽，西方白色龙王北方黑色龙王等众"；"名摽瞻部，位列婆婆，海神持宝以临庭，龙女献珠而赴会，安济龙王顺济夫人等众"；"恒居五位，永绝三灾，无风执金翅之簪，有香软歌欢之乐，江河淮济五湖百川诸大龙神众"[3]。以上四组龙王名称为文献记载中所有奉请的龙王名号，其中并无"风调雨顺龙王"之名号。

关于龙王信仰渊源，柴泽俊先生认为："龙王是象征祥瑞的'四灵'之一，原属动物之神，唐宋以来，帝王屡封龙神为王，有关龙王的信仰遍及海内。佛教典籍《妙法莲华经》中有八大龙王之说，《大方广华严经》中有十大龙王和无量诸大龙王之称。佛教中的上述称谓与道教中诸天龙王、四海龙王、五方龙王之说相配合，渐而形成凡有水之处，无论江、河、湖、海或渊、泉、池塘，皆有龙王护佑的传统习俗。由于龙王专门司职风云雷电、水旱丰歉、人间祸福，为了祈求风调雨顺，故而龙王庙遍及城镇乡村。"[4]可见，

西壁第十二层第14龛风
调雨顺龙王，脱离谱系

龙王图像出现在水陆画中，是吸收了中国传统习俗中被历代帝王封为"龙王"的神祇之图像。但在陕北所见水陆壁画中龙王一般被绘制于西壁，位列下界的一般神祇，地位并不是很高。西长墹水陆画中出现"风调雨顺龙王"可能表达了民间画工的个人愿望和他自身对龙王的理解。从图像来分析，他借助水陆画谱中某一组龙王的图像，将画中的榜题改变，表达了自己对龙王所司职责的理解，对生活中风调雨顺的期盼。而以他的知识水平可能并不知道，历代帝王并未封过这样一个龙王，所谓"风调雨顺龙王"在传统观念和水陆画谱系中并不存在。

西长墹水陆画中类似的图像还有西壁第二层第15龛"地府三官"、西壁第五层第44龛"大风大雪肌□□死诸鬼神众"等几组图像，均不在水陆画谱系之中。出现的原因大致相当，在此不予逐一分析。脱离图谱的图像出现，说明水陆仪轨和画谱对民间画匠的束缚并不绝对，他们一般不会对重要位置的神祇进行改动，但对于地府诸神、孤魂冤鬼、往古人伦等下界神祇，就会依照自己的理解进行改动，或是去掉原来的榜题写上自己认为的内容，或直接将画面中人物进行添加或替换，这种随意性是民间思想对宗教绘画的影响在艺术品中的反映。

3 民间趣味和世俗神像

3.1 西长墹水陆壁画中的民间趣味

王树村先生在《中国民间美术史》中给出"民间美术"一个定义："'民间美术'也就是老百姓（今天叫劳动人民）自己的创造，或在劳动群众中广泛流传的美术。"[5]民间画工的作品属于民间美术的范畴，这些作品在创作中有相对的自由度，留存于乡间的众多寺庙壁画中都可看出这一点。尤其到清代中期以后，元明时期壁画的韵味逐渐褪去，民间画工越来越疏离于主流绘画和文人画的审美，在依照民间流传画稿创作时自然而然流露出自主意识与民间趣味，坚持自己的审美标准。宗教艺术是一种实用性艺术，也是现实世界的反射，陕北水陆画中对神祇位置的排序、神祇形象的刻画，无不透射出现实生活的影子，尤其是下界神祇中一部分来自生活场景的图像，直接反映了现实生活的苦难。民间画工作品的创造性和趣味性也大多显示于这一部分内容之中，这种趣味既表现于绘画技法中，也表现于对人物的刻画中，如男人端庄女人俏丽、肌肤丰润、表情和蔼可亲等生活化描绘。服饰用具虽大多沿袭画稿中明代的舆服制度，也有衣着器物的世俗化和时代感现于画面，个别画面出现当地常见的服装样式。在乡间庙宇壁画中，民间画师的生活阅历和审美格调主导画风主体。

　　西长塬水陆壁画中，东壁第六层第60龛图像为"九流百家等众"，这是一幅画家依据画谱，

同时又融入自己观念创作的图像。图中共绘出十一个人物，画面虽有褪色和损坏，但每个人物的身份基本可以辨认，前排从左到右依次是：执幡童子；画匠，头戴幞头，穿浅绿色长袍，手持画像；郎中，头戴平定巾，身穿圆领红色长袍，右手摇着一个发出响声的幌子，左手在肩上扛着一版膏药；伶人，头戴毡帽，身穿蓝色短袍，下身穿云纹花色裤子并打着绑腿，脚蹬软底布鞋；身旁一个儿童扛着道具，该童子赤着上身，腰带上也绣着云纹花色，叫人一看就是演出服装——最有趣的是在该童子脚下放置一个红色箱子，上面横着一根棍子，棍子上坐着一个猴子，两腿相交，正歪着脑袋在吃手里的一个桃子；儒生，侧身而立，头戴帻巾，身穿绿色长袍，左臂夹一本书。第二排从左到右：农民，戴草帽，肩扛锄头；道士，头戴道冠；僧人，双手合十，满脸胡须有胡人相；乐师，头戴帻巾，口吹笛子；工

匠，头戴瓦棱帽，手持方尺；最后一排是一个商人形象，头戴小圆帽，肩负一个大包袱。这组图像中的人物无疑是民间画匠非常熟悉的一个群体，其中也有画匠本身的形象，是他们自身生活的一部分。画匠对生活的观察如此细致入微，表现得恰到好处，从画面中可以感受到民间画匠非凡的表述能力和个人情感。图中各种人物的穿戴，所用器物，吃桃子的小猴子，每一个细节都画得十分生动活泼，精彩有趣。

西壁第六层第53龛图像"身且道路客死他乡诸神等众"，这是一组反映民间苦难，来自现实生活的图景，在水陆仪轨中属于"孤魂"一类。图中只绘有五个人物，一个被车碾身亡；一个被马踏身亡；另一个正坐在路边被服侍喝药。该图的榜题中疑为漏掉"车碾马踏"四个字，榜题全文应该是"身且道路车碾马踏客死他乡诸神等众"。图中人物装扮皆是下层劳动者形象，坐于牛车上的人和给病人喂药的人都戴着草帽，喂

药人和喝药人均将袖子、裤腿挽起。人物形象刻画十分到位，对器物用具车马的绘法充满民间趣味。如人与马的比例失调，人大于马，牛拉车的车厢与车轮的搭配不协调，整个画面处理与陕北民间剪纸、民间绘画的观念如出一辙。并不要求写实，但由于图像描述的是来源于生活中的场面，民间画匠对画面布局细致入微，也不因为概念性描述而影响整个画面的美感。

"孤魂"这一概念在水陆画中非常重要，在每一堂水陆壁画中一般有10组左右的孤魂图像出现在西壁最下面一层，或会出现在南壁西侧（西稍间）。在水陆仪轨文献《大雄氏水陆缘起文》中有一则故事，大概描述了"孤魂"在水陆法会中的含义："……西京法海寺英禅师，一日方长独坐，有异人衣冠甚伟，足不履地，来谒英公：弟子知，六道水陆斋仪，可以利益幽冥，自梁武帝殁后，因循不行。今大觉寺有吴僧义济得此仪文，久在箧笥殆欲蠹损，愿吾师往以求来，

二月十五日于金山寺如法修设，苟释狴牢，敢不知报？英公许之，异人乃去。躯往大觉寺，果有吴僧义济，得此仪文即归，以期日于金山寺亲临道场。修设既毕，异日达曙，向者异人与类辈来谢英公曰：弟子即秦庄襄王也。又指异徒曰：此范雎、秦穰侯、白起、王翦、张仪、陈轸，皆秦臣也。咸坐本罪，幽囚阴府，大夜冥冥，无能救护。昔梁武于金山设此斋时，前代纣王之臣皆免斯苦，弟子尔时亦暂息苦，然以狱情未决，不得出离。今蒙吾师设斋，弟子与此辈并列诸侯等，皆承善力，将生人间，虑世国殊，故此来谢。言讫遂灭。自是仪文布行天下，作大利益，此是东川杨谔水陆仪文所载。"[6]文中提到的"白起、王翦"等人均为古代名将，仅白起领导的"长平之战"一例，坑杀40万赵军战俘，制造了中国历史上骇人听闻的惨案。佛教中认为他们是杀人无数的恶人，也是水陆法会重要的超度对象。故事的结局是，由于法会的超度，"今蒙吾师设斋，弟子与此辈并列诸侯等，皆承善力，将生人间，虑世国殊，故此来谢"[7]。他们已经得以脱离苦海，即将降生人间，所以才前来拜谢。该故事旨在宣扬水陆法会超度亡魂、救拔恶鬼的超强法力。

在《天地冥阳水陆仪文》中列举的孤魂概括起来有二十余种："久病缠身；军阵横亡；城破横死；自刑自缢；车碾马踏；堕胎落孕；河漂水漠；兽咬虫伤；牢狱囚亡；客死他乡；投崖落涧；溺水沉江；中毒身亡；崖摧树折；屋倒身亡；赴刑都市；大腹臭毛；针咽巨口；沙河饿鬼；魍魉魑魅；地狱饿鬼傍生；三道中一切受苦有情众。"[8]文献中的孤魂进入水陆图像时，已发展成具有固定搭配的规定性，从而形成一组画面，这种规定性全部反映于流行各地的水陆画谱之中。孤魂冤鬼类图像反映的是现实中的苦难，虽有可依据的水陆画谱，但从笔者调查的十几处水陆壁画来看，在民间画匠的笔下，各庙水陆画图像中这十几组图像差异最大。无论从画法、人物装饰、车马器物，民间画工大多利用这类图像

来发挥自己的创造才能，从现实生活中汲取营养，采用所熟悉的现实生活中的形象。因而，这十几组图像成为水陆壁画图像中最生动、最有趣、最能体现地域特点和时代特征的民间艺术品，也最有研究的价值。这些图像中许多人物的服饰、器具可以作为壁画断代的依据。

3.2 西长塌水陆壁画中神性尽失的"菩萨圣像"

菩萨，梵语为Bodhisattva。英译为菩提萨垂、菩提索多，意译作觉有情、大觉有情、道众生等，即求道求大觉之人。通俗地说，菩萨是以智上求佛道、以悲下化众生，将来必能成佛的修行者。菩萨也指这类修行者已达到的阶位。在大乘佛教中，菩萨仅次于佛，具有一佛之下，万神之上的崇高地位。

"菩萨信仰是佛教中十分重要的一个内容。虽然佛是佛教的中心，是终极真理的体现，是信仰的化身，是修行者的最高愿望，但由于过于神圣崇高而缺乏亲切感，缺乏与信徒和世俗百姓的直接联系，可望而不可即。菩萨的角色正好在这中间充当桥梁，有一种菩萨叫'引路菩萨'，或许它正巧点明了这种作用：它不仅指引信徒在临

西壁第二层第19堂空藏王菩萨圣像

死之际升入西方净土世界，还一直为芸芸众生指引着脱离六道轮回的途径。"⁹可见菩萨的神性仅次于佛，许多菩萨的图像也被安置于金刚座上，接受人们的礼拜。明代水陆画中就有很多这样的例子，如山西宝宁寺明代水陆画中、山西繁峙公主寺明代水陆壁画中、河北毗卢寺水陆壁画中都有很多。但到明清以后，随着佛教的进一步世俗化，佛教图像的神性更加衰落，图像的规范性相应减弱，随意性加大，首先表现在佛像和菩萨像数量的减少。在明代水陆画中佛和菩萨的数量有十几幅甚至更多，《宝宁寺明代水陆画》中就有九轴独立的佛像，九轴独立的菩萨图像¹⁰；河北毗卢寺明代水陆壁画中绘有二佛、十五个菩萨的神像¹¹；山西繁峙公主寺水陆壁画中绘有二佛、十七个菩萨¹²。而陕北的水陆壁画，都未有佛像，菩萨像的数量在七个到九个之间，大大少于明代。其次人物描绘随意性加大，有的画匠把菩萨像画得像个农村老大娘，尤其在偏远山村的小庙中，宗教图像深入到民间，成为民间文化的一部分。西长塬水陆壁画中几个菩萨像就属于这种情况。

西壁第二层第19龛"空藏王菩萨圣像"，与《天地冥阳水陆仪文》中菩萨名号及郑振铎藏本《水陆道场神鬼图像》中的菩萨图像比对，"空藏王菩萨"正确的名号应该是"虚空藏菩萨"。图像中一菩萨、一侍女、一执幡女童，这样的图像配置与《水陆道场神鬼图像》中虚空藏菩萨图像完全一致。菩萨头戴花冠，赤裸上身，肩披红绿两种颜色的彩带，脖子上的项圈形状怪异，不像是璎珞之类，极像农村孩子脖子上的长命锁。背后有浅绿色头光，下身着浅蓝色长裙，缀有宝珠璎珞，赤脚踩着两朵莲花，身旁侍女手捧果盘献上。侍女头戴花冠，容貌端庄祥和，小圆领浅红色上衣，绿色长袍，俏丽而亲切。执幡女童头上挽两个抓髻，憨态可掬。这组菩萨像如果不是榜题为"空藏王菩萨"，可能会被认错，因为从人物的神态到装束，都已偏离典籍太远，实实在在就是一个农家老大娘的画像。虚空藏菩萨本来

东壁第五层第46龛大圣引路王菩萨

就是一个宗教含义比较模糊的图像，民间画匠刚好借机进行创作，画出一个心目中理想的菩萨形象，这样的菩萨圣像的原型很可能来源于邻家一位好心的大娘。

还有东壁第五层第46龛图像"大圣引路王菩萨"。图像中描绘了一菩萨、二侍女、一执幡女童。菩萨头戴花冠，着绿袍红披肩，甚为朴素，背后头冠较为扭曲，双脚踩于莲花之上，双手合十，面带微笑。身后二侍女，一人捧书卷，一人手捧盘子，围绕左右，执幡女童面部颜色褪去，只留一个轮廓。引路王菩萨应属佛教中接引菩萨类别，其外表如《天地冥阳水陆仪文》描述："身严璎珞，体挂花鬘，接群迷于净土之中，引亡灵向碧莲台畔。"¹³水陆画中大圣引路王菩萨图像，如河北毗卢寺水陆壁画中的引路王菩萨，一手持香炉，一手持一个长长的幡；山西宝宁寺明代水陆画中，引路王菩萨双手持接引印；山西公主寺引路王菩萨也是右肩扛幡，左手拿印。可见图像及所持之物差异较大，持接引印、扛幡、香炉是引路王菩萨图像的特征，但陕北所见的都是双手合十，跣足踩于莲花之上的形象。比对郑藏本《水陆道场神鬼图像》中的大圣引路王菩萨图像，发现陕北地区"大圣引路王菩

萨"这种双手合十的图像，应是受到郑藏本水陆画谱的影响，并更加靠近民间，形成独特的风格样式。

宗教图像传入中国，最早出现的是"胡相"和"梵相"。因为在传播过程中，中国人接受和表现时必然会对这样外来的图像作一些调整和修改，在文化观念的冲突及融合中，创造了许多中国式佛像样式，即所谓"周家样"、"张家样"、"曹衣出水"等等。这些菩萨的宗教内容和救苦救难的宗教含义基本被保留，但外形从汉末佛教初传至清代的乡间小庙的佛教图像，菩萨形象已经面目全非，宗教仪轨的规范，画谱的束缚，都已不那么重要，在民间寺庙中的菩萨就是中国乡间的慈

祥大娘。

4　调查发现的民俗材料

4.1　李氏家族"忆志"与西长墹水陆庙

西长墹村是一个小型村庄，地理位置偏僻，交通十分不便，全村散居在一条山梁上，现有人口480余人，青壮年全部在城里打工，村里常驻人员只有5个，全为老弱者。该村原名李家新庄，村里都是李姓，笔者在寄宿的房东李永和家看到一些完整的家谱，他们叫"忆志"，这部家谱用

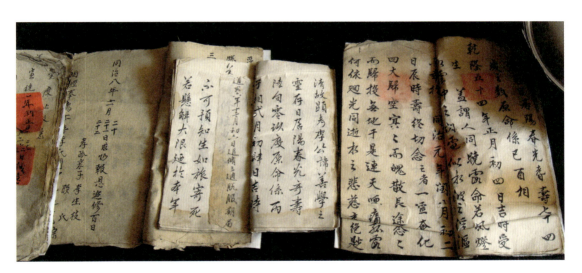

李氏家族的忆志

李永和夫妇在自家窑洞门口

李氏老宅门楼

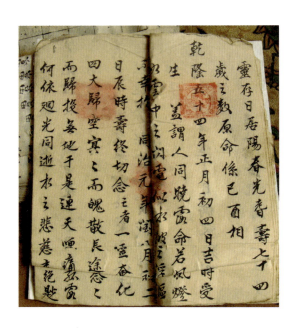

李家忆志中家族超度亡灵道场的记录

毛笔写在各种麻纸上，是一部完整的家族姓名记录。每到家族中有人去世，就会重新抄写一遍，西长墕村李氏家族中的人员变化全部反映在这部"忆志"中，至今已有十四五代。李永和家共藏有十一本，每本订成一册，平时都是卷起来存放。据"忆志"记载，西长墕村第一世祖先叫李天雾、李天良，李永和说是兄弟两人从山西大槐树下迁来。我们在查阅"忆志"时发现，第五世叫李清、李威，第六世有李善缘、李善述。雍正十年（1732）的碑文中有："功德主 李清 李英 李威 李善言 李善继 李善述"，他们正是建立西长墕释迦如来庙的会长，其目的是："我佛之功德无量，所以请之，家吉人安，日恒月盛……"[14]

李永和是本村李氏第十三世孙，出生于1957年。他告诉我们："老一代人说过，当时建庙时十分艰苦，用一大群羊往山上运砖瓦，每个羊身上吊两片瓦或砖，从外面长途跋涉将砖瓦运进来。修建庙宇及李家大院都是用的这样的办法。"我们在村子里参观了已经废弃不用的李家大院，高大气派的五孔大窑洞，三孔厢窑，院门高大，檐头上还保存有精美木刻彩绘，十分考究。

西长墕建村应该在明末清初，李氏家族的人认为此地风水好，村里陆续建起的三座庙都在保佑着他们的家族。2010年村里有一件大事，就是在第十四世子孙中，出了一个当年榆林市高考文科状元，名字叫李峰，是李永和的侄子。李峰被北京大学录取，村民都以此为骄傲，认为这当然是祖上积的德。

如果将水陆庙与李氏家族联系起来，他们的"忆志"是十分重要的物证。据李永和说，现在村里的几个庙宇都不举行庙会，但阅读家族中"忆志"可以发现，李氏家族如有人过世，一定会举办隆重的追荐法会，并邀请离此地五千米外的兴隆寺僧人前来念经，打醮、做法事。在每本"忆志"的前面，都会有亡故人的生辰八字及超度法会规模的描述，如："修设瑜伽显密供奉冥王，端荐父亲脱苦升度亡往生，三昼三夜报恩道场，功德文意，切以昊天罔极，初无报养之能，众路虽穷乃有感通，召至以□，慈之妙道，灭罪无余，唯法藏之玄门，舒诚有地，即有南瞻部洲大清国陕西榆林府僧网司榆林县僧会司兴隆寺，秉□亡道修设奉行礼忏法事，沙门今□，榆邑人氏，现今在双山堡东路地方西场墕有住，敬为一心，稽颡奉佛三宝，求忏报恩秉兴……"

此内容在每本忆志上都有一段，可知过去李氏家族每有人亡故，就要举办隆重的安葬仪式，并举办超度法会。李永和说："现在村里的葬礼已经非常简单，并不借助水陆庙举行法会。一般在家里起道场，请一位和尚念经一天。和尚来自双山镇周边的寺院里，现有两三个和尚在这一带给人家做亡事道场，并按家族传统续写一份'忆志'。我爷爷李万昌1966年去世，在葬礼后，我爸爸为亡事抄写了一份'忆志'。"

佛教中，救苦报恩道场与水陆道场不是完全相同，在《文渊阁四库全书·书目》记载中，既有《救苦报恩道场》一部十五册，又有《水陆大斋坛仪》一部五册。阅读李家"忆志"可知，在救苦报恩道场仪式内容方面与《天地冥阳水陆仪文》所述有许多相同之处，都有祭孤魂、施食、放焰口等超度仪式，所以在家族所办的报恩道场仪式上也用到水陆画。西长墙李氏家族的报恩道场的举办场所原来在村中的水陆庙，所以庙内被绘制了水陆壁画，在村里几代人的呵护下，经历动乱岁月存留至今。

4.2 西长墙村李氏家族与当地的几座庙宇的因缘

西长墙村与陕北其他地区一样，平均十几年闹一个大年馑，为求救苦救难的观音菩萨保佑，在修了水陆庙后又修了观音庙，庙修在释迦如来庙西边一个山坡上。老会长李仲英说当时有乱，老人们祷告，跪求观音，许下"一反一正"塑观音像的愿，后来就修了这个观音庙。观音庙是同治年间（1862～1874）所建。在塑像时剪下老爷爷的白胡子给观音当头发，这个庙所选的庙址与原有的水陆庙、龙王庙形成品字形分布。

在离西长墙十里路的张虎沟有一座较大的庙宇叫兴隆寺，李永和家族连续七辈人担任这座庙宇的会长，李永和为现任会长及文物管理员，担负着管理兴隆寺的职责。据"忆志"记载，在李氏家族的报恩道场中，大多数前来念经的和尚都来自兴隆寺。李永和说："我爷爷李万昌四十年代在榆林的国民党22军当司务长，同时也是兴隆寺的总领会首。当时，每年正月要闹庙会，会首必须组织大家。那年解放军正在攻打榆林，我爷爷还要偷着跑回来把庙会的事办了才回到部队上去，那时人们觉得庙会是最当紧的。"李永和告诉我们："老爷爷（曾祖父）是个灰汉（莽撞之人），在家里捅下乱子跑出去，最后被人打死在靖边的天赐湾。我爷爷17岁那年出去给他收的尸，那时是乱世，回来后作道场了，'忆志'上记的有。"

通过李永和对他们家族断断续续的描述，对照"忆志"所记和小庙中的水陆画遗存，这些庙的用途也渐渐变得明朗。由于新中国成立后"四清"、"文革"等运动，使得这种家族的小型追荐法会不再与小庙有联系，也使得这堂水陆画失去了它的社会生命力，成为不再使用的"死的"艺术品。

小结

西长墙水陆庙是李氏家族的第五代祖先为家族的亡事报恩道场所建，现存水陆壁画绘制年代约在清代光绪年间（1875～1908）。这是一堂家族庙宇的小型水陆壁画，壁画下所覆盖更早之前的壁画可能不是水陆内容，为何光绪年间突然将壁画改为水陆内容呢？

对这堂水陆画的调查与研究，使我们知道水陆法会及水陆画在民间活动的另外一种状态：水陆画与水陆法会既有朝廷和民间社团为某一次战争或灾难举办大型超度亡灵的活动，也有乡间小村中为一个平民百姓的离世举办的小规模追荐法会。西长墙李氏家族经济上较为富足，是一个典型的中国农耕文化模式下的耕读传家，因某种不可知的原因，十几代人一直生活于偏僻荒野之地。乱世之际，他们的家族频频遭难，曾祖父在民国初年流浪时横死靖边天赐湾，爷爷在战乱年代周旋于军队和家族之间。李氏家族为禳灾祈福，保佑家族人口平安，建造庙宇，绘制壁画，并请来临近兴隆寺的和尚来为他们家族的亡事作报恩道场。因为信奉法事的神力，家族中七代人都在担任兴隆寺庙会会长，为兴隆寺庙会上的各种"打醮"活动做事。

注释：

1　2010年暑假，笔者到榆林采访民间画工，一位叫张彦珍的画工提供线索：在麻黄梁乡西长塌村有一个水陆画庙宇留有古代壁画。随后，张彦珍与我们一同前往考察。释迦如来庙的建筑和水陆壁画保持旧貌，殿内佛、弟子等塑像全部为新塑。水陆壁画有两米多高，分为六层，人物生动，极富民间趣味。当拍完西壁壁画时天色已经暗了下来，我们只好晚上留宿村民李永和家，他的家族已在村里住了十三辈。西长塌村原有480余人，现在大部分进城打工或安家，日常留村里的全是孤寡老人，连同李永和两口仅有七人在村里常住。晚上采访聊天到深夜。第二天早起，将庙宇测量完毕，至中午拍摄结束后驱车回到榆林。此次访问走得比较仓促，没有带照相机的充电器，导致最后将壁画拍完后没有拍摄李氏家族"忆志"，访谈的细节也不够充分，留下许多遗憾。

2011年7月31日下午两点多，笔者一行又一次来到西长塌李永和家，将去年看到的李氏家族"忆志"一一拍摄作为资料。李永和还告诉我们，今年村里又有两位老人随子女去了城里，村里的常住人口日益减少，整个西长塌村都快废弃了。田地里只有留守人员耕种的庄稼显示出一种活力，这是当前陕北农村的普遍情况。之后，我去庙里补拍了去年拍摄不理想的水陆壁画照片。5点左右，我们谢绝李永和两口的热情挽留，踏上归途。

2　《天地冥阳水陆仪文·召请下界仪》，明代手抄本，国家图书馆、北师大图书馆藏。

3　同上。

4　柴泽俊，《山西寺观壁画》，77～78页，文物出版社1997年版。

5　王树村，《中国民间美术史》，18页，岭南美术出版社2004年版。

6　梅宁华、陶信成主编，《北京文物精粹大系·佛造像卷》（下），78页，北京出版社1999年版。据笔者所知，《大雄氏水陆缘起文》在《宝宁寺明代水陆画》、武威博物馆所藏水陆画、陕西洛川民俗博物馆所藏水陆画、《天地冥阳水陆仪文》中各存一篇，内容大同小异。

7　同上。

8　《天地冥阳水陆仪文·召请孤魂仪》，明代手抄本，国家图书馆、北师大图书馆藏。

9　李淞，《长安艺术与宗教文明》，143页，中华书局2002年版。

10　山西省博物馆编，《宝宁寺明代水陆画》，文物出版社1988年版。

11　石家庄市文物保管所编，《毗卢寺壁画》，河北美术出版社1984年版。

12　2005年夏笔者赴山西繁峙公主寺考察资料。

13　《天地冥阳水陆仪文·召请诸灵仪》，明代手抄本，国家图书馆、北师大图书馆藏。

14　转自李氏手抄本"忆志"。

四　榆阳区香严寺水陆壁画

香严寺位于榆林市榆阳区东南部刘千河乡屈渠村，在榆佳公路离榆林24千米处。刘千河为明代绥德尉千户刘庞饮马处，后人称之为刘千户河，清朝道光年前后称呼中略去"户"字，开始叫刘千河。该河源于榆林市麻黄梁乡旧堡南侧，至三岔湾与青云河汇合流入榆溪河，全长二十多千米[1]。香严寺处于刘千河岸边的屈渠村对面山崖一个劈出来的平台上，立于寺外照壁处可俯瞰屈渠全村，该寺距沟外榆佳公路连接处约两千米。香严寺为榆林名寺，寺内文物保留较多，清光绪十年（1884）《榆林府志》和1992年《榆林市志》均有记载，1985年被宣布为榆林市第二批文物保护单位[2]。

香严寺全景

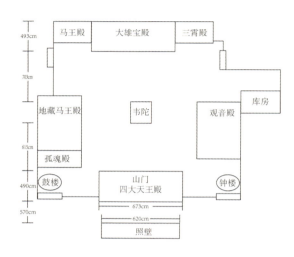

香严寺平面图

1 遗存状况

1.1 建筑

香严寺是一个在榆林十分常见的四合院建筑，占地约1000平方米。正殿高大，枕头窑前加卷棚，当地称为"虎豹式"建筑，偏殿及配殿均为枕头窑，正殿、韦陀小殿、穿心殿山门，与山门前照壁同处一条中轴线上。整个寺庙建筑以中轴线为对称，建筑整体保护较好，给人古朴舒适之感。

《榆林市志》载："香严寺，位于本市刘千河乡刘千河村东南8千米的山沟，始建年代不详，寺内碑文载明代成化二十三年（1487）、清代康熙三十六年（1697）、四十三年（1704）、乾隆二十六年（1761）、五十八年（1793）、咸丰五年（1855）、同治四年（1865）、光绪五年（1879）进行扩建整修。寺院营造在半崖平台之上，砖砌照壁，中嵌斗方突形'仙'字。山门枕实（头）窑，中为通道，东西各留耳门，两厢四大天王殿，中为四合院。正殿枕头窑，前置卷棚廊柱，内祀真武祖师，两壁彩画。两侧配殿三楹，配殿南侧建钟、鼓楼，后院韦陀小殿，

正殿东院三清殿，西院马王殿。寺东枣林深处有禅院，门楼宏伟，朱漆廊柱，门楣书刻'香岩禅院'四字，入门为四合院，禅房正面五孔大窑和土窑。寺内存佛经手抄本六部，北魏时期铸造10～30厘米高铜佛像十余尊，清代榆林名书法家陈璋手书石碑一幢。"[3]文中所记后院为禅院，现已全部翻新，原先所保留的僧舍及禅房全部被拆掉新修。笔者只在《榆林文史》上看到了香严寺后禅院的旧照片，此照片拍摄于20世纪80年代。观音殿南侧钟楼内挂一口大铁钟，上面铸有铭文"成化二十三年岁次丁未孟夏吉旦，万锐撰□；香严寺主持玄武，门徒福□、福智。大清康熙三十一年岁次壬申"。

市志所述香严寺概况基本正确，其中有几点错误，一是将正殿内所祀之神记错，正殿所祀有释迦牟尼、孔子、太上老君三位主神，并非真武祖师；二是正殿东院为三霄娘娘殿，而不是三清殿；三是漏记两间配殿，东为观音殿，西为地藏马王殿，南边连一个小殿设孤魂像及牌位；韦陀小殿在前院正殿与山门之间，并非后院。

1.2 水陆壁画

正殿为三教殿，枕头窑外加仿歇山顶砖木建筑，外有1.5米高的台阶，前带卷棚，廊檐宽1.77米，四个廊柱，三间三开门。枕头窑为陕北地区最常见庙宇建筑形式，此窑十分巨大，殿内宽9.46米，进深4.93米，窑高约4.5米，殿内面积约46.6平

三教殿外景

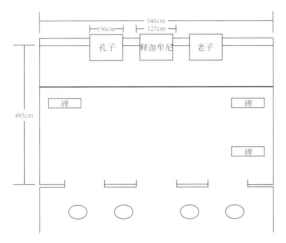

三教殿内部平面图

方米。北壁挖出三个两米高、一米五深的洞龛，外接木质隐神阁，带有彩绘。神像从西向东依次为孔子、释迦牟尼、太上老君，为20世纪80年代新塑；殿内东壁前立两通石碑分别为"皇帝万岁碑"和"流芳百世碑"；西壁靠近台阶立"太子千秋碑"一通；窟顶挂有三个巨大黄色帐幔，上面绣有经文。殿内东西两壁为存留的古代水陆壁画，以下分别加以介绍。

东壁：

东壁水陆壁画面积约13平方米，从上到下共分七层，总高3.2米，宽4.57米，每层高47厘米；壁画底边离地66厘米，外框画蔓草花纹边，整体保存基本完好。20世纪60年代"文革"期间，村民曾用黄泥将壁画糊上，这样壁画得以保护下来，20世纪80年代初用清水将画洗了一遍，画面留下许多黄泥痕迹，但画的色彩及图像破坏不大，立于画前仍然可感受到古代民间艺术的神韵。壁画内容为天仙天神、二十八宿、天曹府君、往古人伦等。榜题中有一些错字，括号内为笔者推测可能正确的字。以下记录次序为从上到下，从北向南。

第一层：①五（无）色界四女天神圣像 ②五（无）色界初禅□天圣像 ③□□□□□□ ④东方持国天王 ⑤南方增长天王 ⑥ 西方广目天王 ⑦北方多闻天王

第二层：⑧北极紫薇大帝圣众 ⑨太乙诸神五方五帝 ⑩日光天子圣像 ⑪月光天子圣像 ⑫金星真君星众 ⑬木星真君星众 ⑭水星真君星众 ⑮火

三教殿水陆壁画（东壁）

1	2	3	4	5	6	7			
8	9	10	11	12	13	14	15		
16	17	18	19	20	21	22	23	24	
25	26	27	28	29	30	31	32	33	34
35	36	37	38	39	40	41	42	43	
44	45	46	47	48	49	50	51	52	
53	54	55	56	57	58	59	60		

三教殿东壁水陆壁画图像分布

星真君星众

第三层：⑯土星真君星众⑰罗睺真君星众⑱计都真君星众⑲紫薇（炁）真君星众⑳月孛真君圣像㉑人马天蝎天秤双女狮子巨□神君㉒摩羯金牛白羊双鱼宝瓶□宫诸神㉓寅卯辰巳午未元君㉔申酉戌亥子丑元君

第四层：㉕角亢氐房心尾箕星君 ㉖斗牛女虚危室壁星君 ㉗奎娄胃昴毕觜参星君 ㉘井鬼柳星张翼轸星君 ㉙北斗七元星君圣众 ㉚普天列曜一切星君圣众㉛天地水府三官大帝圣众㉜天蓬天献（猷）朱雀玄武等众㉝天曹麻（府）君等众㉞天曹禄马（掌禄）判官

第五层：㉟天曹诸司判官㊱年月日时四直使者㊲大威德菩萨圣像㊳阿修罗等众㊴大罗刹等众㊵罗刹女等众㊶旷野大将等众㊷朕（般）支迦大将㊸二矩田畔奴等众

第六层：㊹阿（诃）利帝母等众㊺大药义（叉）等众㊻大圣圣天引路王菩萨㊼往古帝王一切王子等众㊽往古宫女美人等众㊾往古文武官□等众㊿往古一切将士等众 (51)往古比丘君尼等众(52)往古比丘僧君等众

第七层：(53)往古圣僧□□等众(54)往古聚富婆娘等众(55)往古道士等众(56)往古女官（冠）等众(57)往古儒流贤士(58)往古孝子顺孙等众(59)往古贤妇□□等众(60)往古九流百家等众

西壁：

水陆壁画面积约13平方米，从上到下共分七层，每层高47厘米，总高3.2米，宽4.42米；壁画底边离地83厘米，外框画蔓草花纹边。壁

三教殿水陆壁画（西壁）

1	2	3	4	5	6	7
8	9	10	11	12	13	14
15	16	17	18	19	20	21	22	23	24
25	26	27	28	29	30	31	32	33	34
35	36	37	38	39	40	41	42	43	44
45	46	47	48	49	50	51	52	53	54
55	56	57	58	59	60

三教殿西壁水陆壁画图像分布

画第二层中间及第三层中间上沿被漏下的雨水冲坏一块，有七八组图像被毁坏剥落。20世纪60年代"文革"期间，村民为了保护壁画曾用黄泥将其糊上，80年代初用清水将画洗了一遍，画面留下许多黄泥痕迹。壁画内容有地府、水府等下界神祇、阎殿十君、孤魂冤鬼等，榜题中有一些错字，括号内为笔者推测可能正确的字。以下图像顺序为从上到下，从南向北。

第一层：①江河四渎龙王 ②未能辨识 ③东海青龙□□ ④中岳大帝 ⑤北岳大帝君 ⑥西岳大帝 ⑦东岳天齐仁圣帝君

第二层：⑧守斋护供诸龙神众 ⑨残缺 ⑩残缺 ⑪残缺 ⑫残缺 ⑬西海白龙王神众 ⑭五湖百州（川）神众

第三层：⑮护军护民城隍社庙土地神像 ⑯吊客丧门大耗小耗诸龙神众 ⑰残缺 ⑱残缺 ⑲残缺 ⑳大将军黄幡白虎无鬼神众 ㉑太岁太煞太阴太阳神众 ㉒安乐夫人神君 ㉓风调雨顺龙王神众 ㉔地府三官大帝

第四层：㉕九殿都市大王神众 ㉖八殿平等大王 ㉗七殿泰山大王 ㉘六殿变成大王 ㉙五殿阎罗大王神 ㉚四殿五官大王 ㉛三殿宋帝大王 ㉜二殿楚江大王 ㉝一殿秦广大王神众 ㉞大愿地藏王菩萨

第五层：㉟孤独地狱神道圣众 ㊱近边地狱神道圣众 ㊲八热地狱神道圣众 ㊳八寒地狱神道圣众 ㊴善恶两部牛头马面使者 ㊵地府五道将军神众

㊶地府三司判官神众 ㊷地府都司判官神众 ㊸地府六曹判官神众 ㊹转轮大王神众

第六层：㊺饥荒案（殍）饿疾病棉（绵）缠诸等（神）众 ㊻墙崩屋倒树折崖摧□死等众 ㊼兵戈藏水（荡灭）前（煎）火等众 ㊽赴刑都市客□囚亡等众 ㊾投岩赴火自刑自缢诸鬼等众 ㊿□□地狱冤冤炮（报）恨诸鬼等众 51水陆空居依草附木无主无依诸鬼等众 52大腹臭毛□□□□诸鬼等众 53主病鬼王五瘟收病使者 54启教面然大王焰口鬼王等众

第七层：55地府一切转轮等众 56地狱饿鬼傍生道中一切等众 57身殂道路车碾马踏饿鬼众 58客死他乡横遭毒药诸鬼众 59堕胎产亡□冤抱恨诸鬼神众 60严寒大暑虎咬蛇伤诸鬼等众

1.3 碑石

香严寺现存七通古代石碑，三教殿外廊檐下立有四通，分别为大清康熙三十六年（1697）所立"香严寺养赡地执照引"、清乾隆五十八年（1793）所立"香严寺重理增修碑序"、清同治四年（1865）所立"增修香严寺碑记"、大清光绪五年（1879）所立"增修香严寺碑记"；三教殿内东壁前立有碑石两通，南侧一通为1994年新立"重修香严寺碑记"，该碑大多沿袭前人说法，本文略去不叙；北侧一通为清代康熙四十三年（1704）所立"敕建香严寺新创万桃山序"，碑首有"皇帝万岁"四字，正文由清代榆林著名书法家刘璋书写，行草书体，此碑被收入《榆林市志·文物卷》。正殿内西壁前立一碑为"万桃胜会题名碑记"，阴阳两面全为万桃胜会之际来宾的题名，碑首题"太子千秋"四字，碑上无纪年，当与康熙四十三年"敕建香严寺新创万桃山序"碑为同一事件中的题名碑。现将五通旧碑的情况详录如下。

1.3.1 香严寺养赡地执照引

碑立于香严寺西门侧，灰黄砂石质，底层

有剥落，螭首龟趺。碑身阔72.5厘米，高144.5厘米，厚12.2厘米，座高42厘米，螭首高47厘米。碑阴刻合会施财人等姓名。碑文如下：

夫香严寺古刹乃奉勒□建者也，原因山水环绕，来龙丛聚，地脉簇秀，故设寺巍镇于山隈之下，可谓洪盛也哉。于成化二十三年丁未开工，有善士葛普先住持，玄成等广兴经营，大成胜景之巨观。不期地在荒僻，累遭兵火，止余断碣破钟残址而已。羽士温冲翔于康熙三十年矢志苦修，复建三教堂、两庑、山门、钟鼓楼、道室厨窑无不悉备，又欲整刊旧碑，奈残文难复，故辍。今因镂照引于石首，将凋碣可识姓名特共志焉。□者住持僧福琇、福智、福厚、福秀、福颖、福景、福晓、福诰、圆林、圆钊、圆钗；香山寺僧守贞、玄凯、玄智、玄资、祖阁；大宁寺僧玄清、玄锐、福惠、福秀；古塔寺僧玄锦、福海、福成；土佛寺僧道清；助缘善士思普智、张福聪、万福铭、石聪、石锐。观夫住持丛聚其养赡地，亦为不少，询其士人尽知，有军人姚敬地一分，本寺废地荒，有乡棍朱体纯侵占得意，知寺复有住持，预备开垦，诡给地一十二亩，起科粮三斗一升三合五勺三抄一撮八粟，草六斤五两二钱八分五厘七毫三丝一忽二微。羽士温冲翔意在把茅结庐，不以由地有无为论，其人哄舍田地一块。熟知天理好还，人事难欺，未至起科，于丙子岁猝病暴亡。所遗孀孤，知善仍愿复还养赡原地，阖石刚百户无不祈愿，张恩义等议其私下无据，同诣州乞□□信执照，欲勒于石，求记于余。余素拙且鄙，似不能文，斯事亦非文叙，故姑述前后功德姓名始末，赡地原由，是为执照引。立执照玄门道士温冲翔 石刚百户奉。

勒建香严古寺成化二十三年重建，年远损坏倒塌，贫道于康熙三十年复建，三十一年工始告竣。内功德主□荣等奈深山荒凉，毫无养赡，□百户总支，乡练大户，地方居民人等，具发虔心，有古迹布施善施地一分。军人姚敬，东至钟嘴峁沙塄，南至沟畔，西至天沟为界，有万朝

河塔地三块，四至分明，彼时刻立石碑，永垂后代。不料朱体纯开垦给粮一十二亩，尚未起科，暴病速亡，所遗孀妇孤子朱高，暨户族朱国平等情愿仍舍寺院，作养僧道之费。百户人等，老幼尊卑，莫不忻然疏舍，满口称愿。免粮花户代纳道人出家修行，岂忍己食□粒，赔累万民之理，情愿输纳正项钱粮，其粮石永远，并无增减，而杂般使费理当优免，如历代相传，远年日久，有僧道住持钱粮依期缴纳，□年大户，如无僧道住持，亦不拖累百户，其善施地内，谅持一块半价完粮，私下未敢便伏乞。

太老爷佟批小朱红印信执照，以便再勒石碑，永远遵守施行。

康熙三十六年岁次丁丑仲春吉旦，玄门后学弟子张和淳熏沐谨撰并书

镌碑工匠：焦喜运 阎士昌

乡约：李继成

乡练：刘蛟 朱国相

大户：高国麟 张守强等（邻村大户28人，名字略）

住持：温冲翔 徒 拓和洲 李和发 柴和洲

1.3.2 敕建香严寺新创万桃山序

置于香严寺正殿内，砂石材质，碑体圆首方尾，高1.94米，宽0.79米，厚0.16米。碑座长0.96米，宽0.58米，高0.29米。碑首阴刻篆额，正文行书阴刻。碑文如下：

万桃山，百果园之名，何昉乎？绿道士温冲翔始也。道士何以居乎？尔为重修香严寺也。重修香严寺曷以成？万桃山果园也。道士恐日以年深，寺院任然倾颓，故力创万桃山百果园，冀山园与寺相邻而垂于永远也。道士本与县人年二十一到榆，从天神庙李师为黄冠，食淡饭，冬夏冷炕，跣足蓬头，日夜磕头，或三年，或一二年常不语。自己巳廿□岁，游南山锡水洞访道，自辛未归。路经香严，发愿重修。工竣，每置严寒盛暑，风雨霜露，种桃栽果，无间昼夜。

如是一十二年，桃齐万株，果集百类。凡东南之秋实春葩，咸布于寺之前后左右，固名其山为万桃山，园为百果园焉，且其一人开窑填渠，不日即成，石田稼穑，无不余畅茂韵，似有神助者。噫嘻异哉！榆阳自先朝余肃敏徙镇以来，巍然百难，烟火万家，虽云三边之首镇，然长塞气涌，风高水寒，地薄不产，果木今古同然。况香严寺居榆东，蜿蜒百里余，四周沙岗石岭，极目白草荒烟，尤其穷绝，又安望各卉嫔纷，群枝叠历，如所云万桃山与百果园哉？虽然天地间惟诚能动物，诚则能虚，诚则能静，故道德经曰："致虚静，守静笃，万炀併作以观。"且复佛家十地经曰："法真如用远物境界，法华人云，有人闻，是品能随喜赞善者，是人口中出青莲，□化是知静虚之极者，至诚之体也，故至诚能参天赞地，□□昭代。"

圣天子在上，建皇极之元立，人极之准诲，句□□荒，罔不注恨，道同易俗，无论东西，南朔咸在春风和气中。故生此全真之士，薄富贵，谈香敬，超然物表，移花接木，补造化之不齐。如黄帝□未精，子如尧舜之巢，父许由云，尔癸未之夏，余闻而访焉，相与谈且悦，其境幽僻间乡，宽闲深靓，居□数□。一夕，道士谓我曰，五蕴皆空，四大非有，况此园与我何庸，我将来岚甲申之秋，结一大事，十万八千因缘，择一僧主持，而余去也矣。余思道士以云水为家，此去故高，且独美济后，□能善守其业，使庙貌日益新，花木日益盛，四方之来宾日益众，榆阳岂不存生气，而道士十数年之苦工亦藉以不泯。第恐后人不善守其业，或窃贼而剥削之，或为众人瓜分之，或为有力者利其利，蚕食之，吞并之，则今日之淦金雍紫，不几日而断井残垣矣；今日之列植交阴，不几日为牧竖之所矣；今日之仕女哨歌管弦朵奏，不几日而兔迹狐踪猿叫鸟啼矣。余因为序，愿榆阳之士大夫真男子生大欢喜心，极力维护保持，使此山园与寺相传一世二世以致百千亿万世，则不独榆阳有生色，即三边与东南比

美矣，谨序。

康熙四十三年岁次甲申蒲月上完吉旦

金陵陆山熏沐撰　榆阳陈璋书

炭匠：张迁等

金火匠：吕九居 吕月等

画工：刘光明 冯秉熊 陈兢央 柴自谈 刘文玉 杨国盛

木匠：张六祥 张金榜等

泥匠：吉兆 赵金玉

石匠：问士昌 焦喜运

主持：温冲翔 弟子 白冲 妙徒 焦和润等

公行会首：（四十余人姓名略）

1.3.3 香严寺重理增修碑序

置于正殿廊檐下，砂石质，圆头方座，碑首阴刻楷书"奕世流芳"四字，碑身阔64.5厘米，高159厘米，厚12.4厘米。碑身下方几行字剥落，漫漶不清。正文用楷书阴刻。碑文如下：

盖念有善念者常有善事，善事因善念而起也，即如榆邑东南常乐堡二塘地方有香严寺。创建由来以矣，重修者代不乏人，但历年久远，风雨剥落，佛像□损。时有释子通佑住持斯寺，不忍坐视，叩请会首刘自良谋欲补葺修理废□，坠与彼此，欣然乐从。爰慕众善，共襄盛事。旧日殿宇院墙，一切重修维新，廊檐橡柱，颜稀辉煌，增其旧制，创建禅室二间，于东窑内新塑观音菩萨金身，护法韦陀金身，二像于乾隆五十八年二月动工，办理至十月内开光告竣。由是殿宇巍巍，壮一方大观，全身煌煌，庇士庶之安康。后之承斯志者，□加修理，时为补葺，尚其越千古而不朽云，是为序。

榆林府榆林县庠生田晶撰书

主土阴阳：奚琯

公村会首：郝魁等

泥水匠：苗忠有 李朝相 李浩等

丹青：方秀林 李琯

石匠：米成祥 米均峰等

旹（时）乾隆五十八年十月二十一日开光立

1.3.4　增修香严寺碑记

位于正殿廊檐下东边靠山墙处，砂石质，螭首方座，碑首中间竖刻"皇帝万岁"四字，碑左下角剥落一块。碑首高70厘米，碑身阔74厘米，高150厘米，厚15.3厘米；座高45厘米。碑阴碑首刻"太子千秋"，碑身为合社施财人姓名。碑文全为楷书阴刻。现将正文移录如下：

盖闻西竺有神圣称之曰佛，自佛教之入于中国也，金身梦于汉帝，祥光显于周朝，匪特通都大邑建庙设像而顶礼□，即穷乡僻壤亦罔不崇奉。专榆郡六十里许万桃山百果园旧有香严寺古迹也，创造于成化九年，重修亦不知几经，以

乞于今，风雨飘摇，殿宇坍塌，曾日月之几何，而庙貌不可复识矣。顾旧无处而不□，人因旧以□新，住持广瑶不忍坐视，叩请会首朱斌，目视心恻，慨然有振兴之志，□□其中，第恐一来不能大□□泥未可封函开。于是合会人等，公商议论，出缘募化，各捐己资，共襄圣事。新□宣砖窑三间，立三教圣仁，水陆一切诸神，人发虔心神有感应。工始于同治三年正月二十五日，出□新工告竣，于四年六月二十三日入神开光，行见殿宇辉煌，金碧美丽，规模仍诸旧贯，气象焕然一新，□区小神云尔哉，或比□地之□也。于亘今而后，以祝祷风调雨顺，时和年丰，专则会首之功德运可设，施财人之姓名亦得书刻于左，以德不朽，且为接理补□得而为序。

榆郡常乐二堂庠生赵之成并书

功德主：朱斌等　山主：阎进功 进保

经理会首：刘沙德等

旹（时）同治四年六月二十三日

1.3.5　增修香严寺碑记

置于正殿廊檐下中间，砂石质，圆头方座。碑首左右分刻日月二字，中间竖刻"皇帝万岁"，碑身阔64厘米，高164厘米，厚12.5厘米。碑阴上竖刻"万善同归"四字，碑身刻和会捐款人名。正文阴刻楷书。碑文如下：

从来建其未有曰创修，因增新曰仍贯，虽曰仍贯，而亦如创修也。万桃旧有香严寺一所，创建未卜何年，重修已不知几经，迄于今，风雨剥落，殿宇坍塌。住持僧人广培、徒侄续惟、徒孙本秀叩请会首王成会、米成，起念修葺，爰集合会人等，共同计议，易旧制为新模，改洞楹为窑孔，但工程浩大，力量微薄。□告□□人，助钱五百余千，募化四方□子青蚨一百余缗，因而正殿檐头彩绘焉，周围殿宇新修□□□□贯，气象焕然，□□休哉，人之力也，而实神之灵也。工始于光绪四年，二月二十□□出，□□于五年十一月初□日开光，五公请予作文以记其事，不

揣固陋，聊聊其词，则倡首□□，功德不可□，施财人之姓名，亦得书以志不朽。是为序。

　　榆郡庠生赵清洁沐手撰书

　　总理：王成会　朱成

　　山主：阎国正

　　管账人：续维

　　纠首：屈文会　王世科等

　　瓦匠：朱茂

　　丹青：李逢春

　　大清光绪五年岁次己卯十一月初二日

2　壁画绘制年代及建筑形制

2.1　绘制年代

　　碑文显示，香严寺创建于明成化九年（1473），正殿供奉三教主神，历史上几次重修，是道士主持与僧人轮流主持。庙前照壁上镶嵌有一个斗大的砖雕"仙"字，显示了香严寺与其他佛教寺院的区别。寺内所存显示，最早重修为成化二十三年（1487），康熙三十六年（1697）《香严寺养赡地执照引》所记正殿就是三教殿，当时重修是恢复旧制，可见香严寺建庙之初即是一所三教合一的寺庙。笔者推测，寺内水陆壁画应该在明成化九年（1473）初建时就绘制了，此时距榆林迁镇仅两年时间，可见这处寺庙不同一般的身世，它与榆林的建镇紧密相连，与榆林的最高行政官员有着某种联系。这里可能是一处官方祭祀军阵亡殁人员的处所。但五百多年来，该寺重修次数较多，现存壁画是哪次重修时所绘呢？

　　同治四年（1865）《增修香严寺碑记》提到寺庙当时："以乞于今，风雨飘摇，殿宇坍塌，曾日月之几何，而庙貌不可复识矣。"此景为增修前的庙宇毁坏状况，增修时"各捐己资，共襄圣事，新□宣砖窑三间，立三教圣仁，水陆一切诸神，人发虔心神有感应。工始于同治三年正月

二十五日，出□新工告竣，于四年六月二十三日入神开光，行见殿宇辉煌，金碧美丽，规模仍诸旧贯"，可见在遵守旧制的基础上新修了"砖窑三间"，并立"三教圣仁""水陆一切诸神"。说明在同治四年（1865）增修时枕头窑大殿被重新修建，并重新塑立神像、绘制了水陆壁画。

　　其后光绪五年（1879）又有一次对香严寺的增修，两次修建间隔只有14年。此次增修涉及"易旧制为新模，改洞楣为窑孔"。但笔者认为，这次改洞楣为窑孔只是重修了东西配殿，因碑文又说"因而正殿檐头彩绘焉，周围殿宇新修□□□□□贯，气象焕然"，可见对正殿只是彩绘了檐头，而周围殿宇的建筑有新修。笔者认为现存水陆画应该就是同治四年所绘，可惜的是，由于碑面文字有剥落，同治四年增修碑中丹青匠工名字缺失，而光绪五年增修寺庙碑文中的丹青艺人为李逢春。李逢春的名字在本书第一章佳县郑家后沟兴隆寺的碑文中出现过两次，一次是"重修龙王庙碑记"中；另一次是在"重修三身诸佛关圣帝君碑序"中。李逢春可能就是郑家后沟水陆画的作者，他会是香严寺现存水陆壁画的作者吗？如果这两个庙的水陆壁画是同一人、同一时期所绘的话，应该从两处水陆画的绘画风格很容易看出来相似之处。但通过笔者对两处壁画的比较，这一设想被否定，因为两地的绘画风格差异较大，虽然在榜题显示出的自由、拙趣等方面有相似之处，但可以看出并不是同一画家手笔，所以香严寺水陆壁画的绘制年代应在同治四年（1865），绘制香严寺水陆壁画的丹青艺人另有其人，香严寺水陆壁画绘制完成14年后，光绪五年，画匠李逢春可能只是对正殿的檐头重新绘制。

2.2　建筑形制——枕头窑

　　窑洞是黄河两岸晋西北与陕北地区农村的通用民居。窑壁与脑畔有很厚的土层，门窗为木头

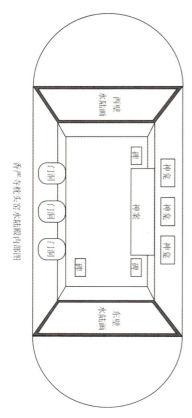

香严寺枕头窑建筑内部透视图

构建出各种花样的窗格，内部盘有土炕取暖，冬暖夏凉，非常适合陕北山区的气候。窑洞基本分为两个类型：一为靠山窑；二为平地窑。所谓靠山窑，是利用丘陵和山沟旁边的斜坡，挖掘出一个横断面，再从横断面纵深挖掘出一个或多个洞穴，表面接一个石头或砖砌的漂亮窑口；所谓平地窑，是独立建筑于平地上的窑洞，这种窑洞造价相对靠山窑要高得多，多见于陕北的县城、乡镇等地，寺庙也采用平地窑形式。

　　寺庙枕头窑也叫"横窑"，是将窑洞民居与传统寺庙建筑相结合的神殿。内部是一个横向的大型窑洞，外部是歇山顶加卷棚，门前有宽阔的廊檐。例如，笔者实地考察的香严寺水陆殿就是一个典型的枕头窑加歇山顶的建筑。与真正砖瓦房不同之处在于它的窗户和门都很小，或者没有窗户，只留三个门洞方便出入，这样就造成室内采光不好。香严寺的水陆殿正面为三开间，挑檐

有四个廊柱，三个门洞上方都有小窗户。枕头窑殿宇的内部，北面墙壁被掏出三个方形的龛，外接装饰漂亮的神龛，供奉着孔子、释迦牟尼和老子三位神祇。这是三个新塑的神像，据香严寺会长介绍，这三个像是在20世纪80年代依据原来的像新塑的，题材未变。会长遗憾的是，有一个像的手势与原像不一样，为此他和塑像的工匠吵了一架。该殿南壁开三个门洞，所以门道较厚。殿内东西两壁是几百年未动的水陆壁画。

3 香严寺壁画所反映出的"三教合一"思想

　　香严寺大门外的照壁正中，镶嵌了一个斗大的"仙"字，这一符号一般会出现在道教建筑上，寺内《香严寺养赡地执照引》碑文称，"羽士温冲翔于康熙三十年矢志苦修，复建三教堂两庑、山门、钟鼓楼、道室厨窑无不悉备"。可见香严寺正殿从明代建寺之初就是三教殿，现存的该寺五次重修记载中，有两次为道士主持，三次为僧人主持，寺内有明显道教特征的建筑应该是在道士主持的重修时所建。

　　香严寺正殿所供神祇从西向东依次为孔子、释迦牟尼、太上老君，三位主神并立于三个独立的窑洞佛龛之中，外接木制隐神阁。其余配殿、厢殿所供奉的神祇还有三霄娘娘、马王、地藏王、观音菩萨、四大天王、韦陀、关帝等，这些佛教与道教内容的神祇在同一庙宇中并立，这种杂糅并蓄的神祇供奉模式在中国乡间非常普遍。香严寺先建寺，后修万桃山百果园，举办万桃胜会，地方官员、社会名流一时聚集于此地，赏景吟诗，挥毫著文，庙内碑文记录了来客名单及身份，香严寺也被列入榆林名寺。榆林是明代御边需要发展起来的城市，有极浓的军事色彩，城中百姓有半数食饷为生。战争频繁的城市边缘，依靠香严寺，修设一所万桃山百果园，无疑充当了

山门外照壁中间孤悬一斗大"仙"字

这座城市达官贵人们的休闲之地。该寺所供奉的神祇反映了当地的信仰，在香严寺内无论记载还是碑文都不见水陆法会的记录。但寺内庙会应该有类似水陆法会的程序，如在香严寺西侧马王地藏王殿南侧专门设一个孤魂小殿，应该是放焰口、施食孤魂冤鬼的场所。在民间信仰中，水陆法会未必叫水陆法会，老百姓一律叫它"打醮"或"办道场"，他们对神的区分未必非要归为佛家或道家。当香严寺与往日官府联系断裂，本地的几十个村庄自发组成庙会，香严寺的管理与供奉转入民间，并依照旧制年年办庙会。当香严寺

新换了会长以后，庙会在会长的主持之下也换了内容和时间，这些变化显示出民间宗教信仰的随意和松散。

民间信仰有极强的地域性，陕北水陆画的内容是与当地民间信仰最贴近的寺庙壁画，它的主题与"死亡"联系在一起。该寺水陆画的东西两壁图像的配置非常明确，这种配置既符合中国传统文化的观念和本地信仰，又符合佛教文化中水陆法会超度亡灵有各级菩萨引导的图像配置规律。中国传统一般认为东方为上位，东壁最上面一层图像内容是佛教中诸天仙和四大天王；第二、三、四层为道教神祇九曜诸星君、二十八宿、天干地支、十二属相；第五层是在大威德菩萨圣像引导下的佛教诸神，如：阿修罗等众、大罗刹等众、罗刹女等众、旷野大将等众、朕（般）支迦大将、二矩田畔奴等众、阿（诃）利帝母等众；第六、七层是在大圣引路王菩萨图像引导下的往古人伦等众，属民间信仰内容。西方为下位，西壁第一、二层图像有水府神祇、诸大龙王、五岳帝君；第三、四、五层图像有城隍社庙土地、吊客丧门大耗小耗、大将军黄幡白

东壁第一、二层图像局部

西壁第三层图像局部

虎、太岁太煞太阴太阳、十殿阎君等地府诸神及民间信仰的神祇；第六、七层为在启教大士面燃鬼王引导下的孤魂冤鬼等众。《天地冥阳水陆仪文》将所请神祇分为正位神祇、天仙、下界神祇、冥殿十王、往古人伦、诸灵、孤魂等七类[4]。在陕北榆林佳县一带的水陆画中，正位神祇除菩萨神像外基本都不出现，香严寺水陆壁画东壁的神祇包括了正位神祇中的菩萨、天仙及往古人伦；西壁图像有下界神祇、冥殿十王、孤魂等内容，与《天地冥阳水陆仪文》所请神祇基本一致。

　　水陆画的图像内容为宗教绘画中最为繁复庞杂的一类。佛教图像进入中国后的发展经过了漫长的历史过程，佛、道、儒三教在这一过程中不断相互斗争，相互吸收，相互融合，最后达到合一。至明清时期，这种杂糅并蓄的宗教文化已经深入到中国社会的每一个角落。在这样的情况下所发展起来的水陆画，有的专家一定要将其划归为佛教，无疑有失偏颇[5]。香严寺的神像设置及水陆画图像配置，将中国传统文化的观念和佛教水陆画仪轨的要求完全结合在一起，也反映出当地百姓的信仰。以此为依据，庙宇主持者及当地庙会的会长在设神位或绘制壁画时，对神像和壁画图像内容提出要求和选择。香严寺出现这样的水陆壁画，与寺庙三教合一的主题相融合，并有服务于当地庙会"打醮"活动的实用性。

4　水陆壁画的艺术特色

4.1　艺术概貌

　　香严寺水陆画完全是按照中国传统壁画的方法绘制，反映了清代中期的艺术特点和面貌。壁画构图按照水陆画常见的礼佛式分层排列，设计画面时顾及建筑本身的特点，将壁画排列的层数加到七层，这样高大的构图在乡间寺庙不多见。画匠在整体布局时做了精心安排，依照水陆画谱，500多个人物的形象与格调都要服从于画面的统一需要，既使壁画看起来没有琐碎之感，又要有节奏与变化，整个画面给人以动感和肃穆神秘之感。壁画中各组人物的排列有疏有密，各有韵致，既互相有联系，又各自独立成为一组。

比如东壁上的几龛图像：画面所见三层图像中，最上面一层内容是"二矩田畔挈等众"和"般支迦大将"，两龛画面绘出众天仙和护法，人物有的赤臂持剑，有的红发冲冠，相貌威猛，极有动感；第二层画的是"往古比丘僧君"、"往古比丘尼等众"及"往古圣僧等众"等佛教图像，人物庄严肃穆，高僧双手合十，弟子手捧经卷，尤其是几位圣僧所戴毡帽，就是内蒙古民族的帽子，陕北地区壁画上有很多这样的装扮，富有情节性和地域性；第三层是"往古孝子贤孙"、"贤妇烈女等众"，是往古人伦的内容，孝子贤孙共画了八位，据二十四孝故事及图中人物代表性特征，可以辨识的有后排四位，穿鹿皮的是睒子，手持鱼的是王祥，怀中抱儿的是郭巨，头顶盘中木刻人的是丁兰，其余四身没有绘出明显特征，无法辨别。

这几层图像从构图来看有很好的整体感，每组人物的动态、服饰色彩均顾及到局部与整体的关系，处理得恰如其分，在一个大画面下，包容了很多个生动而富有意义的组图。

香严寺水陆壁画的每一层画面高低大致相等，各个人物的形象和身份有明显不同，画家的笔下虽然多数属于概念化的创作，但在民间画匠中也有一套将人物人格化的办法。如怎样使神将显得武威神健，护法威猛而有凶相，或将他们处理成青脸红发，怒目圆睁双眼，或将比丘尼画得端庄清丽，使各类形象的特征与之身份地位、司职相协调，处理得极为熟练。这样，既营造了壁画的场景和气势，又使各个神祇的神态、姿势以及组合、动态有所变化，十分精妙。

壁画的色彩与线条无不体现民间画工艳丽稚拙的特色，无论是人物的轮廓，还是造型、器物等，灵动的线条极富动态变化，给人以朴拙之感。民间工匠常年在外面各种艰苦条件下干活，各种地形，旮旯拐角，有时躺着，有时侧着身子，逐渐练就了手上的功夫，所以在乡间所见民间绘画中线条的功力相当老道。香严寺壁画中轻重缓急、干净利落的轮廓线，正显现了画工的深厚绘画功力。画面色彩以绿色为底，朱色为主，墨色为骨，人物的冠饰、服装等的描绘均十分精到，各层之间云纹隔离，互为顾盼，整体感极为强烈。

整体观察香严寺水陆壁画的艺术效果，各种神祇的形象和造型富有变化，可见到元明传统的遗韵，也有清代特有的繁复艳丽的气息。香严寺水陆壁画中所反映出的道教神祇在水陆画中的地位，在陕北地区水陆画图像配置规律方面有一定代表性。

陕北水陆壁画有一个共同的特点就是人物分层分组礼佛式排列，每个人都画得大小相似。

东壁第五、六、七铺图像局部

河北石家庄毗卢寺的明代水陆画将重要图像如菩萨画得大于明王，明王大于一般神祇像。山西繁峙公主寺明代水陆画的构图也是将佛画得大于菩萨，菩萨大于一般神祇。这样的处理很容易就可以看出一个神祇的重要性，但陕北地区水陆画中神祇的重要性只能从他们所处位置和出现的数量来判断。由于香严寺的建筑和主题与道教有密切的关系，其水陆画中出现道教的图像应该更加受到重视。关于中国本土神祇的看法，英国学者汤因比曾说："（中国古代）神的存在被一种秩序的存在所侵凌，这种秩序在中国人的心目中表现为人的行为同其环境之间一种不可思议的契合……其奇妙之处就在于一切都取法于天行或宇宙的结构，后者就成为关照的对象，有时也成为改变的对象。……"[6]下面笔者仅以香严寺水陆画东壁图像为例，略作分析。

4.2 香严寺水陆壁画中的道教题材

道教神祇的地位以三清为最高，以下最贴近的是"四御"，即北极、勾陈、后土、南极。最高地位的三清图像在水陆画中并未出现，四御之一"北极紫微大帝"被绘制于东壁第二层第8龛。北极星在《史记·天官书》中谓之"天宫"，不堕不动，象征永恒，在传统观念中是代表帝王的星宿，这组像是出现在香严寺水陆画中最重要的道教神像。

香严寺壁画东壁第二层至第四层全是道教题材的图像。第一层：佛教题材的天仙、四大天王；第二层道教神祇：⑧北极紫微大帝圣众⑨太乙诸神五方五帝⑩日光天子圣像⑪月光天子圣像⑫金星真君星众⑬木星真君星众⑭水星真君星众 ⑮火星真君星众；第三层道教神祇：⑯土星真君星众⑰罗睺真君星众⑱计都真君星众⑲紫微（炁）真君星众⑳月孛真君圣像㉑人马天蝎天秤双女狮子巨□神君㉒摩羯金牛白羊双鱼宝瓶□宫诸神㉓寅卯辰巳午未元君㉔申酉戌亥子丑元君；第四层道教神祇：㉕角亢氐房心尾箕星

东壁第二层第8龛北极紫微大帝

君㉖斗牛女虚危室壁星君㉗奎娄胃昴毕觜参星君㉘井鬼柳星张翼轸星君㉙北斗七元星君圣众㉚普天列曜一切星君圣众㉛天地水府三官大帝圣众㉜天蓬天献（猷）朱雀玄武等众。东壁这二十四组均为道教系统图像，约占整个图像总量的三分之一多。

太乙诸神是八卦神之一，太乙为九宫之首，《史记·天官书》谓居北极宫。该组图像紧随北极大帝南侧，绘一女七男八身神像，其中六人带平顶冠，只有一人头戴道冠即是太乙神像，女神应为西王母。太乙在汉代为尊神，汉武帝亦奉之；唐代祀太乙甚，设置九宫神坛；宋代增至十太乙，建立东西中北太乙宫，地位仍很高贵。西王母助黄帝讨蚩尤，太乙分峙前后，战则胜，攻则克，故历代对太乙均加以崇奉。画面内容与此典故有关[7]。

日、月、水、木、金、火、土诸星君像，位于东壁第二、三层，列于太乙诸神五方五帝图像之后。日、月加金、木、水、火、土诸星称为七曜，加上罗睺、计都为九曜，再加上月孛、紫炁称为十一曜，香严寺东壁第二、三层画的就是十一曜。在这里，日光天子和月光

东壁第二层第9龛太乙诸神五方五帝

东壁第三层第23、24龛寅、卯、辰、巳、午、未、申、酉、戌、亥、子、丑十二元神像

东壁第四层二十八宿神众像两组

天子分两组被绘作帝王像，执圭作朝奉状。护板上方云中飘出一个圆形图案，日光天子上方为一只公鸡，月光天子上方为一个玉兔捣药。金、木、水、火、土五星君像也各有特征。据9世纪初婆罗门僧金俱吒所撰《七曜攘灾诀》，列举了七曜攘镇各种灾异的办法，也描述了各个星君的外表："当画其（日光天子）神形，形如人而似狮子头，人身著天衣，手执宝瓶而黑色；若月行（形，下同）不依行度，当有灾蚀即须攘之；当画一神行，行如天女，著青天衣持宝剑；当画一神行（木星），行如人，人身龙头；若有灾难当画一神行（火星），形如象黑者，向天大呼；（土星）攘之法，当画一神行，行如婆罗门骑一黑沙牛；（金星）攘之法，当画一神行，行如天女，手持印，骑白鸡；（水星）攘之法，当画一神行，行如黑蛇，有四足而食蟹。"[8]将《七曜攘灾诀》对七曜神行的描述与香严寺壁画的图像比对，发现这些图像完全对应不上，可见9世纪到17世纪，

几百年间人的观念发生了巨大的转变。

人马、天蝎、天秤、双女、狮子、巨蟹、摩羯、金牛、白羊、双鱼、宝瓶、阴阳等十二宫神；寅、卯、辰、巳、午、未、申、酉、戌、亥、子、丑等十二元神，十二宫辰、十二元辰各分为两组图像，位于东壁第三层。十二宫辰画的有男有女，每人的手里捧一个盘子，盘中有一个动物的形象，代表各个神祇的身份。十二元神的像为十二身男性神祇像，均戴梁冠，着长袍，双手执笏板，为官员形象，每像冠前隅有一个圆圈，内饰代表十二地支的动物形象。

二十八宿星君像位于东壁的第四层，内容有角、亢、氐、房、心、尾、箕、斗、牛、女、虚、危、室、壁、奎、娄、胃、昴、毕、觜、参、井、鬼、柳、星、张、翼、轸等。二十八宿分别代表着星空上的二十八个区域，并与地上所划分的二十八个区域相对应。这些神祇属道教中的崇拜偶像，二十八宿各以一种动物为象征，它们的方位和名称是：东方苍龙七宿（角木蛟、亢

金龙、氐土貉、房日兔、心月狐、尾火虎、箕水豹）；西方白虎七宿（奎木狼、娄金狗、胃土雉、昴日鸡、毕月乌、觜火猴、参水猿）；南方朱雀七宿（井木犴、鬼金羊、柳土獐、星日马、张月鹿、翼火蛇、轸水蚓）；北方玄武七宿（斗木獬、牛金牛、女土蝠、虚日鼠、危月燕、室火猪、壁水貐）。

在香严寺水陆壁画中，二十八宿均以文官形象出现，属程式化造型，每人姿势都是固定的，无个体之间的标志，戴梁冠，着长袍，手执笏板做礼拜状。每个人的梁冠前顶一个发光的明珠，

东壁第四层第31龛天地水三官像

东壁第四层第32龛天蓬天猷、朱雀玄武四圣真君像

这应该是水陆画中星君神祇的标志。

天地水三官大帝像，位于东壁第四层第31龛。道教建立初期，三官大帝为奉祀的主神，至南北朝时期将元始天尊奉为主神后，三官大帝地位有所下降，但仍为道教比较重要的神祇。本图中三官大帝无个性差别，分着白、黄、绿三色长袍，头戴梁冠，手执笏板，身后跟随三位神祇，一位拄杖老者，另两位着官服。

四圣是东壁第四层第32龛图像，绘有天蓬天献（猷）朱雀玄武等众。关于该组道教护法神将的组合，李凇教授认为："道教的护法神像在唐宋至明清时期有着不同的形式，唐代至北宋基本上参照佛教护法神像，只是去掉了'托塔'这样的明显带有佛教内容的标志，接近世俗的武将形象。唐代如四川安岳玄妙观等地，宋代《朝元仙仗图》卷首标注为'神王'、'甲卒'的形象。无榜题的《八十七神仙卷》也相似。从这些实例看，并不强调护法的'四'位数的特征。南宋发生两点明显变化：一是数量强调四；二是身份具体化。由一般的武将明确为四圣（天蓬、天献、真武、黑煞），其中天蓬、天献二位是竖发多臂，面目狰狞。……明代中期虽然还是四圣题材，但逐渐由元代的四臂像（永乐宫）变向二臂像、青面獠牙、红发赤须、带有印度痕迹的多臂而怪异的神像，被更加中国化的神像取代。"[9]

与李凇教授所分析的结论不能对应的是，绘制于清代同治四年（1865）的香严寺水陆画中的天献和天蓬都是四臂，头发上竖，神情怪异，带有明显的印度痕迹。在陕北的几处较为完整的水陆壁画中，榆林市西长墙水陆壁画中"四圣"图像不清，佳县观记沟村观井寺水陆画中的天献和天蓬都是二臂，而佳县郑家后沟兴隆寺水陆画中的天蓬、天献是四臂形象。李凇教授认为从佛教神像到道教神像，在中国演变发展逐渐呈中国化的趋势是普遍规律，但在民间庙宇的水陆壁画中经常见到例外的情况，这取决于民间画工得到的是什么样的画稿。

从香严寺东壁水陆画的道教题材分析可见，陕北水陆画中道教题材水陆画在整个水陆画中占有比例较大，但地位上低于佛教图像，而比民间诸神"往古人伦"和"孤魂冤鬼"类图像的位置重要些。

5 调查发现的民俗资料

5.1 香严寺的初建和发展变化

寺庙的建立一定与它的地理位置及时代发展有关。香严寺的初建在明成化九年（1473），此时的榆林刚刚成为新兴的边关城镇两年时间，极有可能是与榆林城同时修建的一处服务于榆林官府的寺庙。《明史》记载："成化初，所司上治行当旌者，知府十人，而子俊为首。以林聪荐，为陕西右参政，岁余擢右布政使。六年转左，调浙江。甫半载，拜右副都御使，巡抚延绥。"[10]据余子俊担任延绥巡抚时间计算，榆林迁镇为明成化七年（1471）。

康熙四十三年（1704）旧碑《敕建香严寺新创万桃山序》云："榆阳自先朝余肃敏徙镇以来，巍然百难，烟火万家，虽云三边之首镇，然长塞气涌，风高水寒，地薄不产，果木今古同然。况香严寺居榆东，蜿蜒百里余，四周沙岗石岭，极目白草荒烟，尤其穷绝，又安望各卉缤纷，群枝叠历，如所云万桃山与百果园哉？"

寺内正殿西壁前所立《万桃胜会题名碑记》中记录了参加万桃胜会的众多官员名字，包括：镇守陕西延绥等处地方总镇府仍带拖沙喇哈番　江奇；整饬榆林中西二路兼分巡道陕西按察司佥事加二级　佟沛年；延安府管理延安各路城堡兼理屯田榆林分府加一级　韩奕；后有延绥镇左、中、右各镇营中守备、千总等四十余人的题名。

综上分析，香严寺建寺当与榆林的官府有极大关系，榆林是因为军事上图谋控制边备，

整饬营房，于明成化七年（1471）建镇。两年后，香严寺于明成化九年（1473）建寺。其后历经多次维修，寺内最早的碑文记载了康熙四十三年（1704）道士温冲翔重修香严寺，创建百果园的事迹，此举扩大了寺院宗教活动之外的功能。榆林在建镇后经历了二百多年的发展之后，随着从南方调来的军队戍边驻防，赏花游玩，赋诗作文等这些在南方发达城市司空见惯的现象，作为一种文化被带入当地。这样一篇碑文，因为榆林著名书法家陈璋的书法而流传下来，使后人知道了曾在清代的香严寺举办过如此盛大的集会。从寺院的古今变化中，我们也可看到一种边关文化的变迁。修筑城墙，建立营堡与战争有关，战争后官府举办追荐超度法会，寺院里绘制水陆画是为做水陆道场之用。到清代中期后，随着局面的稳定，香严寺的活动向另外的方向转变，庙会之后赏花游玩成为需要，虽然水陆法会早已变得不再重要或隆重，墙上的水陆画在屡次重修中被保留，但已经失去了它原来的实用性。寺内今天可看到留下来的建筑、绘画、铁钟等，都是当时人们举办的各种活动所留下的遗物，都曾见证了活的历史。

香严寺原来的老会长屈大礼，屈渠村人，七十多岁，属牛。他告诉我们："屈渠村屈氏落户到这里，在我上边已经有十一辈，当时这个庙就在这里。老人只告诉了我们的辈分，老辈人没文化也没有家谱留下来。光绪五年（1879）碑子上的会长屈文会就是我的爷爷。这个庙在'四清'时被查封，村民为保护壁画将白土在壁画上糊了一层才将画保存了下来。1981年大家推举我当会长，我领的人先将画上的泥用清水冲了一下，然后用刷子一点一点刷，将壁画清理出来。但后来文物保护专家普查时发现了这堂壁画，告诉我，清理时不应该用水洗，正确方法是用和好的面团在壁画上反复揉，这样才能既保护好壁画，又能将画上的余留泥巴清理干净。"

香严寺建筑在"文革"中被用作学校，一直到

香严寺老会长屈大礼（左）、和尚米能相（右）讲述寺庙情况

1981年才腾出来交还庙会。给我们帮忙的屈志娃就是在这里上的小学。

老会长说："'文革'中把神像全打掉了，是我1981年领起恢复了庙会。原先的佛堂名、神位名都没变，完全按旧样子恢复。在我的张罗下修复了照壁，塑起了神像，做了神龛，将大殿揭瓦重修恢复了旧貌。从1981年一直修到1985年，当时我找的塑匠叫程小平，当时二十多岁，活干得不错。"

时任香严寺会长的刘亚妮当年正月刚到任，她来自佳县，是一个三十多岁的女子，原来在榆林做生意，有一定的经济实力，性格泼辣能干。据她本人讲，是观音菩萨托梦让她来到香严寺敬佛，她原来从没到过香严寺，也不知道有这个寺院。她上任后大力改造后禅院建筑，将原来的旧建筑全部拆掉，新修的窑洞和禅院住进了十几位常驻香客。刘会长主持寺庙后，将原来的庙会也改掉了。笔者第一次考察时，村民屈志茂所述的传统庙会已经停办，而是改在农历五月二十八举办娘娘庙会。我们7月30日去时，香严寺的娘娘庙会刚刚结束。刘亚妮会长获得了众位香客的好评，笔者却为拆掉的老禅院和停办的传统庙会而惋惜。民间寺庙及庙会受地方经济力量的影响而转变，由此可见一斑。

5.2 香严寺庙会的兴衰

香严寺原来的住庙和尚米能相，俗名米怀有，能相是他16岁到寺庙后师爷给起的法名。米能相，佳县人，身世较苦，两岁上父亲去世，母亲带着他改嫁，继父养育他到16岁，后来继父因为他的原因与母亲吵架，他就独自一人来到榆林，投到香严寺为师父打香看庙，学习念经。他说自己命不好，1966年"文革"开始，米能相刚23岁，被赶出寺庙还俗。他说："我16岁来的时候，正殿的水陆壁画就是这个样子，后来被泥糊住。1981年泥被处理后，西壁的画破坏了一点。后来有专家来看，说这画有二百来年了。"

米能相还告诉我们香严寺原来举办庙会的情况："香严寺原先每年打四次醮，二月十六是马王爷的醮，打一天；三月十八观音娘娘的醮，打一天；四月初八是芒种醮，也是一天。最重要的是十月十八、十九两天的大醮，栽五根幡杆，四面四根，中间一根，上面绑一个扫帚，下面供桌立一个牌位，上面写：'奉请三位守幡使者'。四面用纸写'东胜神洲'、'南瞻部洲'、'西牛贺洲'、'北俱芦洲'的纸旗在幡杆上挂好，两天共转三次幡，是敬奉三代宗亲，超度亡灵的意思。十月十八还念经，晚上撒路灯、观灯；十九晚上放焰口、施食。"

村民屈志斌说："我今年56岁，属猪的。六七岁念书就在庙里，先在上面禅院，后来底下庙里神像打完了，我们就在庙里念书。庙里的神神可灵哩，'文革'中带头打神像的是村里的书记屈兵，他带人打了神像，扔到北边的沟里头，时间不长他就得猛病死了。我记得村里有人给老人办道场还用过布上画的水陆。1962年的时候，我才几岁大，村子里屈三文家老下老人了，搭了一个灵堂，离远一点又打了一个佛堂，里面就挂的水陆，画得可顶真哩。他们请和尚给佛爷念经，为了给老人们消灾免难，佛堂念罢的经再送到往生堂（灵堂）。一般的亡事是二昼夜一整天，叫三天，也有念一天就做完的。"

5.3 屈渠村民间会社及信仰变化与香严寺水陆壁画艺术的衰落

从调查情况来看，在陕北，农村的会社组织与行政组织并存是一个十分普遍的现象。在这样的会社内部，存在着自己的管理体系，不同于体制内人事任免的制度，民间会社普遍存在民主推举和领导团体集体议事制度。中国在河流、地域等自然地理环境内，形成以家族或几个大姓为主的村庄，以农业耕作为生活方式，与周边村庄的联姻、庙会、集市等活动是他们互相联系的主要方式。中国文化是一种多元并存的文化，历代官府都在修建城市，但大量人口居住生活于农村，他们远离官府，意识形态对农村老百姓的影响很弱，村庄之间也极为分散，造成了一个相对自由的社会空间，使得农村形成各种民间会社，同时并存各种各样的民间信仰。

新中国成立以后，上述情况逐渐得到改变，尽管"四清"、"文革"使农村民间会社遭到极大损害，但20世纪80年代改革开放后，国家重新提倡宗教自由，各地的会社逐渐恢复，民间宗教信仰的各种庙会活动也逐步恢复，有些近几年还被政府当做非物质文化遗产加以保护。近几年，随着社会主义新农村的建设，将农村人口集中起来居住，或者直接划入城市，这将使农村现有的文化生态，尤其是各种传统民间庙会、社会习俗受到极大挑战。

具体到香严寺个例来说，因为"四清"、"文革"寺庙被毁，庙会活动中断。20世纪80年代初，当原有的一切回到轨道，重修寺庙时，很多事情悄悄发生了改变。为香严寺塑神像时，老会长屈大礼与塑匠程小平发生了争吵，因为程小平私自改变了观音的手势，最后无法恢复到原来的样子。其实岂止是神像手势的变化不可逆转，观念的不同带来了更为重大的改变。在新会长到来之后，改变了传统庙会的内容与举办时间，不再举办孤魂、施食、放焰口的法会，香严寺的正殿及孤魂殿就都失去它们本来的含义和用途，几百年没有改变的水陆画也就成为真正死去的艺术。

村民屈志斌告诉我们："现在农村最缺的就是人。"现在又因为人口的迁徙发生了改变，20世纪90年代后村里的年轻人都离开家乡进城打工，造成农村人口严重不足，没有了人，传统的庙会、信仰都会悄悄消失。笔者感到，政治运动冲击后遭到破坏的民间信仰和传统庙会刚得到恢复，现在又遭遇一轮经济力量的冲击，而且来得更加凶猛，破坏力更大。香严寺水陆画这样的民间艺术品，随着农村人口结构的变化，又在面临一次生存的考验。甚至会中断延续了几百年的传统习俗，就像一棵生长了几百年的大树一朝会很容易被砍掉一样。

小结

1. 香严寺是以三教合一为主题的庙宇，也是陕北地区具有代表性的庙宇，无论是这里的枕头窑式庙宇建筑，还是庙会及神祇图像的配置，无不透出地域性和民间性。

2. 香严寺奉敕创建于明成化九年（1473），历代多次兴废重修，其水陆壁画应该始绘于明成化年间，再绘于清康熙四十三年（1706），现存壁画为清同治四年（1865）重绘，正是有军队扰袭陕北之时。

3. 香严寺只是这一地区水陆壁画中的一处，因为保留得较完整显得尤为珍贵。

4. 香严寺水陆壁画其艺术性在民间绘画中属较高水平；但比对《天地冥阳水陆仪文》内容，该区域的水陆画有许多篡改、随意加入的内容。在图像排列和选择上显示出会长和画匠的意愿，也反映了当地民众的信仰。

注释：

1　2010 年 8 月 5 日，笔者赴佳县考察，晚上借住佳县王家砭村民王小兵家，被告知榆林榆阳区刘千河乡香严寺有水陆壁画。次日下午，佳县民间画匠高生武与我们一起从王家砭出发返回榆林，顺道到香严寺考察。车行半小时后，在榆佳公路旁看到一个很大的石头牌坊，上书"香严寺"三个大字，旁边立有香严寺简介石碑。车开进石牌坊约两千米，上一个山坡就看到了香严寺。察看发现，在正殿东西两壁存有旧的水陆壁画。这堂壁画又高又大，要把壁画全部拍完，必须搭较高的架子，应该有两天的工作量。因为当天时间有限，我们只能把两个墙壁上水陆画整体画面拍摄几张照片，又在壁画最底下的一二两层逐个拍摄十余张照片作为资料带回。拍摄过程中，寺内进来一个五十多岁的当地村民，叫屈志茂，询问之下得知，这里叫屈渠是一个小村庄，共有 30 户人家，200 多口人。因为随行的民间画匠高生武要回榆林赶火车，我们在香严寺工作了一个多小时，只能带着遗憾返回榆林。

2011 年 7 月 30 日清早，我随王宁宇教授第二次来到香严寺考察。屈渠村离榆林有 26 千米，9 点半到达寺内时，经我们电话联系，会长刘亚妮答应尽快赶到。等待会长的过程中，笔者将寺内的平面图绘好，并将寺内建筑、旧碑等一一拍照，测量尺寸。一个多小时后会长刘亚妮和另一位姓苏的会长先后来到，并叫来了原来的住庙和尚米能相、老会长屈大礼等一起座谈。

8 月 2 日，我们一早就到了香严寺，当地村民屈志娃来到庙里给我们帮忙。他是一个 50 多岁的陕北汉子，在他的帮助下，将西壁最上面的三层壁画拍完。西壁的六层壁画全部拍完时相机电池用完了，时间也到了下午五点多，太阳偏西，殿内的光线已不适合拍摄，我们只能先回榆林休息，次日再来。

8 月 3 日，我们赶到香严寺时是中午一点，屈志娃也从家中赶来，又艰苦工作三四个小时后，将剩余的东壁壁画全部拍完。

2　榆林市志编纂委员会，《榆林市志·自然地理卷》，77 页，1990 年油印本。

3　榆林市志编纂委员会，《榆林市志·文物卷》，27 页，1990 年油印本。

4　《天地冥阳水陆仪文》，明代手抄本，国家图书馆藏。

5　戴晓云，《佛教水陆画》，中国社会科学出版社 2009 年版。159 页："水陆画中道教、民间信仰神祇都是进入佛教水陆画神祇谱系的，是佛教神祇；儒教历史人物则和孤魂一样，都是法会的超度对象。这些貌似儒、道、民间信仰的神祇，在图像上沿用以往道教、民间信仰和儒教人物的形象，就更加给人造成误会。通过文章考订，这些神祇鬼灵无一例外都是属于佛教的，水陆画属于佛教题材的绘画作品。"

6　[英]阿诺德·汤因比，刘北城等译，《历史研究》，上海人民出版社 2000 年版。

7　柴泽俊，《山西寺观壁画》，48 页，文物出版社 1997 年版。

8　安吉拉·霍华德，张艳梅译，《星象崇拜——中国密教的一些文字材料》，《敦煌研究》1993 年第 3 期。

9　李凇，《山西浮山县老君洞道教图像的调查与初步研究》，《艺术史研究》第 9 辑，2007 年。

10　《明史》第 16 册，4736 页，中华书局版。

五　两处翻修后有所保留的旧水陆壁画

佳县方塌乡杨塌村报恩寺和榆阳区安崖镇刘岔村北的金佛寺石窟的水陆殿原绘水陆壁画，曾遭破坏，20世纪80年代初，寺庙修葺时对壁画作了修复。由于主持人或领工画匠的明智，部分旧壁画被保留下来。报恩寺旧水陆壁画被保留的有二分之一多，基本可以窥探到古时的全貌；金佛寺水陆殿只保留下十几龛旧壁画，这些旧壁画也被画匠张彦珍改动过，但总算是有一个图像的轮廓。

1　佳县报恩寺水陆壁画

报恩寺位于榆佳公路离榆林40余千米处佳县方塌乡杨塌村，此地为

报恩寺水陆殿外景

报恩寺水陆殿东壁水陆画，上半壁为存留的旧壁画，下半壁壁画多被涂描过

榆阳和佳县的交界处。寺内新刻碑文沿袭旧碑称："报恩寺原名香云寺，初建明朝万历三十二年（1604），距今四百余年。"寺院于1966年遭到破坏，1992～2002年不断维修，逐渐恢复旧貌。报恩寺山门外的照壁距榆佳公路路边不足50米，进入山门，为一四合院建筑，正殿为水陆殿，建筑为枕头窑加歇山顶前卷棚。东配殿为观音殿，西配殿为关圣殿，配殿为枕头窑加歇山顶无卷棚。山门内有一穿心殿为枕头窑加卷棚建筑，内供奉伽蓝韦陀。正殿配殿墙壁均存有被后人改动过的壁画。

1.1 遗存状况

2010年7月，在民间画匠高生武的带领下，笔者对报恩寺进行了考察，将寺庙建筑、壁画、碑刻等作了记录，同时还采访了会长杨富贵，获得了一些第一手的资料。

1.1.1 水陆壁画

正殿为三间三进大殿，东西两壁绘有水陆壁画，每面壁画的布局上下分有六层，上面三层仍保留旧貌，下面三层为现代重新妆色修补。据报恩寺庙会长杨富贵介绍，该壁画原来保存完好，"文革"中害怕受到破坏，会长就提前组织人用白灰将画刷盖，所以红卫兵砸庙时没有被破坏。20世纪90年代用水冲洗时下半截壁画被洗坏，2003年由当地画匠王玉才将水陆画下面三层填色补画。

东壁壁画画面宽4.1米，总高2.9米，壁画总面积12平方米。上下六层共有60龛图像，内容有天仙、星君、天曹诸司判官、往古人伦等。原壁画内容配置符合水陆画的规制，但下面三层图像被当代画匠涂改，壁画中出现了许多不知所云的内容。以下为壁画记录顺序，从上层到下层，每层从北向南。

第一层：

①□□天神众　②无色界□女天神众　③大梵天王神众　④东方持国天王神众　⑤南方增长天王神　⑥西方广目天王神　⑦北方多闻天王神　⑧北极紫炁大帝神众　⑨太乙诸神五方五帝神众　⑩日光天子神众

第二层：

⑪月光天子 ⑫金星真君 ⑬木星真君 ⑭水德星君 ⑮南方火德星君 ⑯土德星君神众 ⑰罗睺星君 ⑱计都星君 ⑲紫薇星君神像 ⑳月孛星君神像

第三层：

㉑人马天仙天秤双女狮子巨□ ㉒阴阳金牛白羊双鱼宝瓶 ㉓辰巳午未申酉戌亥元□ ㉔子丑寅卯丙申元君 ㉕角亢氐房心尾箕星君 ㉖斗牛女虚老（危）室壁 ㉗奎娄胃昴毕觜参星 ㉘井鬼柳星张翼轸星君 ㉙北斗七元星君 ㉚普天列曜一切星君

第四层：

㉛天地水府三官大帝 ㉜天蓬天猷□□□□等众 ㉝天曹府君等众 ㉞六曹禄马判官 ㉟天曹诸司判官等众 ㊱年月日时四方直使者 ㊲大威德菩萨 ㊳阿修罗义等众 ㊴大罗义等众 ㊵罗刹玉五女等众

第五层：

㊶旷野大将等众 ㊷巡□夜叉等众 ㊸三矩田畔等众 ㊹阿利帝母等众 ㊺□义大将等众 ㊻大圣王天引路王菩萨 ㊼往古官妃美女等众 ㊽往古文武僚等众 ㊾往古一切将军等众 ㊿文武百官等众

第六层：

51往古此僧等众 52往古僧尼等众 53僧侣度化超世 54尼姑善婆等众 55往古女家亲居等众 56往古儒家学士等众 57往古孝子先（贤）孙等众 58往古先（贤）妇烈女等众 59往古九流百家等众 60往古女士百家聚众

西壁壁画高2.78米，宽4.08米。上下同样分为六层，共60龛图像，内容为五岳大帝、诸大龙王、地府诸司判官、阎殿十君的题材及孤魂冤鬼等。下面三层被改动的画面有大量内容脱离水陆画谱。图像描述顺序为从上到下，从南向北。

第一层：

①北海龙王神像 ②西海龙王神像 ③五湖百川龙王神像 ④南海龙王神像 ⑤东海龙王神像 ⑥中岳大帝神像 ⑦北岳大帝神像 ⑧西岳大帝神像（一层北上角被破坏掉两组图像，应为东岳和南岳大帝的图像）

报恩寺水陆殿西壁壁画，上半壁为旧壁画，下半壁被勾线填色

第二层：

⑪大将军黄幡白虎神众 ⑫太岁太煞太阴太阳神众 ⑬安济夫人神众 ⑭五方□□龙王 ⑮地府三官大帝 ⑯守斋护供诸龙神众 ⑰主五谷田苗神众 ⑱雷公电母风伯雨师龙神 ⑲虚空藏菩萨神位 ⑳井泉龙王

第三层：

㉑阎罗大王神众 ㉒五官大王神众 ㉓宋帝大王神众 ㉔楚江大王 ㉕秦广大王 ㉖地藏王菩萨 ㉗护军护民城隍土地神众 ㉘吊客丧门大小耗宅龙诸神 ㉙金神能庶□虎上相神众 ㉚阴官奉□神众

第四层：

㉛地府六曹判官等众 ㉜善恶二簿牛头马面 ㉝地府五道将军神像 ㉞帝（地）府三司判官 ㉟帝（地）府都司判官 ㊱转轮大王神众 ㊲都市大王神众 ㊳平等大王神众 ㊴泰山大王神众 ㊵变成大王神众

第五层：

㊶红狱黑狱等众 ㊷水陆空居言（依）草附（木）等众 ㊸大风大雨饥渴饿死等众 ㊹主病鬼王瘟疫使者 ㊺孤独地狱等众 ㊻启教面燃大士神众 ㊼近边地狱神众 ㊽八热地狱神众 ㊾八寒地狱神众 ㊿未能辨识

第六层：

51成果大王 52度化本身投胎转世 53阴曹判官阴曹险殿祭神望乡神位 54阴间发福发财群生 55梦吞日月夫人怀孕□奶投身等神众 56白虎写画（显化）众弟子救安 57失身夭折孩童等众 58阴曹都狱龙神众身像 59地府饿鬼轮回转世各都□家 60地府各狱上天□□

1.1.2 碑石

报恩寺水陆殿台阶上立一新碑，刻于2003年，内容沿袭旧碑，在此不予介绍。在台阶下立有两通清代石碑，碑为砂石质地，高约2米，阔75厘米，圆首方座，碑首分别阴刻有"皇帝万岁"、"日月"二字和"北极"等字样。以下是两块碑的文字内容。

① 增修报恩寺碑记

寺名报恩，及本也。古者修设坛遗命名，心有所取也，如香炉之象取于石，龙岩之象取于山，保国之意定国，香严之意取于威严，以及大□之意取其大觉众生，延寿之意取其延年永寿。而且土佛实有取于土以之报千佛，更有取于佛教之名，皆各有所取也，唯我报恩寺意重及本，取原始也。

稽古正殿，药师七佛东配，关圣大帝西配，伽蓝神位东角。马王大士、牛王菩萨中殿正座，弥勒古佛向里，护法韦陀山门楼阁向外，西方接引菩萨向内，送子观音十六罗汉，十类孤魂，钟鼓二楼，院墙周围俱昔所肇，谓非榆邑东川胜景乎。奈增修有年，墙上之丹青半落，殿中之圣像凋零，弟子谢大常、韩文库等有志增修而化缘无多，未敢兴工；有心老僧名心玢者，专精尽力，独任其事，兼课徒孙，朝夕效力，不数月而工成。而又正殿新配水陆神位，中殿新塑四大天王，以启后人之有心向善，以补前人之有志未逮也，岂非报恩之中又报恩乎？兹当告竣开光之辰，嘱予作文以记。天之于物有报施之理，人之与人有报德之情，至于神，其恩浩大，其灵不爽，真有欲报之而罔极者。何意？斯僧也，斯举也？欲报前人之所已报，而更欲报前人之所未报也，夫亦有感于及本之意也。夫于道光二十二年十月吉日动工，办理至二十三年九月十五日工成告竣，开光大□。由是殿宇巍巍，状十方之大观，金身辉煌，庇士庶之安康，后之承斯志者，勤加修理，时为补葺，尚其越千古不朽，是为序。

署葭州正堂加五级记录十次王诚先助钱十千文；持授葭州千总署正标左营守备胡玉助钱二千文；葭州□步守兵合营兵丁助钱二千文。

丹青：李瑄 登举 折大右 张大运 裴生长 单本元

泥水匠：曹守壁 叶登云 郭泰 叶和

瓦匠：袁枝

石匠：刘之道 刘之德

（略去施钱人姓名）

大清道光二十三年九月十五日开光吉立　榆郡禀生庄严沐手敬撰

②重修报恩寺碑记

从来葺旧增新曰仍贯，建其未有曰创修。今□虽曰仍贯到一□□□□□坟场家□旧方□□。

报恩寺者创建久矣，重修亦累矣。正寺二殿砖砌焉，东西两庑木檐焉。□□□□，观音阁，韦陀□，马王□，孤□□，□□□□□□。□□不粲然，其可观也。迨后历代□永加□□□，颇多栋宇摧残凄□，殿檐之堕□，□□仰观仁士□□□□□□□□。谢□住持广墩，徒续继，目睹心伤，不忍坐视，起念修葺，集合会人等，计议决志振兴，倡首捐资，□□□□□□，助一百余千，于是鸠工庀材，栋楹□为窑□，腋集成裘，龛扇复换新沙，佛殿增其升斗，中间补修脊兽，□□□□□□□文昌、财神、西庑伽蓝堂，久望□一□工地，马王殿新画彩焉，孤魂祠堂新修焉，以及诸神殿宇周遭□□□□□□休哉，人之工也，而实神之力也。工始于光绪二年十二月十五日，告竣于四年十月初三日开光。□□□□□□□□之功德不可没，施财人之姓名亦得书后之承斯志者□□，以志不朽云。

（略去僧人、会长及施财者姓名）

光绪四年岁次戊寅十月穀旦立

1.2 报恩寺水陆壁画的年代

碑文显示报恩寺始建于明代。寺内现存两通旧碑，其一镌刻于清道光二十三年（1843）；另一镌刻于清光绪四年（1878）。碑中记有"而又正殿新配水陆神位，中殿新塑四大天王，以启后人之有心向善"之语，推测在道光二十三年（1843）之前水陆殿的墙上绘有水陆画。碑文又说"奈增修有年，墙上之丹青半落，殿中之圣像凋零"，可见在这次维修中因壁画剥落损坏，重

新绘制了壁画、泥塑了神像。此次维修工期长达一年之久，应该是一次全面彻底的大修，报恩寺水陆画在道光二十三年的寺庙重修中绘制，现存两个半壁的旧壁画就是这次重修后的遗存。

光绪四年（1878）报恩寺又一次重修，但部分碑文漫漶不清，可辨识动修的项目有文昌财神殿、伽蓝堂、马王殿彩绘、孤魂堂新修等，没有提到动修正殿。从时间推算，道光二十三年（1843）至光绪四年（1878）时隔仅35年，按照传统建筑材料和工艺所修庙宇和彩绘壁画，这么短时间自然损坏的可能性不大。这次重修应该没有重绘水陆壁画。

报恩寺道光二十三年（1843）"增修报恩寺碑记"刻有"丹青：李琯、登举、折大右、张大运、裴生长、单本元"等六个人的名字。在榆阳刘千河乡屈渠村香严寺内所存乾隆五十八年（1793）"香严寺重理增修碑序"上也见到了丹青李琯的名字，不同的是香严寺碑刻上丹青艺人中，李琯之名排在画匠方秀林之后，明显处于次要地位。报恩寺与香严寺相距十多千米，香严寺石碑镌刻年代比报恩寺早50年，推测两个李琯是

香严寺地藏王菩萨

报恩寺地藏王菩萨

同一个人，应该是一个本地画匠，相隔50年还在本地揽活画庙画。在香严寺跟随方秀林时是一个年轻小伙的话，到报恩寺画庙画时已是一个老人了，为报恩寺绘制了水陆壁画，这个可能性是存在的。在这个水陆壁画集中的地区活动了几十年的民间画匠，完全有可能在实践中学会水陆壁画的绘制，所以，在报恩寺发现的清代水陆壁画，可能出自李珀等六位丹青匠人之手。

　　综上所述，报恩寺水陆壁画的绘制年代应该为道光二十三年（1843）。

1.3 报恩寺及周边寺庙水陆壁画图像的艺术特征比较

　　从报恩寺水陆壁画的图像特征分析，应属清代中晚期作品。其绘制方法、人物装扮、色彩和构图等方面与香严寺水陆壁画风格较为接近，与前面几章所述郑家后沟兴隆寺、观井寺等处图像有较大差异。现选几组图像做一简单比较，更能说明这一点。

　　香严寺地藏王菩萨图，位于香严寺正殿西壁第四层第34龛。图中共绘四身神祇：执幡童子；主神地藏王菩萨头戴纶巾，着红色长袍，袒胸跣足，踩两朵莲花，右手执一个法杖，左手轻抚身边的狮子；身后跟随一黑须老者戴毡帽，着长袍，双手捧一红色礼盒；二人身后是一个年轻僧人，披红色袈裟，双手合十，神情顾盼。

　　报恩寺地藏王图在报恩寺水陆殿西壁第三层第26龛。图中绘四身神祇：执幡童子；地藏王菩萨头戴纶巾，身披红黑相间的袈裟，脖子上戴着一圈项链，衣服下摆处也绘有璎珞，右手握锡杖，左手抚摸狮子，神情亲切自然，无法相庄严之感；身后跟随一个白胡子老者，双手捧一个绿色盒子，似乎正递给菩萨；二人身后立一年轻僧人，披红色袈裟，双手合十正在说法。

兴隆寺地藏王菩萨

观井寺地藏王菩萨

　　从这两组图像的艺术性分析，香严寺地藏王图中人物比例适中，人物位置安排有疏有略，主次分明。报恩寺的人物几乎一般大小，人物的比例显得头大身短，三身神祇高低几乎一样，构图略显拥挤、呆板。虽说画艺有高低之分，画法上两组图像极为相似，都是采用勾线填色的民间画法。一般应该先处理墙面底仗，再将画稿内容用墨线勾到墙上，与中国画的工笔画程式有相似之处。在人物衣着装扮、表情、情节处理上都像来自一个画稿，至少可以归为同一个类型的作品。报恩寺的水陆壁画绘制应该晚于香严寺，这一点从两个寺庙碑文显示的绘制年代信息可作出大概的判断。

　　佳县郑家后沟兴隆寺水陆画中的地藏王菩萨，位于西壁第二层第20龛。此图中地藏王菩萨衣纹和身边狮子的画法完全用写意的手法，菩萨的头饰花冠较为怪异，脚底下也少画了两朵莲花，狮子的相貌和善，失去威严凶猛之感。与报恩寺地藏王菩萨绘法完全不是一个路子，虽说是大约在同一时期出现在同一区域，但可以看出不会是同一师承关系的画匠所绘。有意思的是，作为仅次于佛祖地位的菩萨图像，在报恩寺、香严寺、兴隆寺的图像中均未画出头光，这一点也是佛教至清代晚期图像进一步世俗化后，民间寺庙壁画比较普遍出现的情况。

　　与上述三处不同的是，画于道光二十一年（1840）的观井寺水陆壁画中的地藏王菩萨，与郑藏本《水陆道场鬼神图像》中的地藏王菩萨图画稿的形象较为接近。观井寺地藏王菩萨图位于观井寺正殿西壁第三层第24龛。观井寺地藏王菩萨头戴纶巾，身披蓝色长袍，头部绘有白色头光，右手执一法杖，左手与愿手印，神情肃穆庄严，身戴璎珞，赤足踩两朵莲花，连右下角的狮子怪兽画法及细部都与明代画稿极为相似。观井寺水陆壁画可能会有来自外地的民间画匠参与。

　　地藏菩萨梵名乞叉底鹄沙（Ksitigarbha）。据《地藏十轮经》讲，由于此菩萨"安忍不动犹如

郑振铎藏木地版王菩萨图

香严寺大威德菩萨

大地，静虑深密犹如秘藏"，所以称为地藏。水陆画中的地藏菩萨形象，据《中国佛教百科全书仪轨卷》记："中国佛教寺院中的地藏菩萨形象也很有特点，一般菩萨为头戴宝冠、身披天衣、璎珞装饰的天人相。而地藏菩萨则多为光头或是头戴毗卢冠，身披袈裟的出家人之相。一手持锡杖，一手持莲花或手持幡幢、宝珠等。据《地藏菩萨仪轨》、《地藏菩萨十轮经》等记，由于地藏菩萨在无佛的'五浊恶世'（即劫浊、见浊、烦恼浊、众生浊、命浊）中济度众生，为了让众生能深信因果，皈依三宝，所以显示出家僧人相。地藏菩萨像还常有以一头形似狮子的怪兽为坐骑的，名号曰：'谛听'或'善听'。地藏殿的胁侍为金乔觉修道时曾资助过他的闵姓山主及其儿子，二人后来皆随金乔觉出家，九华山成了地藏道场后，他二人也被塑成了地藏菩萨的胁侍。"[1]

在上述几组陕北水陆壁画中，地藏菩萨图像全部与地藏仪轨的这一描述基本相符。李淞教授

在论文《论中国菩萨图像》中总结："地藏菩萨的图像一般有以下四类：(1)单尊地藏像；(2)地藏与六道众生；(3)地藏与观音同龛像；(4)地藏与十王和地狱变相图。"[2]陕北水陆壁画中的地藏王菩萨多属上述第四类图像，因为地藏王菩萨在水陆仪轨描述的职责是："现居阴间，摄化冥途，据万德相好之严身，得无生非忍之妙乐，振无声锡击开地狱之门，掌不夜珠照破昏衢之暗，释罪尊师大慈悲地藏王菩萨、道明慈造时时幽接于冥司、长者悲情日日提携于冥司。"[3]

在水陆壁画中，地藏王菩萨的位置都绘制于西壁的第二层或第三层，紧随其后的神祇是地府诸司和十王图像，在同一神龛内，地藏菩萨身后都绘有二胁侍，应该就是闵姓山主及其儿子。

同样的规律也存在于其他图像中，再看几组菩萨图像。香严寺的壁画中，大威德菩萨位于东壁第五层第37龛，绘一执幡童子、一菩萨、一胁侍。菩萨头戴花冠，带项圈，着蓝色法衣，手持法轮，跣足脚踩莲花，有头光，面目慈祥。这一

报恩寺虚空藏菩萨

观井寺虚空藏菩萨

兴隆寺虚空藏菩萨

形象与报恩寺的一组菩萨像极为相似，即位于报恩寺西壁第二层第19龛的虚空藏菩萨。这组菩萨形象除手势与香严寺大威德菩萨不同外，形象、妆饰都有相似之处；虚空藏菩萨的项圈、花冠、跣足所踩莲花的姿势都如出一辙，只是报恩寺的

虚空藏菩萨没有像香严寺大威德菩萨那样画出头光，但其相似之处让人们想到它们之间有某种关联，或者说画匠之间有师承关系。同样画的是虚空藏菩萨，报恩寺与观井寺和兴隆寺的虚空藏菩萨就有很大不同。观井寺虚空藏菩萨位于壁画西壁第二层第17龛，着蓝色袈裟，头戴花冠，下身璎珞垂地，头光中似乎还有图案，画工极为精细，人体比例匀称，色彩鲜艳明亮而不失沉稳；兴隆寺虚空藏菩萨位于西壁第一层第9龛，身后少画一个胁侍，菩萨形象极为民间化，另有一番民间趣味，无头光、跣足无莲花，连菩萨身上所戴璎珞也全部略去，只有执幡童子手上的幡旗写出"虚空藏菩萨摩诃萨"作为标志。

郑振铎本《水陆道场鬼神图像》中的虚空藏菩萨着装华丽，满身璎珞，脚踩莲花，一手施无畏印，另一手作与愿印，显出高贵典雅之气，与民间趣味大相径庭。

从几组图像分析来看，陕北的水陆画图像民间旨趣和随意性构成了他们的主要艺术特征。

郑振铎藏本虚空藏菩萨

1.4 报恩寺水陆壁画在保护修复时造成的二次损坏

报恩寺庙会会长杨富贵，五六十岁，佳县杨家塌人，在报恩寺当会长已有近二十年。在1990年前后，为挣钱挖煤下了不少苦，1991年得病吐血住院，回村悉养时到报恩寺许愿敬神。1995年，被村人选为会长，为庙里办事，几年后身体逐渐康复。在他当会长期间，将庙宇从颓败中逐渐修复，寺内壁画在“文革”中曾用白灰刷上覆盖，杨会长1995年组织村民将水陆壁画上的白灰用水冲，抹布擦洗，壁画的下面三层遭到破坏。2003年，他请来当地画匠王玉才补画下面三层。杨会长嘱咐画匠，要将坏掉的颜色添上，上面三层旧画不动。

寺庙壁画都具有教化与布道的功能，其功能在一定语境下产生作用，一旦由于时代转换或社会变迁等原因造成语境缺失，某种内容的壁画就会随之消失，甚至在后来修补时不能达到原有神韵，这与画匠的绘画技艺及内心世界变化有关。报恩寺水陆壁画初创于明代，历经几代重修，至清代逐渐失去原有韵味，因为这些画匠脱离了水陆法会流行时的语境，对壁画内容和要求以及水陆画的含义一无所知。当他们看不到原来的榜题时就凭想象臆造，到“文革”后恢复时画匠只能照猫画虎，所以在报恩寺水陆壁画的修补中，将原壁画的宗教含义、线条表现、人物表情均置之脑后，有样的照样描摹，缺失的凭空想象，运用现代工业颜料补色，造成被修改过的壁画惨不忍睹。

报恩寺这种对水陆壁画的修复保护中所暴露的问题，在陕北很有代表性。陕北地区所存古庙、石窟寺从明清所造以来损毁最为严重的是“四清”和“文革”时期。20世纪80年代始至90年代，当地农村经济出现较大好转，随后出现了重修、扩建旧庙的风潮，这一过程中也造成很多遗憾。首先表现在对水陆画宗教内涵的改变。很多改动过的壁画榜题中的神祇名号脱离了水陆画的谱系，在《天地冥阳水陆仪文》中找不到对应。如，报恩寺水陆画西壁第六层的所有10龛榜题如下：“(51)成果大王(52)度化本身投胎转世(53)阴曹判官阴曹险殿祭神望乡神位(54)阴间发福发财群生(55)梦吞日月夫人怀孕□奶投身等神众(56)白虎写画（显化）众弟子救安(57)失身夭折孩童等众(58)阴曹都狱龙神众身像(59)地府饿鬼轮回转世各都□家(60)地府各狱上天□□。”依照《天地冥阳水陆仪文》及郑藏本《水陆道场鬼神图像》，水陆壁画的西壁最下一层一般绘制的是六道轮回和孤魂冤鬼图，从报恩寺这10龛榜题中仅能看出一点饿鬼、地府等意思，完全脱离了水陆图原有惯用的图像内容和固定名称。从这一点分析，应该是因为报恩寺旧壁画被破坏后已经完全看不清字迹，此时的民间画匠脱离频频召开水陆法会的社会环境，对水陆画的内容无法知晓，在恢

报恩寺于2003年修改后的水陆壁画

复修补壁画时只能凭空臆造。上图中的两个题记疑为错位，分析画匠可能为文盲。其次是绘画技术水平较低。在报恩寺水陆壁画新改动的图像中可看到，颜色用现代化工原料，现代画匠不懂民间艺人的就地取材传统，不知天然原料可使壁画长久保留鲜艳的色彩。勾绘轮廓线时线条粗糙生涩，转折呆板，不可与前代画匠作品相比。报恩寺水陆壁画修复完成后，又在壁画表面刷上一层清漆，这样的处理将墙壁的水分封住，更容易造成起皮脱落。

　　20世纪90年代末，榆林地区文物考古专家在文物普查时发现了这些情况，对报恩寺壁画保护中造成的损害非常遗憾。他们对杨富贵会长说用软面团将壁画表面灰土吸附干净的方法，告诉他即使壁画有局部损坏，应该找到当地懂水陆画传承的艺人加以修补，否则宁可不补也不能轻易去修改。

1.5　报恩寺的传说和庙会活动

　　据会长杨富贵介绍，报恩寺庙会共分五个大会，以敬奉三官爷为主，总会在康家湾村。原来报恩寺庙会每年开春求雨，雨叫在哪里下就在哪里下，神神很灵。据传说，报恩寺的神神灵与报恩寺的名字得来有关。原来，香严寺方丈喂一匹马，庙里的一个放马的娃娃天天把马牵到报恩寺旁边放马，但马就不吃一个方块的绿草，每次马把周围草吃完，就留出这一个方块，不多不少就一把草。马童将这一奇怪现象告诉方丈，方丈来看，并叫人把草割掉，很快又长出同样的一把草。过了一段时间，一只狐狸从前狐湾小庙嘬来一个佛爷的牌位，好像有神在指引，送到了报恩寺。第二年五月十五关老爷生日之夜，天神托梦给香严寺的老方丈，说那匹马和狐狸都是前来报神恩的，老方丈就将这座庙的名字从香云寺改为报恩寺。后来报恩寺的神灵就在当地出了名，香火旺盛，寺庙也日益壮大，庙周围的几十亩土地都是庙产。

　　报恩寺每年有两次较大的庙会，一次是每年的正月初一，杨塌村的阳歌队要参加，要给佛爷表演，全村都忌口一天，在庙会吃拌汤和捞饭；

另一次是十月一打醮，是由村里的清醮会组织，请道士念经，敬奉牛王爷和马王爷，目的是驱瘟辟邪，保护阖村人畜一年里平安顺利。

2 榆阳区金佛寺石窟水陆壁画

金佛寺又名"金佛崖"，位于榆林市榆阳区安崖镇刘岔村北头，是一处大型石窟寺。从刘岔村出发沿向北的一条偏僻小路通向金佛寺。寺院山门前小河在路基下蜿蜒东流，在长180米，高35米的石悬崖上平行排列着大小石窟14个，主要石窟有9个，另外5个年代较早的石窟在寺庙墙外200米处的石壁上，塑像石刻已遭损坏，只可看到一些塑像的残块。清《榆林府志》记载："金佛崖，州志在葭州西北百四十里开荒川北，唐时石崖崩，现出一金佛，故名。明代凿金佛寺洞，极高广。"[4]寺内碑刻介绍金佛寺始建于唐代，水陆殿等几个大型石窟凿刻于明代。1985年，该寺被榆林市政府列为重点文物保护单位。

金佛寺自建立以来香火旺盛，庙会的随会村子达48个，称为"四十八坛那"。"文革"中，寺院许多建筑被拆，石窟寺外接殿大面积坍塌。20世纪80年代开始恢复重修，历经十年基本修复。水陆殿也在这次重修中重新绘制和塑像，丹青艺人张彦珍将原有壁画没有剥落部分予以保留，十几龛清代壁

金佛寺外景

画基本保留旧貌。

2.1 遗存状况

2.1.1 水陆壁画

金佛寺的九个主要石窟分别为娘娘庙、千佛窟、三佛殿、水陆殿、观音殿、关帝庙、七佛殿、三教殿、真武殿，其中三佛殿为正殿，水陆殿为东配殿，是金佛寺石窟中第二大殿。水陆殿内塑像为十殿阎君及地狱神鬼像，四面墙壁及窟顶绘满壁画。据画匠张彦珍介绍："1994年，我被金佛寺会长请来重绘石窟内壁画。初到时，水陆殿墙壁上水陆画大部分已损坏，东壁全部脱落；西壁第一层的'北海龙王等众'以南保留四龛旧画，第二层'宋帝大王众，楚江大王众'至'阴官奉书'共六龛为旧画，加起来有十余龛

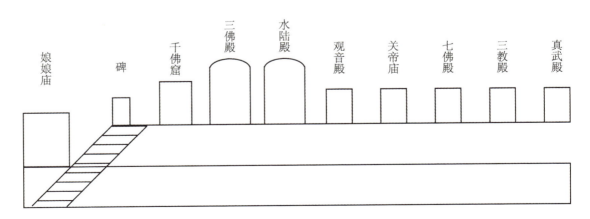

金佛寺石窟分布图

画匠张彦珍指出旧壁画位置

金佛寺水陆殿正面图

水陆殿东壁新画水陆画也开始剥落

为旧壁画。我在绘新壁画时将这十多龛旧画保留，将新画和旧画连接到一起。"

水陆殿正面塑三身神像，中间为释迦牟尼；东边塑阎殿十君之"一殿秦广王"；西边塑"二殿楚江王"。神像身后墙壁上张彦珍所绘四组明王已脱落，只在下部保留一些残块。

东壁靠墙台阶上四个塑像，从北至南为"三殿宋帝王"、"五殿阎罗王"、"七殿泰山王"、"九殿都市王"。塑像上方墙壁上共有两层壁画，北边有一大块壁画已经脱落。以下内容从上到下，从北至南为：

第一层：①无色□□大王像②未能辨识③未能辨识④南方增长天王⑤北方多闻天王⑥中天北极紫薇大帝⑦太乙诸神五方五帝等像⑧日光天子像⑨月光天子像⑩北斗七元星真君像⑪金府星真君像⑫木府星真君像。

第二层：①未能辨识②未能辨识③白畔羊双鱼宝瓶摩羯④未能辨识⑤未能辨识⑥申西戌亥子丑元辰⑦角亢氐房心尾箕星君像⑧斗牛女虚危室壁星君⑨奎娄胃昂毕觜参星⑩井鬼柳星张翼轸星⑪普天立耀（列曜）一切星君⑫未能辨识

西壁台阶上塑四身神像，分别为阎殿十君的题材，从北到南为"四殿五官王"、"六殿变成王"、"八殿平等王"、"十殿转轮王"。塑像上方墙壁上绘有两层水陆画，北面有两小块壁画脱落。从上到下，从东向西的壁画内容为：

第一层：①虚空藏菩萨②陂池井泉诸龙王众③五湖百川诸龙王④江河淮济四渎诸龙王⑤北海龙王像⑥西海龙王像⑦南海龙王像⑧东海龙王像⑨未能辨识⑩□□菩萨圣像

第二层：①三殿宋帝大王②二殿楚江大王③一殿秦广大王④护国护民城隍土地等众神祇⑤吊客丧门大耗小耗宅龙诸神众⑥阴官奉书归忌九伏兵力士众⑦金神飞廉豹尾上翊日蓄神众⑧大将军黄幡白虎蚕官五鬼神众⑨太岁太煞博士日游神众像⑩未能辨识

南壁有两个窗户一个门，所以形成一个十分特殊的构图，水陆画在这个石窟的绘制也较为独特。上部分别绘制两层，内容与东、西壁衔接。从上至下，从东至西内容为：

第一层：①水府星真君像②火府星真君像③土府星真君像④罗睺星真君像⑤计都星真君

水陆殿西壁南头保留的旧水陆画，地上为明代碑刻，有水陆画记载

水陆殿南壁（局部）

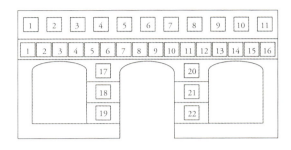

金佛寺水陆殿南壁图像分布示意图

像⑥□□星真君像⑦天地水府大帝众像⑧守斋护戒诸龙神众像⑨主苗主稼主□主□诸龙神⑩主风主雨主雷主电诸龙神圣像⑪持地菩萨

第二层：①天蓬天猷翊圣玄武老少真君②□□□君圣像③□□禄马判官④□□□□等众⑤年月日时四直使者⑥天藏王菩萨⑦大威德菩萨⑧地府三司判官⑨地府六曹判官⑩十殿转轮大王⑪九殿都市大王⑫八殿平等大王⑬七殿泰山大王⑭六殿变成王⑮五殿阎罗王⑯四殿五官王

南壁西稍间：⑰阿修罗等众像　⑱大罗刹众

⑲罗刹□□□

南壁东稍间：⑳地府都司判官㉑地府五道将军像㉒□□□□

石窟顶部中心绘太极图，外圈依次为二龙、八卦、蔓草纹，再往外绘出八个角，内绘出象征福、禄、寿、喜、财等寓意的图案，再往外绘出八种不同的花卉，如此层层描绘出一个充满民间意味的祥瑞意境。此处的平棋顶的绘制具有代表性，它集中了陕北石窟寺平棋顶绘制的各种图案。可惜的是，周边已经开始受潮剥落，过几年就会影响到中心。张彦珍告诉我们，这处顶部的绘制是依照原来的图案描绘妆色，没有改动。

2.1.2 碑刻

金佛寺共有新旧石碑五通，新碑《重修娘娘庙碑记》和《金佛寺简介》为分别立于1992年和2002年的新碑，不需介绍。古代石碑三通，其中一通刻于三佛殿西侧石台阶上，因碑身被砸坏，主要内容部分字迹已经漫漶不清，无法辨识，

水陆殿窟顶传统吉祥图案

推测是一块重修碑，有"大明成化四年四月初一日修造工□……兴县金火匠人：吕□；铁匠：雷宽、李受、邢交秀；石匠：邢交谅、刘文忠、邢交□；汾州丹青：高森、朱鸾、男□□"等字可以辨识。另有两通古代石碑，详细介绍如下。

①启建金佛寺记（白水县造碑石匠尹清、田行）

此碑立于水陆殿内，连座高180厘米，阔80厘米，厚45厘米。砂石质，阴刻楷书，字迹刚劲有力。阳面内容如下：

盖闻佛者西方之大圣也，瑞记于周昭王之世生于域西天竺国净梵王宫，雪山□□，金身丈六，汉明帝梦感飞至殿庭，以求寸土所居；梁武帝迎佛骨于东土，乃建□□；□□取经于西天，皆以善恶因果，化度群迷；建刹造像，处处皆然。且如金佛崖者，对□□□有余，悬崖上有松柏为林，下有潺潺绿水交流，东尽悬绝，西有古刹，四面围绕，前□□成，今普照寺僧正海，见得明崖，正其要景，发心复整建造，边缘浩大，独立难成，躬□□□，垂慈悯之心，同结善缘之果。于是合蚁聚施钱缙者，远近而来，巧妙工匠□□□，镌造石堂，凿成殿庭，内造诸佛、地藏十王，壁画水陆交辉，塑绘庄严，积千年不朽之名，立万载长坚之记，异乎□□，□佛法而攒乎善利，感发诚心可入，不失夫教门之法矣，一或不然，则牵于欲而□□□分为否，何如也？因为之记，故作海知闻，同增福庆，法轮常转，善信遐令，因缘种□□□□。

皆（时）大明成化岁次巳亥年巳巳月庚戊日巳时立

修造住持：正海、同缘正澍□

本州普照寺住持：古壂，门徒正徽、正深、正清、正滴、正儒、正源、正明　法孙：守禅

毗卢寺、兴□□、化云寺住持：正鉴，门徒守玫、守能、守住、守铎、守库　法孙：圆景、圆潭

水陆殿内明代成化年所刻石碑，上面有成化年水陆画记载

铁匠：雷宽、刘文□、□□□

奉训大夫知州：刘威　判官胡魁　吏目郭□

训道：郭淳，生员　郭恺　阴阳官：□□

普照寺海众道贤，□……□白愈王施

碑阴面刻管竟功德主、十方施钱善众、周边各寺住持共300余人（姓名不录）。内容有"成化十年十九日起工，至成化十二年十月二十日工毕，吃米麦三百石，工价颜料钱用银五百余两，书碑□如、大用、守□"等语。

② 重修金佛寺碑记

此碑刻于三佛殿东侧石坛基立面台阶上，砂石质，阴刻楷书，外围刻一圈蔓草纹饰。长170厘米，高60厘米。碑文内容如下：

□□卿贡进士葭州学正定羌曹凤撰文：明旨其大运其上，门人葭州庠生郭魁书丹。

佛本西方之教，自汉时入中夏，行乎世者盖千三百年于此矣。其为教以无为，为宗以慈惠强忍，为道以圆融无染，为神而又以祸福果报，一切之说以警动其徒而引掖之。故后世之人相传愈久，敬信愈深，或城市，或山林，凡地之秀丽者，即皆修寺建塔，以奉承之矣。不满其意者，尤必择峻绝之处，而作寺以安之。佛教感人，何其异与彼金佛崖者，上下悬绝百有余尺，其势至险，其石至坚，而庸工至难，孰能有事于斯？州民刘氏普本，见其雄峙峻耸，清净高虚，面对幽幽之山，下注潺潺之水，左右周行，通乎四境，堪作奉佛之处。一日以兴作为己任，择于成化戊子四月吉旦发厥虔心，集厥众善，施厥资，鸠厥工，从上悬其人于崖中，自外凿入，欲成其寺，劳身焦思，莫此为甚。八九年间，日就月将，其寺始成，而佛像亦备。刘氏用心亦云密矣，但参

谒者欲之，必维之以绯缩，藉之以勾援而后可，不然则不得登也。刘氏又慨然有感，从下凿一伽蓝殿，西角穿一石洞如阶梯样，上及殿前，使人坦然可由登，迨成化丙申之秋正落成之日也。必取景山松柏之材，未闻凿石为之。鲁人非不作庙矣，必取徂来新甫之水，亦未闻穿石为之。今非作是寺，乃不资材木，而其佛像罗汉之森列者，皆非塑□之所成，乃凿石以为之焉，用心详审，为谋必远，为何如哉？盖千万载不朽计也。异乎古人事神之方矣。吾知是寺之作，兴起将来，感发后进，殆于天地同为悠久也。巍乎异哉，后之信慕佛法而住持是寺者，宜以佛化无为，慈惠数事自勉，以刘氏作艰苦为念，庶乎知所感发而善途可入，不失夫教门之法矣。一或不然，则牵於欲而诱于私，其善严之分，未否何如也！引为之记而勒诸篇末云。

旹（时）成化拾贰年岁次丙申柒月吉旦

葭州知州：张俊，前加卅□□张安

判官：李俊 吏目：张震 生员：郭魁，郭礼 儒学训□：郭溥

本州普照寺住持：祖铿 道贤

门僧：正海 正涛 正住

刻于石台阶上的明代《启建金佛寺石崖碑记》

法孙：守真　守宁　共忍

石州青龙东都石匠：□□□（被人凿掉）贺得广

2.2　民间画匠张彦珍与金佛寺水陆壁画

2010年和2011年连续两年夏天，我在民间画匠张彦珍陪同下前往金佛寺石窟考察。张彦珍为安崖张家畔人，12岁开始离家打工，在安崖民间绘画世家田仲金家做学徒，但并不学艺，而是伺候田仲金的母亲田家老太太。每天的工作就是给老太太讲故事逗乐，并干一些杂活混口饭吃。他为人机灵勤快，几年后取得田家信任，开始学习一些绘画的技法，一直到二十多岁才离开田家。随后"文革"开始，张彦珍只能丢下手艺回家务农，有时偷着出外为农村红白喜事画箱柜。"文革"结束后，各地庙宇开始修复，张彦珍也迎来自己的挣钱机会。他在外出揽活时十分注意保护原有的文物，西长塬水陆殿请他修复时，他没有答应会长将壁画铲掉重绘的请求，宁肯少挣钱也不将原有壁画铲掉，使得西长塬水陆庙的壁画得以保留。他从西长塬水陆庙、屈渠香严寺等有完整古代水陆壁画的庙里自学，自己描绘了一套水陆画的画稿，并标注出每个图像在壁画中的位置，基本掌握了水陆画的绘制方法。后又带领徒弟在榆林周边画了不少庙宇，其中就有几处是翻新水陆壁画。1994年，张彦珍被金佛寺的会长请来修复壁画和塑神像，他才在保留旧壁画的基础上新绘了这堂水陆画。张彦珍可能是现在榆林一带仅存的能够完整绘制水陆壁画，懂得水陆画图像配置要求的民间工匠，2011年，他被陕西省人民政府批准为"陕北匠作画艺"非物质文化遗产保护项目的传承人。

金佛寺石窟建于明代，历史悠久，该寺水陆壁画的整体构图与其他寺庙有很大区别，水陆殿的壁画虽然被重绘，但图像的整体布置、内容配置均保留旧制。可能考虑因为窟内墙壁平整等原因，在东、西两壁只画上下两层，每层的龛数又有不同，东、西两壁没有形成对称构图。在南壁除了绘满上面两层，在门与窗之间的两个柱壁上各绘三龛图像，门的过道也绘满各种吉祥图案，一进金佛寺水陆殿，给人以满窟彩绘的感觉。张彦珍也对旧画部分颜色加以填补，人物形象和线条都被重新描绘，只有人物的比例和轮廓线得以保持一些原有韵味。总体来说，金佛寺水陆壁画给人以新绘制水陆画的感觉，用笔用色失去古意。

金佛寺石窟遗留明成化甲午年（即成化十年，公元1474年）石碑《启建金佛寺记》中记载："……于是合蚁聚施钱缗者，远近而来，巧妙工匠□□□，镌造石堂，凿成殿庭，内造诸佛、地藏十王，壁画水陆交辉，塑绘庄严……"从这段文字可知，金佛寺从明代成化年间启建之初就绘有水陆画，至今已经640多年历史，其间经历多次重建，但水陆殿的形制和内容基本被保留。直到张彦珍1994年准备修复时，还有十几龛古代壁画存留，可惜的是张彦珍对其作了补色，致使壁画失去原有风貌。

这一代画匠已经不会再经历水陆法会的活动，所以并不能理解水陆画在法会中所起的作用，也不能把握水陆画所要表现的真正含义。类似民间宗教艺术，到这一代画匠重复绘制水陆画时，已经社会功能尽失，单纯成为寺庙装饰。

小结

1.报恩寺和金佛寺两处水陆壁画虽被改造过，但由于保留了部分原有壁画而显示出其资料价值。

2.报恩寺水陆画的绘制年代可能为道光二十三年（1843），是陕北刚刚遭受社会大动乱之后，也是中国大地饱受鸦片战争之苦的年代。

3.金佛寺从明代成化年间启建之初就绘有水陆画，但他在六百多年间有过多少次重修不得而知，现存旧壁画也被画匠上了颜色，损伤了旧有风貌。

4.这两处水陆画的经历，说明了宗教艺术在传承过程中变化的一个过程，或者说是正在经历消亡的过程，民间宗教艺术离开实用性之后就会慢慢衰落直到消失。

注释：

1　赖永海主编，《中国佛教百科全书·仪轨卷》，291～292页，上海古籍出版社2001年版。

2　李凇，《长安艺术与宗教文明》，205页，中华书局2002年版。

3　明代刻本《天地冥阳水陆仪文·命请冥殿十王仪》，国家图书馆藏。

4　清·李熙龄编纂，《榆林府志》之《舆地志·山川》，清道光二十一年（1841）版。

六　旧有水陆殿遗迹与新绘水陆壁画

在20世纪八九十年代农村修复庙宇的潮流中，陕北地区一批庙宇破坏掉原有水陆壁画，在墙壁上新绘制了水陆画。此时，水陆壁画在乡村社会已经失去了实用性，与旧时水陆法会切断了关联，因此，这些新水陆画内容也脱离了传统水陆画的图像谱系，而新材料的使用和内容的扭曲，使得这些水陆壁画宗教含义模糊。不过，很多有新绘制水陆壁画的庙宇中的碑石文字，保留有原来水陆画或水陆殿的记载。笔者在榆阳、佳县、神木地区发现了五处这样的庙宇，以及一处坍塌的水陆殿遗址。这些新壁画由于历史文化价值和艺术价值逊色于古代水陆壁画，所以对于这些水陆壁画本身内容和艺术性不再做详细记录，也不展开分析，只将存有水陆壁画的殿宇、壁画概况及所存相关碑石给予介绍，以揭示水陆壁画在该区域曾经大量存留和繁荣的历史事实。

1　榆阳区崖窑沟村龙兴寺（赤脚寺）水陆壁画

龙兴寺也叫赤脚寺，《榆林市志·文物志》记载："龙兴寺石窟位于安崖镇崖窑沟村，始建年代不详。"[1]

2010年7月及2011年7月，笔者跟随画匠张彦珍曾两次对龙兴寺进行了考察。龙兴寺又叫赤脚寺，在榆林到安崖镇之间的公路旁，一片枣树掩映下，拾级而上就进入寺庙山门。入寺院东侧第一层院子只有一个砖窑修成的佛殿为娘娘庙。再上五个台阶就到了正殿前的小院子，正殿为两孔石窟外接三间砖砌卷棚，正殿东侧连一个厢殿为关帝庙，正殿院中西侧为一个孤立的孤魂龛。两间正殿东为水陆殿，西为三佛殿。二石窟前卷棚下立有两块石碑：东侧为新刻；西侧一块为道光十五年（1835）的《重修龙兴寺碑记》，此碑砂石质地，已经

龙兴寺石窟外景

龙兴寺道光十五年碑

龙兴寺水陆殿内正面壁画

被砸成几段，又用水泥将其接完整，但字迹漫漶不清，碑文内容不能辨识。

　　龙兴寺水陆壁画位于水陆殿东西两壁，水陆殿深6.4米、宽5.5米、高2.95米。据张彦珍介绍，1990年他看到这堂水陆画时已经基本剥落完了，留了一点边框是蔓草纹饰，中间有几块残片可以看出是水陆画，画面已经全部被人为铲坏。

他带着徒弟将墙皮全部铲掉重新绘制了这堂水陆壁画，大的布局依照旧制。

　　水陆壁画每层高60厘米，共三层，通高约两米，顶部中心为太极图，外围有二龙、八卦、祥瑞图案等。正面塑释迦牟尼佛和二童子，身后墙壁绘四大天王。正壁画法与古代水陆壁画不同，古代水陆壁画的正壁一般绘制佛教密宗图像

龙兴寺水陆殿东壁

龙兴寺南壁东稍间壁画

龙兴寺南壁西稍间壁画

明王，这一点与张彦珍自己在庙宇临摹学习有关系，他可能认为明王和天王是一回事，所以就将明王的位置绘成了天王。东壁共绘有三层，每层17龛，共51龛，内容有天神天仙、四大天王、日

光月光天子、二十八宿诸星君、天藏王菩萨、大圣引路王菩萨、往古人伦等内容；东稍间共有三层图像，每层四龛，共12龛图像，主要内容有普天列曜星君、天仙和往古人伦；西壁共绘有三

龙兴寺水陆殿西壁壁画

道光二十八年的门额，说明土佛寺历史的悠久

层，每层17龛，共51龛，内容有地府神祇、五岳大帝、五湖龙王、阎殿十君、十八地狱主、孤魂冤鬼图等。西稍间绘三层图像，每层四龛，共12龛，内容有启教大士面燃鬼王、安济夫人、地府神祇、孤魂冤鬼、六道四生等。这样的构图与古代水陆画的要求符合。

龙兴寺水陆壁画是张彦珍生平绘制的第一堂水陆画。他学会画水陆画后，在榆阳佳县一带又陆续绘制了一些庙宇，现在存留的新水陆画中，张彦珍所绘基本合于古制，也可看成是古代水陆壁画在当地最好的一个模仿者。

2 榆阳区刘千河乡土佛寺水陆壁画

土佛寺位于距榆林30千米的刘千河乡康家湾村，在榆佳公路旁。碑文称该寺初建于唐朝。但"文革"中土佛寺受到较大破坏，古代石碑尽数被毁，历代重修的信息全无。笔者在土佛寺一侧观音院门上砖额发现道光二十八年（1848）的榜题"慧照无疆"四个大字，证明该寺至少在清道光年间就有过维修或重修。

寺内所存最早的碑刻为1962年镌刻的《重

修补修土佛寺碑记》，此碑距今已经五十余年，镌刻于"文革"前。碑文记载的土佛寺被破坏前的信息十分重要，其中记载当时正殿供奉佛与菩萨，配殿供奉三霄娘娘、三官爷、观音大士、关公，院子里有韦陀护法及佛子白母等神祇，与现在所见庙内规模基本相同。此次维修只是重绘了建筑的檐头和金装了神像，并未提到绘制壁画。其后1997年、2001年、2008年、2009年多次维修，2001年重修时将被破坏的旧水陆画盖住，又请当地画匠王玉才在上面新绘制了水陆画。

土佛寺正面俯瞰葭芦河，背负南佛山，寺庙为四合院建筑。进入寺内，首先看到的是伽蓝殿，水陆殿与伽蓝殿正对，两座大殿中间夹一个小小的韦陀龛。水陆殿两旁配殿：东边是三霄娘娘庙，西边是关帝庙。土佛寺的正殿为水陆殿，为一门两窗的枕头窑加卷棚的建筑，廊檐下立两

土佛寺枕头窑水陆殿外景

块石碑，一为2008年镌刻，一为1962年镌刻。

土佛寺水陆殿为枕头窑加卷棚建筑。殿内正面中间塑释迦牟尼佛，东边文殊菩萨，西边普贤菩萨，在佛像前面左右站立阿难、迦叶二弟子。背后墙壁做成仙山悬塑，在山峰间塑了很多小佛像，佛教一般认为是须弥山。东、西两壁水陆壁画是在盖掉旧画之后，重新绘制。东壁壁画高3米，每层7龛，共四层，绘28龛；西壁画面高5.8米，从上到下共四层，每层8龛图像，共32龛图像。

按照水陆壁画的构图方式，东西两壁水陆画的每一组图像中的人物，脸部都应该朝向北边佛祖所在位置，这样绘制才符合水陆仪轨众神来会、朝见佛祖的主题，但土佛寺东壁壁画图像中的人物头部朝向四面八方，毫无规律。除上述脱离仪轨之处外，榜题也花样百出，让人不知所云，看不出内容是什么。

如有两龛神像榜题为"等鬼干像"和"大芳下帝神像"，但这样的神祇在水陆神谱中根本不存在。此壁画绘制时用现代化工颜料绘制于水泥墙面上，颜色鲜艳，脱离了水陆画用于水陆法会追悼亡灵的暗色调子，整体感觉是政治宣传画的调子。

从土佛寺新绘制水陆壁画的状况分析，绘制水陆画的画匠王玉才不是传统民间丹青艺人，手里既没有画谱，本人又不懂水陆画含义。笔者推测，他只是在附近的庙里看到过水陆壁画，在绘

上像寺求法殿内正南已经残破退得面目全非

上像寺求见壁画，从内容到旧式变化很大

上像寺西壁壁画

制时照猫画虎，给人在远处看时觉得是水陆画的
形式，细看时又与水陆壁画完全不符。还有一种
可能——画匠的文化水平极低或是文盲，因为他
的榜题应该从别处抄来，但出现的不是个别的错
别字，而是大部分榜题内容脱离水陆画谱，将图
像内容变成不知所云之物。在这样的画匠的改造
之下，这一堂真正的水陆画就永远消失了，留下
一壁不伦不类的壁画。

上像寺壁画榜题和画面人物均脱离旧水陆图谱

3 榆阳区毗卢寺水陆壁画及碑刻

毗卢寺位于榆阳区安崖镇南五千米处的刘兴庄，历史悠久。据碑文介绍，该寺初建于唐代，宋代曾有大规模扩建，寺内现存有乾隆六十年（1795）、光绪三年（1877）、民国十年（1921）等历次重修的石碑。毗卢寺地理位置十分偏僻，道路险峻，交通不便。该寺由一个石窟和石窟外西侧一个四合院庙宇组成。进入山门首先可见水陆殿石窟的大门，从水陆殿石窟门前往西的庙宇由娘娘庙、关帝庙、观音殿、马王殿等几个殿组成。除水陆殿石窟外，其余庙宇均为枕头窑建筑。

毗卢寺水陆殿深4.2米，宽5米，高3米左右。正面塑释迦牟尼佛及二弟子像，墙面绘四大天王。东壁从上到下绘制四层，每层高60厘米，通高2.4米，长4.1米，每层15龛图像，共计60龛，主要内容有天仙、龙王、诸天星君、往古人伦等内容。

西壁从上到下也是四层，每层高60厘米，通高2.4米，长4米，每一层15龛图像，共计60龛。窟顶部刻有多种祥瑞图案，维修时上了一点颜色，主要部分保留原貌。

据画匠张彦珍介绍，毗卢寺石窟的旧水陆画他原来见过，画得十分精美，可惜的是"文革"中被铲掉，现在这堂壁画是他的徒弟严育中所绘。严育中是个年轻人，学艺时间较短，所以画出的水陆画基本按照张彦珍的底稿，但颜色搭配又趋于简单，用笔较为粗糙，所绘无法与古代水陆画相提并论。

毗卢寺古代碑刻大多字迹难以辨认，只有刻于民国十年的半截石碑可以释读。据石碑记载推测，民国十年前的水陆殿就绘有水陆画，这堂水陆画至少在清代就存在。2001年镌刻的《重修毗卢寺碑记》的内容含有部分寺内原旧碑内容，对毗卢寺的历史沿革及庙宇建筑演变有较详细介绍，有一定参考价值。

毗卢寺山门

毗卢寺石窟水陆殿外景

毗卢寺新水陆画东壁

毗卢寺新水陆画西壁

碑1：

《重修毗卢寺碑记》，此碑横躺于碑廊外，高约1.5米，宽0.7米，厚0.1米，砂石质地，圆首碑，下部断裂，残缺约有二十厘米，每行文字缺少约十个字。碑首阴刻"皇帝万岁"，两边分别刻"日"、"月"二字。残留碑文内容如下：

今夫神之为灵昭昭也，况我佳县开光川地方旧有毗卢寺古佛……

观音菩萨、水禄（陆）诸佛、子孙娘娘、关帝、眼光、祖师、马王……

方自奉祀以来，有求必应、有祷必灵，不更彰明较著哉。斯寺也创始……

代其，经营补葺之辛苦，世世相继矣。迄今代远年湮，圣像檐头多有……

戏台鼓楼亦□破坏减色，非特神圣失所依，□将何处祈福保安哉……

曹生富、王殿试感神恩之浩荡，不忍坐视其损伤，赖诸佛之神……

工程浩大，一木焉能支大厦，需款甚臣凡沉，奚以备函关山，是捐资于……

集腋成裘，聚沙成全，经营补葺精细，虽有异致而阁□成彩，庙貌莫不……

皆美轮美奂，向之凋残者，今皆焕然改观，兴工于民国九年二月初旬，工成……

年余而后，神圣之默佑，靡尽万民之获福无疆矣。……

中华民国十年二月……

碑2：

《重修毗卢寺碑记》记载最早三个殿为西天古佛、观音、水陆殿。碑高2.2米，阔0.85米，厚0.14米，砂石质，立于山门旁碑廊下。内容如下：

毗卢寺位于榆阳区安崖镇南五千米处刘兴庄东侧，寺背靠麒麟山双阳城遗址，怀抱金鱼山，足下小溪东流，山峦连绵，群山环绕。寺周千年古柏、酸枣树、榆树成荫，地势得天独厚，雄踞一方。该寺始建于唐朝武德年间，原在峭壁之上

毗卢寺旧水陆壁画，艺术性较差

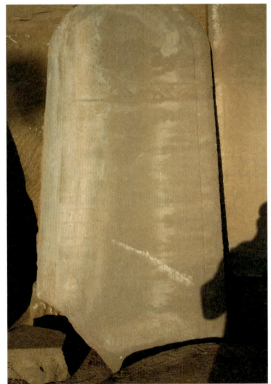

毗卢寺民国十年碑刻

凿窟建有西天古佛、观音、水陆三殿。在宋熙宁四年（1071），扩建了大雄宝殿、祖师庙、老爷庙、眼光菩萨殿、马王庙、娘娘庙、串心殿等。殿宇错落有序，建筑规模宏大，工艺精湛，景色宜人，蔚然壮观。寺院有常驻僧人唪经念佛，香火盛旺，游人不断。可惜年久失修，和自然风雨侵蚀，加之"文革"中人为的破坏，已成废寺。寒心的是，把庙宇中的一株千年古柏毁于一烬，随之还毁了多株古柏和其他树木，现只保留下寺庙前后部分古柏、酸枣树和榆树等。当时在白兴大队的干部和群众竭尽全力保护下一口大明天启三年（1623）的巨钟，经多方专家鉴定，该钟是寺内最珍贵的文物。先人有创建之功，后人有修复之意，在众信士的强烈愿望要求下，由会长白发德、刘瑞林、赵家飞等人带领，从一九八六年到一九八九年，修复戏楼一座、会窑四孔。近年来在老古佛的催促下，经大会众会首研究决定，将毗卢寺全面修复，并由刘瑞林、刘建恩、刘忠全、郭应才、马能元领导下，于二零零九年三月二十八日开工，于二零一一年三月二十二日竣工。共修复殿庙十座，钟鼓楼、碑廊、围墙、灶房会窑等。新栽柏树三百余株，使寺庙恢复原貌。共耗资四十六万多元，为表志士贤达、信众功德，另勒石彰名。

　　管委会主任：刘瑞林　副主任：刘建恩等

　　公元二零一一年三月二十二日

　　毗卢寺金佛寺两寺一会立

　　刘建恩撰文　韩玉瑛书写　瞿建和石刻

4　佳县朱官寨乡金山寺水陆壁画

　　佳县东北的五女川是葭芦河的一条支流。有关该地名的来历，有一个在当地流传甚广的故事。据《延绥揽胜》记载："五烈女墓，在佳县西七十里五女川关塞村。元兵乱后，父死于难，五女痛父无子，誓养母不嫁，殁葬一处。东有一

金山寺全景

金山寺水陆殿外景

洞，刻像祀之，惜姓名失传也。"[2]五女川因此得名。金山寺所在的朱官寨乡朱官寨村就在五女川。

　　金山寺位于五女川朱官寨村对面一个高山岇上，站在山门前即可俯瞰全村。庙的规模较大，为二进院建筑。一进山门迎面是一个枕头窑穿心殿，内供奉着药师佛和韦陀；两旁是配殿，西配殿为三霄娘娘殿，东配殿为药王福禄寿等神祇。一进院内，建筑全为枕头窑加卷棚歇山顶。绕过药师佛殿进入第二进院子，正殿名为"大雄宝殿"，为三进门五开间的高大砖木结构殿宇——前有两米多深的卷棚上加歇山顶建筑，前门、窗户、廊檐等全为木质，三间木门两间明窗均为菱字窗格，檐头雕花彩绘，屋顶用金色琉璃瓦覆盖，屋脊嵌入各种瑞兽装饰，整个建筑十分大气雄伟。后院配殿均为枕头窑加歇山顶：西配殿为地藏王菩萨殿，内塑地藏王菩萨及十殿阎君；东配殿为观音菩萨殿。

金山寺正殿西间明王像

金山寺东壁水陆画

金山寺西壁水陆画

金山寺水陆画就绘制于大雄宝殿的墙壁。大雄宝殿廊檐深1.2米，内部宽15.1米，深7.79米，高9.5米，明窗高6米。房内有四道驼梁，正面塑三世佛及菩萨、弟子等神祇像，正面墙壁绘制八

组明王像，画面宽3.25米，高3.7米。这种在正面墙壁上绘制明王图像的方法在古代水陆殿比较常见，如山西繁峙公主寺、佳县观井寺等明清水陆殿的正面墙壁，都是明王图像。东壁水陆画共有四层，每层有15龛图像，东壁共60龛。每层高87厘米，通高3.6米左右。内容有天王、天仙、二十八宿诸星君，往古人伦等。西壁水陆画共有四层，每层有15龛图像，西壁共60龛。每层高87厘米，通高3.6米左右。内容有诸大龙王、阴府地府诸神、十殿阎君、孤魂冤鬼等。金山寺水陆壁画每龛中人物的面部均朝向佛祖方向，图像配置、内容等方面基本符合旧制。从碑文得知，金山寺水陆画也出自当地画匠张彦珍之手，绘制于2003～2004年之间。显然，此时出自他手笔的水陆画相比20世纪90年代初的作品，更加符合水陆画的各种要求，也更接近水陆画本身的神韵。

《重修正殿碑记》镌刻于2004年，螭首方座，砂石质，高231厘米，宽90厘米，厚8厘米，立于正殿外东侧廊檐下。廊檐下本有两通石碑，均为新刻，因此碑中有一段关于寺庙原有水陆画的记载，故将全文移录如下：

金山寺古庙，据《葭州志》记载，始建于东晋永和中年（公元349年～351年），与江南镇江金山寺同年建造。它在佳县诸庙宇中历史最悠久，至今已有一千六百六十多年的历史。这座千年古寺具有深厚的文化底蕴，佛教文明源远流长，堪称一颗璀璨的文物明珠。金山寺庙宇建筑群乃佛教圣地，远近闻名。寺庙地处风景秀美的五女川腹地，依山傍水，川前有新石器时期的龙山文化石城古堡遗址，川后有石家圪秦汉古城相伴，面对汉代五女祠，龙虎相会，左右双狮护卫，是块天然灵山圣地。据《史记》记载，魏晋时期，五女川一带经济繁荣，人丁兴旺，信仰宗教的人越来越多，众心所望，金山古寺便应运而生。

1974年，西安美术学院国画家刘文西等人观赏金山寺时，认定正殿旧墙水录（陆）是唐代壁画，由此推断在唐代寺庙曾进行过维修扩

建。据明代万历二十八年（1600）兴龙寺碑记有金山寺，清代民国多次维修，一直保存完好无损。1947年解放战争时期，毛泽东主席转战陕北到达朱官寨，与周恩来、任弼时等中央领导人一同上金山寺正殿观光并照影。时至20世纪六七十年代，由于当时文物保护法不健全，人民群众对文物保护的意识淡薄，使这座千年古寺遭到盲目的破坏。到80年代，随着改革开放深入全面地展开，文物保护相关法规日臻完善，宗教信仰自由进一步得到法律的保护，人民群众物质文化生活显著提高，群众自发收集布施两万元，1988年在金山寺遗址上重修佛祖正殿。1992年，佳县人民政府将金山寺定为县级文物保护单位，并建立文管组。1993年，群众再次集资在正殿庙塑佛像。据来金山寺观光的群众反映，文管组采纳多方意见，决定于2002年8月16日（农历七月初八日）重新开工改建正殿。群众自觉出工、出钱、出料，于2003年9月15日（农历八月十九日）胜利竣工开光，共计花人民币116 000元。至此，重修工程全部完成，正殿恢复原貌。特此立碑以记之。

其中，丹青：田步富

水录（陆）：张彦珍

泥塑：张东林

撰文：苗直厚

石刻：李永亮

5 佳县化云寺石窟水陆壁画及天地冥阳水陆诸神碑

化云寺位于刘国具乡白家铺村，也叫黑家寺。有古道路研究者写道："高家堡至葭州：由高家堡东南行40里至虎头峁，40里至白家铺，40里至岔道铺，40里至葭州。"[3]可见这一石窟寺当年位处繁华的官道，应该香火旺盛[4]。化云寺石窟由一个庙、八个石窟和一个碑亭组成。一个庙为娘娘庙，八个石窟包括关公二郎殿、三世古佛殿、祈子观音殿、森罗宝殿、古佛殿、南海观音殿、药师七佛殿及水陆殿。第三殿和第四殿之间有一个很浅的小龛，供奉着白家铺白氏三代宗亲的牌位。这些庙宇、碑亭和石窟高低错落，坐落于白家铺村西北一个石崖，寺院地下是一排五孔会窑，对面的戏台为在原址刚刚新建，整个寺庙的维修工程还在继续。

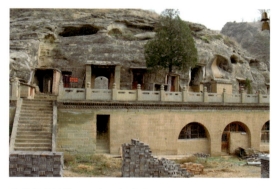

佳县白家铺村化云寺石窟外景

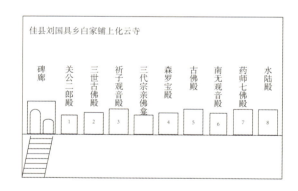

第八号窟为水陆殿

化云寺石窟南部北壁

　　水陆殿在这个石窟的最东头的第七号窟，该石窟只有一个2.4米高的洞门，殿内空间也较小，宽4.4米，深5.8米，高2.84米，与一间普通房大小相当。此殿内部最有特点的是墙面弯曲不平，东西两壁的水陆壁画就着有弯度的墙面绘制。水陆殿内正面供奉释迦牟尼佛及二菩萨的铜像，台阶下立二护法铜像，神像身后的墙上东西两侧各绘四组明王像。东壁弯曲S形墙面，自上而下绘有四层壁画，每层12组图像，共计48组图像，内容为天王天仙、天府诸星君、十二元辰、二十八宿、往古人伦等内容。东壁画高1.66米，宽5.3米。西壁画墙面形成一个曲的凸面，自上而下绘有四层

化云寺石窟东壁水陆画

化云寺石窟西壁水陆画

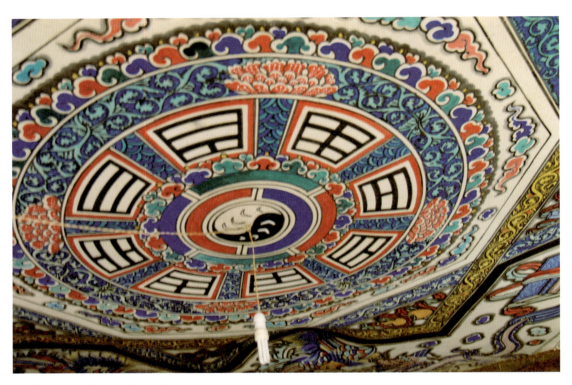

化云寺水陆殿顶部平棋的传统图案

壁画，每层12组图像，共计48组图像，内容有诸
大龙王、地府诸神、阎殿十君、孤魂冤鬼等。壁
画高1.68米，宽5米。顶部绘制太极图和八卦图，
结合各种祥瑞花草和云纹画面，表现出吉祥如意
的中国传统文化寓意。

　　白能利，佳县刘国具乡白家铺村人，70多
岁，于1978年开始担任化云寺庙会的会长。当时
寺庙已经被破坏，水陆殿现在所立铜像是香客于
2008年还愿时请来，原来的泥塑像被抬出去，将
新的铜像开光后供起，泥塑像在和尚念经后被打
掉。关于化云寺的水陆壁画，白能利说，寺内原
来绘有明清时期的水陆壁画，比现在这堂画得好
很多，在"文革"中被铲坏。1987年，在他的主
持下修复水陆殿，将剩余旧画铲掉，请来当地民间
画匠田存有重新绘制了现在这堂水陆壁画。化云寺
水陆殿虽重绘了水陆壁画，但与水陆画有关的法会
在化云寺早已停办，白会长也没有见过类似法会。
化云寺庙会每年在阴历六月二十举办，届时会请当
地忌口人念经、唱戏、进行商品交易活动。

化云寺会长白能利在水陆殿石窟门口

　　虽然旧水陆壁画无缘目睹，但在化云寺碑廊
存有一通内容为《天地冥阳水陆神祇碑记》的石
碑，该碑名特别提到"天地冥阳水陆神祇"。该
问题2007年中央美院戴晓云的博士学位论文曾作

过深入的研究探讨，认为北方地区水陆画中所绘神祇，应该与保存在国家图书馆的明代刻本《天地冥阳水陆仪文》中所奉请的神祇相对应，并比较探讨了不能与收录在《大藏经》中的《法界圣凡水陆修斋仪轨》中所奉请的神祇对应的事实。该研究成果认为北方地区水陆画中所绘的神祇一定会与天地冥阳水陆仪文所奉请神祇对应。佳县化云寺石窟的这一通《天地冥阳水陆神祇碑记》恰好与戴晓云的这一观点相呼应，说明陕北水陆画所绘神祇就是《天地冥阳水陆仪文》所奉请的神祇。

此碑圆头方座，碑首双钩法竖刻"皇帝万岁"四字，周围饰以蔓草花纹。砂石质地，高1.84米，宽0.77米，厚0.13米。碑刻正文如下：

盖闻毗卢教主□藏慈尊金刚座上，天人师祥云影□大，能仁放光明，周以界微尘刹土，大慈悲，大喜舍，大圣慈尊，更无去以无来，不生不灭度群迷，超十地绝证无生，巍巍不动似金山，

化云寺保留的明代隆庆二年"天地冥阳水陆神祇碑记"

荡荡法身常湛寂，清净法身，大毗卢遮那佛。

释迦如来，西方圣人也，千百亿化身，周昭王二十四年四月初八日中，天竺国净饭王妃摩耶夫人生太子悉达多，四十二年太子十九岁，入雪山阿蓝处落发，习不用处定。周穆王三年，太子于菩提场中成无道号佛世尊。五十一年世尊于泥莲河沐浴全身，于普光明殿侧说大藏般若涅槃经四十九年，以正法眼，藏付上首弟子大迦叶世尊于拘尸维那国娑罗林树间入般涅槃，住世七十九岁。自世尊灭度化行西域，下世千七百年后，汉明帝永平十一年，夜梦金身飞入殿庭，光明普照，十方世界。其后，梁武帝舍身布施颁降，天地冥阳水陆大神祇，敕修天下寺院；唐宪宗皇帝迎佛入宫，佛法大教兴隆，以空虚寂灭为宗，以戒定惠为本。佛者觉也，人能觉悟，无戒相，无人相，无众生相，无寿者相，即是无上平等。觉也佛者，是三界大师，四生慈父。地藏经云：布施金银财宝造像，修缘当生三十三天寿命福德，百千万劫说不能尽下生人间。国王帝主，福寿无尽，富贵荣华莫非宿种善根，着锦食馔乃是前生作福，聚明智慧昔日曾向修来，寿禄增延盖是近因喜舍之福。六道四生，地狱三涂，苦海波中，现在眼前兹者。发心僧人刘永德见得地方缺少天地冥阳水陆圣殿，缺少钱两诱引众善人等，共同成愿，命请工匠，嘉靖三十八年三月二十八日起打石殿，塑画圆满，至隆庆元年三月初六日开光大吉。僧人刘永德舍牛二只，共计舍钱二十三两，众人家的钱共六十两。

葭州知州奉直大夫：章平　本州丹青：刘子宣　梅世清

观井寺施钱僧人：明来　性朗　明性　葭州普照寺祖师　祖鉴　门徒正斌　徒首玫　门徒玄锦　门徒福荣　福莲　门徒永德　永硕

开碑石匠：房贤　男房佐　山祭打殿碣匠工□

化云寺　龙泉寺　兴隆寺施钱僧人：玄江　玄喜　福兴　义保

大明隆庆二年九月十二日修造立碑功德主僧人

药师七佛　八大师菩萨　日月菩萨　十二神将　功德主男善人白孟晓　同室女善人徐□　男白尚伸　白尚引

6　神木县龙泉寺水陆殿遗址及寺内碑刻

神木县乔岔滩乡高仁里峁村龙泉寺水陆殿已经坍塌多年，但从庙内遗留明清时期的碑文中可看出，此地在几十年前有一个较为宏伟的水陆殿存在[5]。高仁里峁村离神木县80多千米，龙泉寺在沟底，在公路旁下了车要步行半个小时。我们沿着小路走到半坡时，遇到在路旁田里种土豆的两位老人。一位叫高海社，当时69岁，他告诉了我们一些关于龙泉寺和水陆殿的情况。他说："水陆殿已经塌了。原来寺内的水陆殿很大，有两壁壁画很漂亮，但水陆殿因年代太长，在'文革'开始前几年就已经塌掉了，但下去还能看到哩。我小的时候，龙泉寺香火可旺，每年有好几次庙会，但现在只有每年四月初八才办一次庙会，香火也不比从前了。"

龙泉寺坐落于高仁里峁村沟底的一条小河旁，现存两个石窟寺和一个翻新的庙宇，在两个石窟上面是一个塌掉的佛殿，这就是村民所说的水陆殿。水陆殿大石块砌的台基尚存，残余11级台阶。残存外壁宽9.2米，深5.5米。从台基和坍塌的石块分析，原建筑不是砖瓦木柱梁的结构，而应该是个较大的枕头窑加卷棚的建筑，与脚下的两个石窟处在同一中轴线上。中轴线正对的石桥对面是一个老戏台，可以看出这个建筑群是一个完整的寺庙。两个石窟西侧为药师佛殿，东侧为菩萨殿。石窟西边的庙宇应该为后来扩建时修建，为娘娘庙和森罗宝殿。

龙泉寺有关水陆殿的记载还可见于两通碑刻。该庙存有大量记载重修的碑石，可知在大明天启七年（1627）、大清康熙五十年（1711）、乾隆五十七年（1792）、同治五年（1866）、光绪元年（1875）、光绪八年（1882）、光绪三十四年（1908）都有过重修或扩建。有些碑的文字已经漫漶不清，有几通碑内容大部分可以辨识，其中同治五年（1866）碑就有关于水陆殿的记载。此

龙泉寺全景，左上方红框处为坍塌的水陆殿、下方为两个石窟殿，一为药师佛殿，一为菩萨殿

重修龙泉寺碑

碑残高1.48米，阔0.71米，厚0.13米，砂石质地。正文共13行字，由于碑底靠近底座的地方有一大片字迹不清，故每行都有几个字不能辨识。以下将每行的内容列出（水陆殿记载在第四行）：

《重修龙泉寺庙碑序》神木具生员杨折生撰书

(1) 从来泰山不让土壤故能成其大，河海不辞细流故能就其深，至于神殿之设……

(2) 故而鼎新，葭郡城北百里许，旧有龙泉寺一所，夫寺而取名为龙泉，虽未□如……

(3) 雄壮奇观而要，其层峦叠翠上出重霄，又有清流急湍，映带左右，亦寺中之一……

(4) □□乎仰观，水陆宝殿位乎上，护法天王介乎中，至若正殿菩萨、关……

(5) 东岳西岳，眼光菩萨，马鸣大士，河伯将军，糠秕痘疹娘娘，三教殿……

(6) 要皆有功于人世，有补于民生者也。粤稽道光年开始复更修而增补之，是昔之……

(7) □后之人，独不可以善述人之事乎。况乎

历年既久，□必墙倾楫摧，为……

(8) □倾圮时防□党，风雨之飘摇时而造修不及，堪叹圣像之减色，彼郡人……

(9) □□者也，唯有合社会首并本寺住持，不忍坐视其零落，原于同治二年公同聚……

(10) □□好用，各输己财，共担□□，比及三年，遂尔协力同心，鸠工补葺，几有……

(11) 日月之几何而已，工成告竣矣，而已焕然改观矣，而要皆因旧制以成……

(12) 神楼一所，更有常年之水井湾，原系一条曲径，至今亦砌石成洞，坦……

(13) 为之一新焉，爰于是，勒碑刻铭，以志其不朽云尔。

大清同治五年岁次丙寅梅月　穀旦

另外，在娘娘庙前立有一块新碑，高1.58米，阔0.55米，厚0.058米。记载龙泉寺所奉之神位，其中也有水陆殿的记载。在森罗宝殿和娘娘庙之间一个木质神龛中，立一个"水陆万神像"的牌位，该木质神位高0.94米，宽0.09米。

龙泉寺一神龛中发现的水陆万像牌位

小结

1、本章梳理介绍了六处原有水陆画的寺庙，现今都已不见了原作实迹，但这些庙宇也是明清时期陕北水陆画庙群的组成部分，是当时秃尾河和葭芦河流域水陆法会兴盛的见证。

2、龙兴寺（赤脚寺）道光十五年（1835）重修碑记说明，道光年间该寺水陆画就已经存在，道光十五年有可能是重绘。土佛寺观音院门额头嵌有道光二十八年的题字，也说明在道光二十八年（1848）有过大的修建。这两个寺院的正殿都是枕头窑建筑的水陆殿。

3、毗卢寺水陆殿是石窟殿，民国十年（1921）碑刻记载旧有水陆诸佛，因"迄今代远年湮"，于民国九年（1920）给予修葺。毗卢寺最古文物为一口天启三年（1623）的巨钟，碑文所引传说最早建于唐代，但无实物证据，此石窟寺可能开凿于明代天启三年（1623）。

4、佳县朱官寨金山寺2004年碑刻记载，1974年画家刘文西来寺考察时认为正殿水陆壁画为唐代所绘，其判断未必准确，但可证明20世纪70年代金山寺的古代水陆壁画还有保存。

5、佳县化云寺石窟为明代所造，后经历代重绘，现在所存为20世纪80年代所绘。该寺发现的一通石碑名称为"天地冥阳水陆神祇碑记"，记载了明嘉靖三十八年（1559）石窟的开凿和隆庆元年（1567）建成开光等事，显示丹青艺人为刘子宣、梅世清，是一件有很高学术价值的历史文物。

6、神木高仁里峁村龙泉寺坍塌五六十年的水陆殿，建筑废墟至今犹在，寺内同治五年（1866）碑刻记载："……水陆宝殿位乎上，护法天王介乎中，至若正殿菩萨……"可见在同治五年时龙泉寺就有水陆殿。碑中又记："粤稽道光年开始复更增而修补之……"，说明在同治五年间修葺的是道光年建筑。道光年间（1821～1850）有可能是此水陆殿的始建年代。

7、通过以上梳理，可知这六处水陆画寺庙的初建年代集中在明成化十年（1474）到同治五年（1866）这一时间段，历经四百余年，从明代中期到清代晚期，这标示了该区域水陆法会流行的大致时期。

注释：

1　榆林市志编纂委员会编，《榆林市志·文物志》，72页，1992年油印本。

2　曹颖僧辑著，《延绥揽胜》，218页，榆林市政协文史委员会、榆林市黄土文化研究会2006年版。

3　杜相唐，《明清两代榆林地区驿站、塘铺考》，《榆林文史资料》第2辑。

4　2011年10月27日，笔者专程前往化云寺考察，从佳县出发向东北方向行60千米，下了公路在乡村土路上开车半个小时才到。这处明清时代有名的塘铺，现在已经变为偏僻乡村，交通十分不便。

5　2011年夏天，笔者随王宁宇教授冒着酷暑对陕北民间艺术进行考察时，曾对该寺庙进行了考察。

七　陕北水陆壁画庙宇群生成的历史文化空间

从前几章内容可知，在陕北北部的葭芦河流域和秃尾河流域，存在着一个聚集了12个庙宇的水陆壁画庙宇群。这些水陆壁画庙集中分布于这一带的沟壑山梁，从古代官道旁到偏远乡村角落，规模有大有小，有的绘制精美，有的较为粗糙，反映了不同时期不同寺庙的社会背景和经济实力，更蕴含了该地区民众的审美倾向和民间宗教信仰特征等。

该地域属风沙草滩区与农耕区接壤的过渡区，大体位于长城南缘沿线，因其地理位置特殊，较其他地方生存更显艰难，充满曲折与危险。当地水陆画流行集中于明代中期至清代末期，因为在这四百多年间，该地边患兵燹和自然灾难频繁，所引发的瘟疫疾病对生命构成威胁，在当地民众中造成恐惧的心灵感受。目前，在当地民间的打醮活动中依然可以看到古代水陆法会的痕迹。寺庙水陆壁画是留在墙壁上的实物证据，现在在乡间所见打醮活动中的放焰口施食、转幡、破地狱，以及在一些庙会上诵念《梁皇宝忏》经文等活动，都是在仪式中保留下来的与历史上水陆法会有关的民间宗教文化。

1　陕北水陆壁画群的生成

1.1　生态学中的群落及文化生态论的群落

生态学是研究生物之间及生物和非生物环境之间相互关系的学科。在生态学中的群落，是指在一定时空范围内，各种生物及环境因素彼此组合、相互影响，构成关系错综复杂的自然综合体，表现出历时性的群落演替和历空性的多维结构，处于不同生态位的生物（生产者、消费者、分解者与转变者）与环境（介质、基质、阳光、营养物等）之间互相作用，形成了相对稳定的动态平衡的体系——生态系统。为了人类的未来，运用生态原则指导农业、工业，使人类的各种开发活动服从并有益于人类的生态环境。以上这些生态学原理对于迄今为止的人类文化活动的研究具有重要意义，把生态学的科研成果运用到文化学、艺术学研究中，使许多关系、规律变得更透明[1]。

古代陕北北部的自然生态，是一个农牧兼营的过渡区域，人口稀少且流动性大，土地表层支离破碎，十分贫瘠，农业生产经常遇到十年九旱的状况，畜牧业尤其是养羊成为陕北人日常营生的重要部分。此外，便利的黄河航运也为榆阳、佳县、神木、府谷一带的陕北人提供了讨生活的又一条生路。黄河的几条支流无定河、葭芦河、秃尾河、窟野河等川道，既是通往内蒙古大草原甚至一直到宁夏、甘肃等地的贸易通道，也是陕北人遭到饥馑时前往富庶的河套平原逃荒要饭之路。2008年夏天，笔者一行在佳县兴隆寺遇见修葺庙宇的两个木匠，他们是父子，陕北神木人。民国三十七年（1948）陕北大旱，年仅12岁的父亲逃到宁夏中卫县要饭，流浪几年后，在宁夏收留他的人家作了上门女婿，后来跟随岳父学会了木匠并以此谋生。2000年，他得知家乡神木已经变得十分富裕，便带着妻子和儿子回到家乡，以揽木工活为生，日子一直过得不错。他说："过去宁夏富裕，陕北人遭灾了就往宁夏跑饥荒，宁夏人依靠河套平原的土地和黄河的水利，从不缺粮，只要逃荒的人能够到达宁夏，就有一口吃的可以活下来。现在陕北富了，我们全家又返回来揽活，现在这里（陕北）钱多好挣。"当陕北遭遇年馑穷困至极难以养活黎民时，人口就会自然流出。时过境迁，当地方经济情况好转时，人口又会回流，并将外地文化带进陕北。木匠从宁夏学会的木工，自然会将河套地区文化中的某些因素带到陕北的寺庙建筑中，这可能就是我们经常所疑惑的问题——在这样偏远的地方会经常感受到外来文化的因素。自然生态的优劣影响到当地

的生产方式，与人们的衣、食、住、行等日常生活方式相关联，并从当地的社会风俗和民间宗教信仰等方面体现出来。也就是说，一个区域内的自然生态因素会直接影响到文化生态的形成。

如果将文化的形态与自然生态作一比拟，应当以地区和种类来划分横向，以历史的纬线来划分纵向。文化生态是在漫长的历史中积淀而成，既有时代性又有地域性。陕北和晋西北的民居窑洞有别于其他地方的居住形式，成为当地特有的文化，手扒羊肉的饮食习惯和反穿羊皮的服饰文化明显与畜牧牛羊的自然生态有关，与周边蒙古、宁夏等地习俗相同。如果把生活习俗、方言、信仰等特征明显的文化生态在内部再按群落加以划分，其规律与自然界的生态规律相似。

在特定时间段的社会背景下，一定范围内的同类事物或由多种因素所促成的文化现象达到一定数量，可以认为是一种文化生态的"群落"。在陕北地区影响最广泛的信仰是受佳县白云山道教影响下的民间宗教信仰，将这一信仰群划一个范围的话，北部边缘在内蒙古南部，东边达到晋西北地区，西北涉及宁夏北部的一些区域，其核心地区自然是陕北榆林和延安二十多个县。这个大的信仰群落内部又划分为六个分会，形成小的关系更为紧密的"群落"[2]。这种会与分会的构成与自然界的生物种群极其相似，也类似于一棵树的树干、分支及树根的关系。

文化生态论中的"群落"，体现在语言、饮食、婚丧嫁娶、民居建筑等日常生活的各个方面。陕北方言素有"十里不同音"的说法，有的学者在研究后将陕北地区的语言分为5片：①榆林片：包括府谷、神木、榆阳、米脂、横山、靖边六县。这一片内入声字今仍读入声，只有少数字今读舒声，其晋语特征最为显著。②佳吴片：只有佳县与吴堡两县。古浊音入声字正在发生变化，说话时多读入声，认字时多读舒声，表明晋语开始受到官话侵蚀。③清涧片：包括位于清涧河流域的清涧、子长、延川三县。该区内入声字

已发生变化。④绥德片：即绥德、子洲、安塞、志丹、吴起五县地域。其中志丹、吴起两县只有少数清音声母字今读入声。因此，这两县由晋语向中原官话过渡的色彩较浓。⑤延安片：即宝塔、延长、甘泉三县。只有少数字在口语中今读入声，显示出深受官话影响的特征³。笔者数年在陕北庙会考察中发现，佳县、榆阳、横山等县的乡村经常从黄河对岸请来晋剧团唱戏，但在延安和榆林的南部县区就不会遇到。很显然，晋剧团在陕北的演出活动有一个范围边缘，出了这个文化影响圈的范围，乡间百姓听不懂也不喜欢欣赏晋剧团的演出。这种类似生物种群的文化生态论中的"片"、"圈子"或叫"群落"，千百年来一直存在于中国人的生活中，并对中华文化产生了深远的影响。

1.2 十余处庙宇组成的水陆壁画群落

笔者之所以将近几年考察发现的这些水陆壁画的庙宇合称为水陆壁画庙宇群，是因为它们的分布地点集中于秃尾河和葭芦河流域，庙址数量达到12处之多。该区域各地县志记载的还有一些，这些水陆壁画绘制年代集中于明清两代，明确反映出该区域的水陆法会超度亡灵的民间宗教活动的时间段和具体地点。

在对该地区的调查中，除发现的这12处水陆壁画庙之外，还有榆林万画家族收藏使用的一

寺庙	地址	结构	初建、始绘年代	壁画再绘情况	现存状况	备注
金山寺	佳县朱官寨乡朱官寨村	砖木	旧志称建寺于东晋永和中。传水陆画唐代初绘，未确证	之前情况不详，1974年壁画旧迹尚在	旧壁画于20世纪70年代后期被破坏	2003年新画
毗卢寺	榆阳区安崖镇刘兴庄	石窟	新碑称唐代建寺即有水陆殿，未确证	民国九年（1920）旧画存在，以前情况不详	旧壁画于"文革"被破坏	2011年新画
土佛寺	榆阳区刘千河乡康家湾村	窑洞	新碑称唐代建寺，未确证	1962年旧画存在，之前重绘情况不详	2001年重绘	旧壁画已不存
香严寺	榆阳区刘千河乡屈渠万桃山	窑洞	明成化九年（1473）	清康熙四十三年（1704），同治四年（1865）	旧壁画基本完整	地旧属常乐堡二塘
金佛寺	榆阳区安崖镇刘岔村	石窟	明成化十二年（1476）	不详	1994年新翻修	存十余组旧壁画
兴隆寺	佳县上高寨乡郑家后沟	石窟	明成化年间（1465～1487）	清光绪八年（1882）再绘，底层老画年代不详	旧壁画基本完整	古碑多毁于"文革"
龙泉寺	神木县乔岔滩乡高仁里峁村	窑洞	明正德三年（1508）建寺，嘉靖二年（1523）、天启七年（1627）重修	清康熙五十年（1711）有记，清道光、同治三年（1864）增修，未详及壁画重绘情况	20世纪60年代庙殿坍塌，	基址废墟尚在，旧壁画已不存
观井寺	佳县上高寨乡观记沟村	砖木	明嘉靖二十年（1541）前已"北建佛殿"	清乾隆廿九年（1764）绘制	现存壁画为道光廿一年（1841）绘制	半壁基本完整
化云寺	佳县刘国具乡白家铺村	石窟	明嘉靖三十八年至隆庆元年（1559～1567）	不详	1987年新翻修	旧壁画已不存

续前表

报恩寺	佳县方塌乡杨塌村	窑洞	传说为明代	清道光二十三年（1843）绘制	半壁旧壁画被破坏	2003年修补，保存1/2旧壁画
石佛堂	府谷县孤山堡镇	石窟	推测为明代	清乾隆四十八年（1783）已"久废"	不详	不详
龙兴寺	榆阳区安崖镇崖窑沟村	石窟	不详	清道光十五年（1835）之前	1990年新翻修	旧壁画已不存
释迦庙	榆阳区麻黄梁乡西长塌村	砖木	清雍正十年（1732）	清道光至光绪年间	旧壁画基本完整	地旧属双山堡

套清代水陆画稿80余幅；横山县一堂活着的卷轴式水陆画在牛王会活动中使用，这堂卷轴水陆画虽为现在所绘，但历史渊源久远，承传有序，可追溯至百年之前。查阅文献资料时还发现《府谷县志》中有水陆寺的记载："石佛堂，在堡南门外，元建娘娘庙、蟾海寺、水陆殿，久废。水陆旧寺门外石塔犹存，俱在堡南门外南山孤山堡地方。"[4]可见，在该地域或许还有未被调查发现的水陆壁画庙，陕北的水陆壁画庙宇群落或许远多于本研究目前已涉及的范畴。

就目前发表的论文和考察资料分析，目前在全国范围内，山西的五台山周边地区有相对集中的水陆壁画庙宇群；晋中地区灵石、稷山、洪洞等地也存在一个水陆壁画寺庙群[5]。河北蔚县和石家庄位处长城南北也发现几处水陆壁画庙，可以视作一处水陆壁画庙宇群。[6]

在陕北地区发现的这一处相对集中的水陆壁画庙宇群的寺庙数量最多，地理位置相对最为集中。从地图可以看出，这个庙宇群集中于陕北北部一个不小的范围内，临近的两个庙最近的有七八千米，远一点的也就十几千米，互相之间联系十分紧密。从本书所录出的这些庙宇的古代石碑刻字中可以看到，这一庙宇群中同时有几个庙宇的名字或寺庙主持人的法号会出现在同一块碑石上。说明在该地区的民间宗教活动中，这些庙宇之间经常相互来往：举办法会；寺庙修葺；佛像壁画开光，当地会长、寺庙主持等人会前往祝贺、捐款和参加仪式。这一点在本书整理的古代碑刻文字中可以非常清楚地看到，几乎每一块

葫芦河、秃尾河流域的水陆壁画庙宇群（黄点为各寺位置，红字为寺名）

旧的碑石上都有这方面的记载。这是一种群内交流，从这一点来看，水陆法会的活动"圈子"和水陆寺庙的"群落"是确实存在的，只是过去的研究者没有将这一概念明确下来。

1.3 陕北水陆壁画庙宇群落的生成

截至目前的考察，榆阳区刘千河乡屈渠村香严寺的碑刻所记明成化九年（1473）建庙，当时就是三教殿，应该绘有水陆壁画，是12处水陆壁画庙宇中最早的水陆壁画。香严寺建庙年代有可能是陕北水陆壁画庙宇群生成的一个起点，该地区从成化九年开始陆陆续续出现了有水陆壁画的庙宇。这一时间几乎与榆林建镇同时。当榆林在成化七年（1471）建镇后，作为榆林城的外围设施之一，随后修建了香严寺。榆林建镇的社会背景是北方不断入侵，威胁京师，朝廷在边关的防御设施加强。香严寺推测就是榆林官府背景的寺庙，与当时超度军阵亡殁人员的需求有关。该水

陆壁画群中许多水陆画初绘年代集中于明成化年间（1465～1487），当时的灾难威胁主要来自边关战争。

在陕北水陆壁画庙宇群中，现在所能见到的旧壁画，绘制最早的为清代道光二十一年（1841）的观井寺水陆壁画。除此之外，道光年间还有报恩寺、赤脚寺等其他两处庙宇绘制了水陆壁画，让人感觉到这一时期水陆壁画在陕北寺庙中的流行。

佳县郑家后沟的兴隆寺、榆阳区西长墕的释迦牟尼庙都是将原有壁画盖住以后改画为水陆内容的壁画，这两处的绘制时间都在光绪年间。是什么原因促使他们将原来的壁画内容改换了呢？这应当与当地发生的一些历史事件联系起来研究。可推测在这一时间段之前，一定有大量死人的事件在当地发生。我们知道，陕北在清代晚期有一段惨痛的历史动乱就是发生于同治元年（1862）至同治十二年（1873）（前文已述，此处不详说）。改画水陆的时间段刚好就在动荡对地方造成的伤痛刚刚抚平，当地经济得到恢复后。那时，对几年前发生的惨剧和死亡的人员的超度就提上议事日程，寺庙为适应这样的需要，将原来的壁画遮盖，改换为水陆壁画的内容，用以召开水陆法会。

所以，在这一时间段出现了改变壁画内容的庙宇，为这一地区新增了一些水陆壁画，扩大了这一水陆壁画庙宇群。

佳县兴隆寺和榆阳麻黄梁乡西长墕的水陆画属光绪年间，是这12处寺庙中最晚绘制的记载。

据此推测，现存完整的旧壁画绘制年代主要集中在清代道光、同治到光绪初年（19世纪中后期）这个时间段。这里暗示着那几处因自身破损不堪被铲除了的壁画，绘制年代要早于道光时期。道光以后水陆壁画庙在这一区域没有再修建，说明在陕北葭芦河与秃尾河流域的水陆法会活动的流行，是在从明代成化九年（1473）到光绪年间这400多年之间。

1.4 水陆壁画庙宇群生成的宏观条件

该区域水陆壁画庙宇群的生成，背后显然具有一种相当强劲的势头在推动。这是什么样的一种势头？

宏观上看，应是受到整个中国北方水陆法会活动的影响。这400年间，整个中国北方水陆法会活动有其自身的趋势与特征，从遗留的水陆画可以窥见其活动的时间和地理范围。近几年，研究者在河西走廊的古浪、民乐、山丹、乐都和武威发现了大量卷轴式水陆画，仅武威市博物馆一处就藏有明清时期卷轴式水陆画300余幅。仅从数量来估计，也可见明清时期水陆法会在河西走廊一带的流行盛况和普及程度。河西走廊的水陆画目前发现全部是卷轴式，当时的水陆法会应该是在流动的、临时搭建的佛堂举办，即使在寺庙举办也可能是暂时借用。山西水陆法会的活动大多会借助于寺庙，所留水陆壁画的寺庙多达17处，基本以五台山佛教圣地为中心，绘制水平较高，艺术风格与河北毗卢寺的水陆壁画差异不大，绘画技艺明显受到京津地区主流文化影响。河北有石家庄毗卢寺、蔚县重泰寺和故城寺等几处水陆壁画。毗卢寺明代水陆壁画和山西繁峙县公主寺明代水陆壁画均可称为北方水陆壁画中的精品。

从对整个北方水陆壁画的整体分析可知，陕北地区的水陆壁画庙宇群的形成，受到晋西北文化的直接影响，粉本和初期绘制水陆画的匠人与山西地区的水陆寺庙群存在很大关系。

佳县化云寺的《天地冥阳水陆神祇碑记》记载了明隆庆元年（1567）的水陆壁画，以及天地冥阳水陆神祇在陕北受到供奉的情况。可见在明代，这一信仰在黄河两岸都有很大影响，陕北水陆法会所用仪轨和神祇图谱与山西地区十分相似。它所提供的信息也将陕北水陆壁画与山西地区的一些文献和壁画联系到一起，从而将陕北水陆壁画纳入到北水陆的谱系之中。对照文献应该是珍藏于国家图书馆、北师大图书馆等处的《天地冥阳水陆仪文》，而不是收入《大藏经》的《法界圣凡水陆修斋仪轨》。

从郑振铎藏本《水陆道场鬼神图像》与榆林万画家所藏清代水陆画谱的比对研究也可看出，后者应该是受到前者的影响。调查发现，山西的石匠和画匠出现在陕北明代石窟的碑刻中的例子也有几处。在金佛寺石窟的一个台阶立面碑文记载："大明成化四年四月初一日修造工□……兴县金火匠人：吕□；铁匠：雷宽、李受、邢交秀；石匠：邢交谅、刘文忠、邢交□；汾州丹青：高森、朱鸾、男□□。"还有金佛寺成化十二年（1476）《重修金佛寺碑记》所记："石州青龙东都石匠：□□□（被人凿掉）贺得广"，也可以证明早在明代成化四年（1468）和成化十二年（1476）就有山西汾州（今山西临汾）、石州（今山西离石）的丹青匠人和石匠来陕北地区为寺庙做活，这些例子充分说明了这种交流的历史悠久。其次，由于战争和饥馑造成该地区人口大量死亡，需要经常举办超度亡魂的水陆法会，有些庙宇正是为适应这一需要，将原有壁画内容改画成水陆壁画，如佳县的兴隆寺和榆阳区的西长塔水陆庙等就可能是这种情况。再次，这400年间人口的大量流动，造成文化的交流与融合，加之民间信仰兼容并包的多元化特征，致使主流宗教与民间宗教浑然一体，大大影响了民间宗教的生存形态，所有这一切都是该区域水陆庙宇群生成的重要的宏观历史条件。

2 陕北水陆壁画庙宇群生成的历史空间

陕北水陆壁画出现的诱导因素除了上述宏观历史条件的影响外，一定有具体的原因，如在这一时期导致人口大量死亡的历史事件，应该包括两个大的方面：一是在边关之地的陕北北部地区导致人口大量死亡的边患战争因素；二是地处自然条件恶劣、农业欠发达地区的灾荒和与之相关

联的内乱因素。

2.1 边患灾难因素分析

由于陕北北部地处边界，不同民族之间的战争或民间冲突称为边患，边患对当地造成巨大灾难，也促使明代成化七年（1471）延绥镇总指挥部迁镇榆林。由于地理位置的特殊，明代陕北北部地区备受朝廷重视，延绥镇属于当时九边重镇之一，既可防止鞑靼经陕北进入关中，亦可抵挡鞑靼东渡黄河进入华北威胁京师。明廷花费巨大人力和财力，调集军队输入陕北榆林一带，并设置1700多里的边墙——这些举措也预示着陕北从明成化年间开始，进入了一个战乱不断，民不聊生的时期。

《明宪宗实录》中兵部尚书王复于成化三年（1467）的奏章写道："今天下一统，诸种番夷虽或出没，不足深虑，惟北房动辄长驱深入，最为边患……延绥城堡最为难受，止有总兵参将三元调度，岂能周遍？议者咸谓若依旧受把黄河险阻，应为万全之计。"[7]

对于延绥镇这样的边关区域来说，除历史文献记载的战争外，日常生活中频繁发生的大多是民间小冲突和纷争，有时会引起人员死亡，就像今天邻国之间渔民的冲突，也有像因边境、海界存在争议由边民冲突而升级为国家之间的对峙。今天死十个人，明天死八个人的边界冲突会不断发生，类似事件有一些会被地方乡土志等文献所记录流传，并不会记入正史，目睹这样的记载也同样足以使人心惊。

如民国十三年（1924）《府谷县乡土志·兵事录》记载：

"宪宗成化三年（1467）八月套人入寇大掠子女，而东充参将御孤山堡，汤引绩率麾下百余人邀于境上，力战，寡不敌众，死之。

四年（1468）冬，套人入寺尔梁清水本营，指挥李杲不惮寡弱，竭智力战，斩首百余级，酉尽遁去。

嘉靖三十四年（1555）十月，吉能犯建安柳村会，葭州至府谷参将杨瑑死之。

嘉靖四十四年（1565）四月，虏袭陷黄甫川，杀二百八十余人，仓官一人。

同治六年（1867），有匪窜入北山本境，戒严知县郎鹤鸣率绅团防堵。七年（1868）正月，贼陷神木。冬十一月，贼复大举由故道入境，沙梁绅商请援于准格尔旗，……准格尔兵甫至沙梁川，遇贼被围于雌怪子梁[8]，数百八十人无一逃者。贼虽东，蹂躏地方几遍。

同治九年（1870）夏五月……，屯沙梁营官桂提、陈允和击败之，杀伤六百余人，酋二十六人。"[9]

该乡土志编纂者十分注重数字的记录，对每次死亡人数的详细记录，让我们对当时的情况有了更加直观的了解，当时府谷、神木地区每隔一段时间就会有一些人在边关冲突中丧生。该书最后还将死亡数字统计录出，仅府谷和神木二县境内，官兵被杀、自尽、不明原因毙者共885人，靖节死难妇女共328人。七年后，上旨旌恤地方贡生、各级官员，府谷县有13人封云骑尉世袭。这样的死亡数字和频率，是否可使人将其与当地的水陆壁画庙宇群联系到一起？

史料还记载："成化二年（1466）：六月，毛里孩扰延绥。十月，鞑靼入明延绥边，明守将汤胤率兵拒之，败还，汤胤战死。

成化四年（1468）：九月，赈陕西饥。十二月，毛里孩攻明延绥边。

成化五年（1469）：十一月，鞑靼毛里孩攻延绥边。

成化六年（1470）：五月，陕西饥，赈之。六月，兵破河套鞑靼于延绥东路。

成化九年（1473）：七月，巡抚延绥都御使余子俊败加思兰于榆林涧。"[10]

明成化十年之前该区域战争记载显示，从成化元年（1465）到成化九年（1473），该区域几乎年年打仗，虽然这样的战争规模在历史长河里算不得什么，载入史书中的只有几个字，但对于一个小的地域来讲，即意味着年年要有很多人死于战祸。

进入清代后，陕北最大的边患事件是同治年间的"动乱"。由于此时朝廷用兵的重心在南方与太平天国的对抗中，无暇北顾，致使这次动乱迟迟不得平息，扰袭陕北地区长达十余年，期间捻军一部分也进入陕北，侵犯榆林南部。这次动乱不光涉及神府二县，陕北大部分地方都受到侵袭，老百姓深受其害，人口大量死亡。这段历史在陕北地区地方志中记载较多，《陕西横山县志》所记较为详细[11]。

自同治六年（1867）后，各种武装对陕北榆林、神木和佳县等地的侵扰在地方志中还有很多记载[12]。

如"同治七年（1868）正月，二十日，……攻破神木县城，焚毁衙署等，杀神木县知县刘余庆、杨艎、司员吉谦、同知熙昌、增保、参将瑞福、教谕冯树勋、把总景瑞云、典史章辉等。"[13]榆林、神木、佳县和府谷等边关之地，在明成化年间至清光绪年间的400多年里，老百姓因边患冲突死伤众多，佛道二教和原有民间宗教信仰受到巨大冲击，大量古代寺庙被毁，一些民间打醮活动开始兴起[14]。当地许多石窟寺在这样的战乱年代被当成避乱之处，有时一个石窟可救一个村庄人的性命。《府谷县志》对此记录道："广福洞，在黄甫城南石塔沟口岩下，相传为明末堡人避兵处，上有石塔。"[15]"磁窟山洞，在山下深不可测，明弘治间僧人创之以济人避兵者。"[16]

曹颖僧在《延绥揽胜》中，针对水陆寺庙群所在的两条重要河流秃尾河和葭芦河在边患中的通道作用和兵燹事件，写道：

"秃尾河，本名吐浑河，浊而有沙，发源神木高家堡口外公堡海子，为哈巴塔尔河。东入神树沟母河儿沟水，及采兔沟水，进边墙。东入永利河水，经高家堡城，西南流至央道入佳县境。入南流合四字川，至三角岭合开荒川。再东南流数十里至惠山入黄河。按：宋孙览议城葭芦川，召折克行屯兵吐浑河，即此。"[17]

"葭芦河，古名茹卢水。源出榆林之双山堡，南流六十里入葭境，合真乡川、毛国川，又东五十里经通秦寨西，又东南五十里，达龙尾峰，合五女川，再东南至县治，环城而东，达狮子崖、营盘山，入黄河。按《宋史》：李继迁诱杀都巡检曹光实于葭芦川，即此。"[18]

从地图上看，陕北水陆壁画庙宇的分布走向，好像棋子一样散落在蜿蜒曲折的长城之沿线。秃尾河和葭芦河曾经是鞑靼人进军中原的地理通道，曹颖僧所著《延绥揽胜》对秃尾河和葭芦河的历史注解很符合这两条河流在历史上的作用，一为屯兵，一为诱杀。此按语揭示的是该地区边患形成的地理条件和流血事件，同时提醒我们该区域水陆壁画就是边关战争和自然灾难留给后世的遗物。在陕北榆林佳县一带明清两朝持续的战争与杀伐，兵火狼烟，生灵涂炭，加以恶劣的自然生存条件，死者超生，生者祈福，存留乡间的水陆壁画庙宇群，就反映出该地区水陆法会的活动曾经流行一时的历史条件和事实。

2.2 内乱灾荒因素分析

除边患原因外，该地区400年间的内乱也造成了民间疾苦和社会动荡，如李自成起义军和捻军对该地区长时间的影响以及连年不断的灾荒饥馑。明末清初李自成、张献忠等农民起义军与明清官军的对阵，陕北北部地区成为双方厮杀的首要战场。虽然随着清朝统治者在陕北地区击退李自成军，榆林一带局势逐渐稳定，失去了边关的地理位置，变成北方少数民族与内地文化经济交往的桥头堡，但是，有清代天灾人祸不断侵袭，清廷与太平天国的连年战争，鸦片战争受到外敌侵略，战争和赔款的双重耗损，严重损伤了清王朝的国力。加之连年不断的灾荒和瘟疫，严重威胁陕北北方地区人民的生命，造成平民百姓巨大的心理恐惧。

《榆林乡土志》载有李自成军队攻打榆林城和周边地区的记录，时间集中于崇祯六年至十六年的十余年间[19]。

人祸与自然灾害的交相侵袭是陕北北部近古时期的社会特点，李自成起义的根源正是崇祯年间的大饥馑。陕北北部在数百年间遭受的自然灾害频发带来的灾难，并不亚于兵燹对当地的打击。

据《陕西省志·大事记》记载：

"成化二十一年（1485）正月，陕西、山西、河南之境赤地千里井邑空虚，尸骸枕藉，流亡日多。

明世宗嘉靖八年（1529），榆林，人相食。

明世宗嘉靖九年（1530）四月，延绥、榆林诸处凶歉连年，人烟几绝，至有研木屑以食之。

明世宗嘉靖二十一年（1542）五月，明以开纳事例银三万两赈济延绥、榆林二镇及折放军士月粮。

明宪宗天启四年（1624），是年，榆林连年旱，西安大旱。

明思宗崇祯元年（1628），全陕旱、霜，陕北甚之，人食蓬蒿。

明思宗崇祯八年（1635），陕北饥荒，民以草根、树皮为食。靖边大旱，民饥死者十之八九，人相食，父母、子女、夫妻相食者有之。狼食人，三五成群。

明思宗崇祯十三年（1640），陕北春二月，风霾雨土，大饥。府谷斗米银七钱，饥死愈甚。

清高宗乾隆四年（1739）四至五月，榆林府属佳县、神木、府谷、吴堡大旱，饥馑连年，群狼食人，清廷诏免陕西榆林等十州县逮赋。

清高宗乾隆四十八年（1783），是年，陕西榆林、横山、靖边等八州县旱灾，民饥。

清德宗光绪三年（1877）九月，陕西旱荒日久，饿殍枕藉，清廷缓征蒲城、大荔……府谷、榆林、神木等49厅州县旱灾地区本年未完钱粮及旧欠银两。

清德宗光绪二十六年（1900）夏，陕西大旱成灾，灾民饿殍遍野，灾区达67厅州县，饥民逾200万人。"[20]

《府谷县乡土志》卷三《户口》载：

"前明成化十八年（1482，壬寅），斗米五钱，逃亡甚众。弘治十四年（1501，辛酉），荒同前。正德十一年（1516，丙子），夏不雨，人有饥色，野无完树，死者枕藉。嘉靖三年（1524，甲申），斗米六钱，盗大起，县民王嘉引倡乱，饥民群附；十三年（1534，甲午），斗米七钱，饥死者愈甚。

前清初年，虽罹高逆及闯、周诸逆等变，经国家休养生息，至乾、嘉间，民风蒸蒸，可称富庶。嘉庆十六、十九（1811、1814）两年，相继荒歉，饿毙者尚属仅见。道光二十六年（1846，丙午）荒，人民之逃亡者已多；咸丰八年（1858，戊午）瘟疫流行，死者甚众。同治初元气补复，乃值回逆犯境（回民起义），四乡五口外几无完区，死敌殉难以及籍走逃亡寄籍他乡者，殆去其半。光绪初，亡者渐归，生聚渐增，又值三年（1877，丁丑）大荒，斗米至两银；冬，祁寒冻馁交加。光绪四年（1878，戊寅）春，疫更大作，百姓之死于岁者不减死于兵；十八年（1892，壬辰）荒；二十六年（1900，庚子）又荒；旋即继以二十八年（1902，壬寅）之瘟疫，约计县城川死者殆十之四五，四乡五口外死者亦有十之二三。"[21]

《绥德州志》："正德十一年（1516）饥，十六年（1521）春夏不雨，斗米五钱，人皆饥色，野无完树，死者枕藉。"[22]

"嘉靖七年（1528）秋八月，霜饥，人相食。九年（1530），延绥榆林大饥。"[23]

"光绪三年（1877）岁大饥，人相食，饿殍载道，设粥赈济年余。"[24]

2010年夏，我们在神木县文管所崔凤鸣所长处得知，乡下有一块明代碑刻有关于陕北的饥荒记载，笔者随即和王宁宇教授前往离神木县城80千米的栏杆堡乡胡家畔村鸿海寺。鸿海古寺在"文

革"中毁掉，现在新修的鸿海寺有赖于当地煤老板的投资，气势恢宏，当时正在装修塑像，但古代寺院的庄严肃穆的韵味已经消失。在当地会长的指引下，在寺庙后面的一个土堆里找出了一通明代石碑。碑为青石材质，高2.2米、宽0.98米、厚0.18米，名为《重建鸿海寺碑记》。此碑刻于明代成化二十一年（1485），除正面碑文外，在碑右侧竖行刻字26个，目前还可以清晰地辨认，内容为："成化十六年（1480）遭荒饥馑，至二十一年（1485）上秋大收，人死一半，晓知后人。"这块碑所在的胡家畔村在神木县的南部，顺黄河以下十多千米与佳县接壤。饥馑造成的人口减员应该涉及周边一个较大区域，这又是一个死亡人数占到总人口一半的大饥馑，可见这次年馑对当地的打击之大。巧合的是成化年间是陕北水陆壁画流行的起点，光绪年间人口减少一半的时间段是古代陕北水陆壁画绘制的又一个兴盛期。

从以上灾难记录分析，陕北地区在这400年间所遇十分重大的自然灾害主要集中于明代成化、嘉靖和崇祯三个时间段，在陕北发现的水陆壁画初绘时间也基本在成化、隆庆和天启年间，隆庆和崇祯刚好在年馑严重的嘉靖之后几十年，崇祯年有李自成起义的社会大动荡。清代光绪年间大的年馑也与水陆壁画的绘制时间重合，加之光绪年的前朝是同治年间，社会动荡异常，也导致光绪年水陆法会的流行。历史记录中的灾难和水陆法会出现年代的交叠绝不会是巧合，水陆壁画在这些时间段出现也是一种必然。

2.3 清代陕北地区社会经济转型所带来的风尚习俗的转变

陕北北部东临黄河，西依甘肃、宁夏，北接内蒙古，由于地理位置的特殊，当地不断受到朝廷的特别关照，清代曾有皇帝巡边、驾临榆林的记录。因此，陕北辖属政权控制变更频繁，绥德、榆林跟南部延安的分治或合并不断调整。这样的变化不可避免地带来当地风尚和习俗的转

重建鸿海寺碑

变。至清代政权稳定后，各方面政策逐渐放宽，陕北经济生活有了新的转型和变迁，当地进入"军转民"的转型时期。

《陕西省志·大事记》载：

"顺治七年（1650），是年，清廷以陕北局势已定，裁陕西延绥镇标前后二营，并裁陕甘游击以下官弁48名、兵16 500余名。"[25]

"康熙元年（1662）九月，清廷裁撤延绥巡抚，陕北延绥地区统一由陕西巡抚管理。"[26]

清朝前期，榆林一带畜牧业较为兴盛，在这次变化后，原有山林和土地出现一个大的所有权和使用权的变更，小农经济逐渐占据当地经济的主要地位，军队的屯田管理机制相应转入建立民间社会的管理模式。于是原来荒芜的土地上出现了星散的村庄，市场、寺庙、庙会也开始建立，人们在这一带的生活逐渐进入常规，在生活方式上冲击了原有的模式，慢慢形成了新的风尚习俗。这些风尚习俗，与这些军转民的人员来源地

有着直接的血肉联系。

生产方式改变之后，黄河沿岸农业经济受到重视，由原来的重畜牧，转变为耕牧兼营，有些地方由重视畜牧转向偏重农业生产，农耕文化得以迅速发展。

民国时期成书的《延绥揽胜》记载：

"府谷地濒黄河，……城川阡陌纵横，树木丛生，园圃丰茂，在大自然界，有风景优秀之美观。形势雄壮，独擅陕北。埏埼广阔，土地较肥，边墙内外市镇，计十四区，有'金黄甫，银麻地'之称。

……

佳县，民多广种冬麦，入春节青葱遍野。特民风勤苦，耕作精密均匀，芸田荷草亦更番不息，故播田少而收获多也。"[27]

随着经济开发，人的活动范围扩大，交往关系圈向外不断发展。这些固定下来的居民，为了对抗自然灾难，借调整信仰以满足心理安定的需求。随着乡间庙宇的出现和发展，庙内装饰也带有这种转型期的特色，出现了自然灾难后集中在庙宇中绘制水陆壁画的现象。这种现象应该是这些变身为当地居民的军队退役人员，为对往昔战斗中死亡者的追悼和祈福；也可能是同治、道光、光绪几个朝代的大饥馑后，地方举办水陆法会的需要。上述两点可能是这一时期再一次出现比较密集的水陆庙宇群或改其他内容壁画为水陆画的主要原因。另外，也有受到外来文化影响的因素。

清代道光以后，政府腐败，尤其鸦片战争后，国家经济情况日益恶化，加之陕北不断出现自然灾害，在天灾人祸交相侵袭下，大量饥民流出居住地谋求生路。清朝政府又推行"移民实边"的政策，如光绪二十七年（1901）十一月下诏，放垦山西口外蒙古牧地，同时任命贻谷为蒙旗垦务督办大臣，使内地晋陕汉族农民大量涌入河套地区。这种自发性的移民，使得人口流动的数量大大增加，陕北地区农村人口移入内蒙古河套，有

名的"走西口"在这一时期达到高潮。"走西口的主要是晋西北的保德、河曲和偏关三县，雁北地区的朔县、平陆、左云、右玉、山阴等县和陕北的府谷、神木、榆林、横山、靖边、定边六县的农民和部分甘肃、河南农民。据史料记载，在陕西的农民起义军，被清军次第歼灭后，一些被打散的余部，为了逃避缉捕，大多向内蒙古河套地区移居。"[28]在走西口的人口流动中，陕北农民参与其中，榆林、佳县等地处于无定河和葭芦河等大川的通道，是河南和山西走西口农民的经由之地。"走西口在清代康熙二十一年（1682）大兴，是伴随着清军驻防内蒙古实行开边制而开始兴起。"[29]此后，走西口的沿路各地社会文化融合得到加强，形成既区别于内地，又兼容蒙元文化和汉文化的新特点，这些特点无疑都体现在存留的水陆壁画中。

3 陕北水陆壁画与区域社会环境

3.1 陕北北部地区近古时代社会经济条件

除历史上边患所引起的军队调动和内乱灾荒造成的陕北人口减员之外，还有几个较大的人口流入陕北的时期。北宋时期，党项族对陕北地区有过长时间的统治，期间大量北方少数民族人口迁入陕北。明代屯兵制度又使得陕北地区的常驻人员构成发生了一次大的变化，这样的变化给陕北地区补充了人员，推动了经济的发展，促进了文化融合。

明代成化初年以后，受到"土木堡之变"中明英宗被俘，外族威胁到国家政权的影响，更加引起明朝政府对边防的重视——外地部队调入陕北，榆林镇很快变为陕北的政治中心，为当地引入了大量外来人口。《延绥揽胜》记载："（延绥）当时经制官兵计五万五千三百七十九名，马骆驼三万三千一百五十匹。沿边各营堡为守瞭

军、马兵、步兵等名目，各营堡多者二三千名，少者七八百名不等。故其土著人民，皆自晋、豫、鲁、燕各省防屯抽调而来，今之沿边各县田赋百户诸名，均系当年统兵军官人员。"[30]在这样的地理位置和历史背景下，榆林一带经济得到较大的发展，并形成多元杂糅的文化习俗。

榆林建镇以后地处前沿边关，战事频繁，当地军户屯田收入成为当地经济补给的重要方式，经济好转时屯田就会荒废，财政困难时，屯田生产就会恢复。军人屯垦在榆林的历史上曾经是一道长久不衰的风景。"由于成化至隆庆时期北边的防御形势一直比较紧张，操军和募兵大量参与戍守。屯田久废，以屯田为经济基础的卫所制度大受影响，在财政困难时，各级官员恢复屯田生产。"[31]

榆林一带一直坚持开通边贸，至今仍留有几处蒙汉易马市的遗址。鞑靼人顺着无定河和秃尾河河道进入陕北进行贸易，带来皮毛、羊、牛、骆驼等，再购置大批布匹、食盐和茶叶等生活用品返回。陕北和晋西北的"走西口"与边贸路径都是无定河这个大通道。这期间，不管社会如何动荡，即使在李自成的余部骚扰或捻军过境时，这种交易一直在时断时续地持续。

官府的大兴土木修建豪宅，为如今的榆林城留下大量明清时期的精美四合院建筑。豪绅巨富附庸风雅，学习之风甚为浓厚，名流文士交往中崇尚文化的交流，在榆林城北的红石峡留下明清时期大量学士名流书法石刻的诗文，城里城外寺院众多，许多名人官宦与寺院主持多有来往，既要烧香拜佛，又顺便游山玩水，颇似江南文人的习尚。事实上，榆林一带的社会经济条件有一个巨大的反差，榆林城中戍边军官的宅邸林立，风气奢华，而城外乡间沙漠化严重，土地贫瘠，平民生活相当艰苦。官员名流在消费上是有讲究的高水平要求，而平民百姓过着艰苦难熬的生活。

康熙四十三年（1704），榆林名士陈璋留于城南40里处的香严寺《敕建香严寺新创万桃山

序》里[32]，描述的是围绕香严寺建立了一个万桃山的处所，使得这烧香拜佛之处兼有了种桃栽果、品果游玩之用，显示出一派天下太平、欣欣向荣的繁华局面。

碑文中还有一段当时地方官员和寺庙主持僧人交往的描述[33]。此外，该碑记录了万桃胜会的一些细节，如"今之仕女哨歌管弦朵奏"，"庙貌日益新，花木日益盛，四方之来宾日益众"等等，给人的感觉这里仿佛不是一处寺庙，而是一个高级会所。此碑之前另立一碑为"万桃胜会题名碑记"，碑阳碑阴记录了万桃胜会举办时来客签名及官衔，其中有镇守陕西延绥等处地方总镇府仍带拖沙喇哈番江奇；整饬榆林中西二路兼分巡道陕西按察司金事加二级佟沛年，等等。名单中包括了几乎所有的当地军政官员。可见在战争的间隙，官员们的享受一直没有中断，也将一些南方文化带入偏远的边关。榆林文化中的江南特色是陕北文化圈中一道独特的色彩。我们应该想到，现在所见到的榆林古城不能代表陕北边地明清时期真实的历史，只有我们面对乡间小庙中众多的水陆壁画时所想到的，才是榆林周边沉重历史的真实反映。

可见，明清时期陕北北部经济发展处于一个不平衡的局面，贫富差距较大，社会矛盾突出。总的来说，广大农村人口处于贫困无助的地位，经济生活水平相当低下，他们为求得精神上的满足，经常寄希望于各种带有迷信色彩的民间宗教活动。

3.2　百姓的宗教信仰崇尚实用，与生命息息相关

唐宋以后，中国出现三教合流趋势，宗教越来越呈现世俗化倾向，开始逐渐走向民间。元明后有白莲教、罗教和混元教等民间宗教兴起，并传入陕北地区，其中混元教影响最大。该教的教义整合了儒释道诸教的经文，突出了人生轮回、善恶相报以及儒家孝道仁爱等思想，在明清时期

社会黑暗，民不聊生的社会背景下得到广大群众的认可和支持，得以迅速发展，流传甚广，渗透到陕北民间最边远的乡村社会，形成一个巨大的信众群体。

在笔者对该地区水陆壁画寺庙的庙会考察中发现，当地百姓有着独特的宗教信仰，情况较为复杂，既有渗透到乡村各地的佛教、道教，也有众多民间信仰的宗教。百姓们对所有宗教的理解往往只出于实用考虑，由于文化知识所限，不能上升到精神的层面，呈现出见神就拜，遇庙烧香的情景。该区域民间信仰最流行的莫过于娘娘、龙王、关公、牛马王、城隍、真武等，期望神仙保佑多子多福、人口平安、农岁丰收。陕北地区稍大一点儿的寺庙中，经常出现不同宗教的神祇汇聚一庙，共同享受信众祭祀的壮观景象。这些神祇中，除一部分可归于佛道信仰的神祇外，还有许多民间俗神进入殿堂，如山神、土地、福神、痘神、瘟神、孤魂和一些地方神等。笔者甚至在神木县二郎山上的寺庙群中一个殿堂看到了小说《西游记》中孙悟空的塑像，前面所立的牌位上书"供奉齐天大圣之神"。

有学者对陕北地区这种杂乱多元的民间信仰状况作了很好的归纳："陕北长期是半牧半农地区，自西汉时期形成了以农业文化为主体，融汇游牧文化的格局。东汉年间就有匈奴、羌、乌桓等游牧民族大量内徙，唐代又有大批突厥人入迁，隋唐以后打开了和印度、伊朗文化交流的通道，西域诸国宗教文化传入，农业文化、游牧文化、西域文化在该地区扩散、碰撞、叠压、融汇，形成了独特的文化地区，其信仰民俗呈现出散漫多元的特点。"[34]

佛道两教世俗化以后进入民间，通俗讲是宗教在下层民众中宣传的有效手段，这些活动所用的文籍叫"宝卷"——这是僧侣教化大众的说唱词的载体，相当于通俗教材的形式。笔者在调查陕北水陆画的过程中，也发现了大量类似宝卷的经文。这些经文与混元教在陕北的活动有关，

如横山县杨思簿家保存的几十本宝卷，内容中有多处描述了明清时期这一地区的社会灾难和一些家庭的不幸，这也是混元教在陕北地区活动的有力证明。这些宝卷有《叹世无为卷》、《苦功悟道卷》、《巍巍不动泰山深根结果宝卷》等。在子长县姬乃明家还发现了一本《王母宝卷》。这些宝卷的文字以忏悔、感叹、希望救赎为主要内容。这些混元教文籍在该地区的出现说明当时的社会背景下，不仅是水陆画在该地区极为兴盛，还有寺庙规模较大的水陆法会的法事和很多偏远乡村混元教举办的小型打醮活动。陕北水陆壁画庙宇群生成的历史空间就在明代成化年间至清代末期，几乎与混元教的兴起与发展为同一时期。

横山县响水乡白龙堒村杨思簿是当地有名的混元教徒，2010年夏接受笔者采访时71岁。他讲道："我家从爷爷一辈就信混元教，我7岁时爷爷活了70多岁去世。赶我能够记事时，全国已经解放，所以我没有参与太多混元教的活动。我听老人们说，父亲那辈忌口人做了好多事情。我父亲叫杨德宝，是（横山县）刘兴庄幡杆下的。民国二十四年（1935）时，我们这一带还有瘟疫，瘟疫从民国十八年（1929）开始一直就没停，前边店市川、黑木头川都传瘟疫。我父亲在那些年月里一直忙着铺坛打醮，希望止住瘟灾。"

民国十八年（1929）《陕西横山县志》对陕北混元教活动有一段清楚的记载，并涉及混元教所举办的水陆法会："道家为九流之一，渊源最古，邑人信仰是教者有二，即道门、混元也。道门似多神教，凡神皆礼，敬禁荤腥酒□，戒女色财气，施放生，乐救济，入是教者皆以善人呼之，至有终身割爱，不与妻妾共室者。其总堂设于甘泉，教主名为真人。混元教转奉如来教，与道门相同，唯民愿忏祷者则水陆设醮，持钵诵经祈福耳，邑内道门颇盛，亦挽救世风之针砭也。"[35]

民间信仰必定要依托成熟的、有号召力的组织来实施活动，陕北乡村中这类组织被称为庙会，很多庙会有专门的名称，如"牛王会"、"花会"、"赛赛"、"朝山会"，等等。各种庙会在农村形成一种可以行使权力的团体，这种底层文化权力与乡间宗族的权力的交织与并行，对整个乡村社会的文化空间和社会环境拥有很大的影响力。

榆阳、神木、横山等地民间宗教信仰庞杂繁多，信众热诚虔敬，宗教的神性被艰苦奋斗的现实性诉求所替代，民间宗教活动中的艺术品，大多是为争取生者的安宁，其次追悼昔日亡灵，既实用又充满理想，寄托了对未来的希望和当地人对生命的珍视。

小结

本章从对陕北地区水陆壁画庙宇群生成的时间、分布地点和具体内容、当地文化和信仰特征等方面的梳理展开话题，主要介绍了促成该地区水陆壁画群生成的各种因素。从综合因素、边患因素和灾荒因素三个方面进行分析，从宏观到具体，试图梳理展示陕北庙会文化在下层乡村社会的影响力，反映了这些历史因素在民间信仰形成过程中的推动力量和起到的重要作用。笔者认为，陕北水陆画这样的民间宗教艺术体现了当地人的生命观念，寄托了下层民众的理想和希望。

注释：

1　王宁宇，《中国西部民间美术论——根性文化与文化生态》，19页，青海人民出版社1993年12月版。

2　佳县县志编纂委员会编，《佳县志》，1994年版。446页记载："由于（白云山）香火日盛，信士愈众，陕北各县改建为六个朝山会，以分期安排朝山。一会亦即会头，包括吴堡、佳县螅镇、绥德西南区以及米脂、子洲、子长、安塞、延长等地的部分乡村；二会也称米脂会，包括米脂大部分和绥德、子洲、清涧、延川、延安等地大部分村庄；三会也称榆林会，包括榆林、神木、府谷、内蒙古大部分乡村；四会即原朝东会；五会即原朝西会；六会亦称横山会，包括横山、甘泉、定靖、内蒙古乌审旗、宁夏盐池一带。……每逢会期，各会会长组织，分期上山进香朝山。"

3　张晓虹，《文化区域的分异与整合》，162页，上海书店2004年版。

4　郑居中等，《府谷县志》卷一，5页，清乾隆四十八年（1783）刊本。

5　2005～2007年间，笔者在山西陆续考察了五台山地区的几处有水陆壁画的寺庙，感觉那里也是一个水陆壁画寺庙相对集中的地区。重点考察的寺庙有：浑源县永安寺清代水陆壁画、繁峙县公主寺明代水陆壁画、洪洞县广胜寺弥陀殿清代水陆壁画、灵石县资寿寺弥陀殿清代水陆壁画。

　　柴泽俊先生所著《山西寺观壁画》记录的水陆壁画有：河曲县圣寿寺、临汾市兴佛寺、太谷县圆智寺、太谷县净信寺、稷山县青龙寺、阳曲县不二寺、阳高县云林寺、陵川县南吉祥寺等。据柴泽俊先生统计，在山西境内水陆画寺庙有17处之多，是一个很大的水陆庙宇群。

6　2010年9月底，笔者到河北张家口的蔚县考察了重泰寺和故城寺的水陆壁画，随后赴石家庄考察了毗卢寺明代水陆壁画。这三处庙宇，前两处在长城以北，相距40多千米；毗卢寺在长城以南，这里离山西的五台山地区水陆壁画群只有100千米的距离。这三个寺庙可以纳入山西五台山地区的水陆壁画庙宇群，这个群的范围较大，其地理位置也包括了山西左玉县的宝宁寺，在该寺发现了一堂国内绘制水平最高的、保留最完整的卷轴式明代水陆画。

7　《明宪宗实录》卷四十，800页，成化三年（1467）三月丙寅版。

8　陕北话将猫头鹰称为"雎怪子"。

9　严用琛、高峋纂，《府谷县乡土志》，民国十三年（1924）版，陕西图书馆藏。

10　陕西省地方志编纂委员会编，《陕西省志·大事记》，199～200页，三秦出版社1992年版。

11　《陕西横山县志·纪事志》，民国十八年（1929）版，陕西图书馆藏。

12　陕西省地方志编纂委员会编，《陕西省志·大事记》，258页，三秦出版社1992年版。

13　同上。

14　笔者调查的一处横山县牛王会活动，一直使用的一口铁钟，三面铭文"光绪九年四月吉立，胡家石窑、习家湾敬赠牛王大会金钟一口"，可见该活动的起源的时间下限应在光绪九年（1883）。

15　郑居中等，《府谷县志》卷一，28页，清乾隆四十八年（1783）刊本。

16　同上，26页。

17　曹颖僧辑著，《延绥揽胜》，194页，榆林市黄土文化研究会、榆林市政协文史办2006年版。

18　同上，195页。

19　佚名，《榆林乡土志》（抄本），国家图书馆藏。

20　陕西省地方志编纂委员会编，《陕西省志·大事记》，200～268页，三秦出版社1992年版。

21　严用埰、高崤纂，《府谷县乡土志》，民国十三年（1924）版，陕西图书馆藏。

22　清·孔繁撰修，高维岳纂，《绥德州志》，111页，光绪三十一年（1905）刊本。

23　同上，312页。

24　同上，314页。

25　陕西省地方志编纂委员会编，《陕西省志·大事记》，223页，三秦出版社1992年版。

26　同上。

27　曹颖僧辑著，《延绥揽胜》，88页，史学书局民国三十四年（1945）版。

28　余同元、王来刚，《晚清边疆与内地一体化发展的途径与标志》，载《西北史研究》，天津古籍出版社2000年版。

29　同上。

30　曹颖僧辑著，《延绥揽胜》，56页，史学书局民国三十四年（1945）版。

31　彭勇，《明代北边防御体制研究》，346页，中央民族大学出版社2009年版。

32　见本书第四章所录香严寺碑刻《敕建香严寺新创万桃山序》之内容。

33　同上。

34　段友文，《黄河中下游家族村落民俗与社会现代化》，409页，中华书局2007年10月版。

35　《陕西横山县志·宗教》，民国十八年（1929）版，陕西图书馆藏。

八　宗教艺术、民间信仰与社会变迁

　　民间宗教艺术一般生成于民间宗教信仰活动，与特定时空社会历史的变迁和动荡相关联，有着极强的地域性和时代性。每当战争或自然灾难过后，朝野上下就会有宗教的祭祀和超度活动，超度法事彰显了中国人传统中对于他人和亡者的人文关怀——让生者体会着亡者的苦难，最终超越人生苦难[1]。陕北地区水陆壁画庙宇群的背后，是明清时期陕北人的各种法会活动，表现了相当一段时期内中国社会大动荡背景下陕北的社会变迁过程，以及主流文化覆盖下的乡村宗教文化的活动情况，反映出大灾降临时陕北群众利用宗教法事救灾和心灵安慰的方式。

1　明清中国历史大动荡与陕北社会变迁

1.1　明清中国历史大动荡

　　元统一中国，收拾了宋代以来中国山河破碎的残局，完成了大一统。明朝前期，朱元璋强势的君主专制制度取得成效，政治局面逐渐平稳，国家经济得到发展。但由于中央集权制的弊端日渐显露，宫内宦官专权，政治逐渐趋于腐败，整个社会陷入信仰危机，国势开始衰弱。明正统十四年（1449）十二月，明英宗在土木堡兵败被俘，造成明朝政治上的大变故，各方矛盾尖锐对立，社会开始动荡不安。

　　明代末期开始，东南沿海地区出现了资本主义萌芽，商品经济出现繁荣，中小规模城市开始兴起，中国社会再次受到外来思潮的影响，出现了中国近代史上的一批思想启蒙家，动摇了传统的生活方式和价值标准。在这个大转型时期，中国开始了从皇室到民间，从知识阶层到平民百姓的思想转型，这种思想的转型自然反映到这一时期的许多历史事件中。

明末清初是中国封建社会急剧衰落，天灾人祸不断侵扰的时期。关外满族迅速崛起，乘李自成推翻明朝后立足未稳，继而入主中原，中国政坛进入一个动荡巨变、改朝换代的转折期。外来思潮给中国思想界带来巨大冲击，使得人们在思想上和政治上有了一定的反思。此后，中国经济在清代初期得到休养生息，取得长足发展，出现了持续100多年的康乾盛世。

清代中期以后，太平天国起义直接战场虽在南方，但由于一度占据了中国的半壁江山，从而牵制了朝廷的军队，国家力量受到巨大消耗，使得北方地区防务陷入空虚，造成同治年间北方的社会动荡，波及陕甘宁长达十余年。这一时期中国内乱达到顶点，直接的侵扰对生命造成威胁，用兵打仗的经济负担使老百姓苦不堪言，这一时期陕北地区老百姓陷入水深火热之中。

中国北部边疆危机加重的同时，道光二十年（1840）爆发了中英鸦片战争，战后签订的诸多割地赔款的不平等条约，更加重了中国的社会危机，清王朝的财政几乎陷于崩溃。清代末期，周期性的爆发自然灾害，引发饥馑，如光绪二到五年（1876～1879）的丁戊奇荒，导致北方诸省饥殍载道，死尸枕藉；光绪七、八两年（1881～1882），北方诸省旱灾，赤地千里，死人无数。凡此种种，巨大的动荡更加速了这个封建王朝的覆灭。

1.2　历史震荡中的陕北社会变迁

榆林一带在明代备受重视，虽然该地域没有处于中国政治的核心地带，但由于地处边关，有着守卫京师的重任，人力财物源源不断被输送进来。至明末清初国家大动荡时期，这里虽有边患的灾难，但同时调入屯田的军队充实了这里的人员，榆林建镇后迅速发展成为当地繁华的重镇。从明成化七年（1471）至清光绪年间（1875

～1908）的400年间，陕北社会随着中国历史的脉搏经历了巨大的足以让人心魂不宁的社会变迁。大的社会动荡必定对小区域的社会生态造成影响，小区域的社会动荡则记载于地方志或乡村文化和艺术遗留中，该区域水陆壁画庙宇群所反映出的就是陕北在明清时期的一个变迁动荡、充满血腥和死亡的历史片段。

明成化初年前后，陕北地区的社会动荡是不断受到北方游牧民族的侵扰所造成。当时地方官上书朝廷，请求修筑边墙，得到皇帝的支持，随后副都御使余子俊修筑"东起清水营，西抵花马池，延袤千七百七十里，鏊崖筑墙，掘堑其下，连比不绝"的边墙[2]。此举虽使边境得到暂时的安宁，但其工程用时一年多，征军役4万余人，对陕北地方造成了极大压力和困扰，"自移榆林，绥德官军多徙居之，在绥德者不足十一，自是延庆之民困于运输，日益流徙，田多荒芜，户口减十之六七，而边储日益匮乏矣。"[3]

明嘉靖五年（1526），榆林一带又陷入饥荒和战乱，曹颖僧评论道："延绥边患，至嘉靖朝最烈，慨自曾铣负冤被杀，明廷弱点，亦自行暴露，士气瓦解，套酋反逞骄恃强，弄兵潢池，窃悻悻然私议于其后，藐视朝廷无人，怯怯不足有为，养痈贻祸，自遗伊戚之咎，不在套人之跋扈，而其罪不能不归之于辅臣严分宜父子之祸国殃民也。"[4]

"由于清末在陕北、关中的回族人口几达百万，而在起义中逃生的回族在平乱后，也多被迁出陕西。因此，这一时期，陕西人口的损失应在百万之上。人口的锐减，造成关中和陕北地区普遍的衰败。"[5]

动荡时期的陕北社会，人员锐减，经济匮乏，尤其是广大下层民众的生活，陷入生死两难的抉择，只有寄托精神于神灵以安慰内心，从民间宗教信仰中获得继续生活下去的勇气。

从根源上分析这种社会变迁的原因，大约有以下四种：一是朝廷的边关政策影响；二是外族入侵引起的边患；三是内乱造成的伤亡；四是连年不断的灾荒引起的饥馑。在陕北脆弱的生态环境中，灾荒兵燹交加侵袭之时，还会出现疫病的流行，是几种原因的合力造成这个时期陕北社会的苦难。

2 "起醮"——变迁时期陕北民众的救灾和心灵救赎

涂尔干认为："宗教是自古以来人们心中获得的他们生活所必需的能量的观念体系。"[6]人们在精神受到较大压力时必然会寻求一种解脱方式和解释系统，从而产生了无数种宗教。这一需求从官方到民间形态规模不一，但内在涵义大致相同。陕北水陆壁画正是这种需求下的产物，12座寺庙，散布于榆林周边的明代"边墙"南缘的葭芦河和秃尾河流域，既与明代边关不断受到骚扰有关，也与陕北北部几条大河的通道功能相联系。有专家认为，陕北的许多古代宗教艺术都是历代战争后的遗留[7]，石窟、水陆壁画、民间醮会的打醮活动都与战争有着直接或间接的关系。

陕北北部地区在明清数百年的变迁，政治、经济文化和与之相关的意识形态都发生了大的转型和变化，并影响到这一地区的生产方式以及人们的衣、食、住、行等日常生活。这一种变迁不仅对当时社会有所影响，甚至成为陕北历史文化的一个拐点。

明代嘉靖末年，陕西连续发生大旱和八级以上的大地震，哀鸿遍野，满目废墟，盗贼猖狂。陕北地区是这一时期自然灾难的重灾区——在这样的情况下，葭芦河和秃尾河流域的社会经济出现较大衰退，人口大量减少。《府谷乡土志》谈到自然灾害造成的死亡时说，"百姓之死于岁者不减死于兵"，可见当时自然灾害对生命的威胁达到战争杀人的程度。光绪后，府谷县城川道死者将近总人口的一半。

《天地冥阳水陆仪文》中将发起醮会的神祇面燃鬼王尊称为"起醮大士"，是民间醮会的发起人和倡导者也是被供奉的代表性神祇。民间醮会的发起，多数直接缘于自然灾害引起的饥馑和瘟疫[8]，每当灾后经济转好，人们在痛定思痛之时，要做的一件重要的事情就是安抚这些灾难中亡故的孤魂冤鬼。《天地冥阳水陆仪文》将这类无主孤魂划分为十个类别，列为重要超度对象。官府设庙追荐亡灵规格高，规模也大；民间的打醮会设在偏远乡村，搭设小的临时佛堂，张挂布"影"或卷轴水陆画，显得小气和层次低。法会无论大小，对下层民众的心灵的影响及安抚民心、超度亡魂的文化内涵都是一样。

调查发现，陕北土地上的水陆壁画图像中，"孤魂冤鬼"和"往古人伦"两大部分图像中有很多形象属于民间画工的创造，其遭受蹂躏时的悲惨景象取材于现实生活，观之觉得逼真，活灵活现，反映出战争、饥饿和瘟疫的残酷及对生命造成威胁的恐怖。水陆画成为这些沉重灾难的另一种记录，这些场景永远不会出现在官方史籍的记录中，但一定会沉淀于乡村百姓的口述史、信天游民歌、石刻碑文和寺庙绘画等民间文化中。

细读珍藏于国家图书馆的明代《天地冥阳水陆仪文》，其中不时提到会首、施主等的活动，其卷一中有："伏望电母雷公，息玉女投壶之笑，雨师风伯放钵之威，觊物安危应人缓急，敛云七日，不妨农事之营，驻雨一犁，尤喜耕耘之备，伏请略停风雨，同佑法筵，下愍几情，上尊佛敕，唯愿天眼照临而不昧，他心鉴察而遥知，率领众徒，悉垂方便，今当召请，愿赐降临。会首上香，信士李璋、郭氏。"[9]

"今者会首（某），特发诚心，建斯胜会，普为追荐十方法界，有主无主十类孤魂，若不先召神聪，切恐难成胜事，如来教藏有召请大陀罗尼。"[10]

经文所提及的这些民间醮会的相关骨干人

员在法会活动中起到重要的作用，是法会的资助者，也是历史上大灾难的受害者。这些会长和资助者其实就是现实生活中的起醮大士，是他们义愍悲情，担任了神界和人世的连接者，是生活于人间的神灵代表，设坛打醮以安抚鬼魂和众生。

在调查过的12处水陆壁画庙中，至今仍有许多打醮活动被保留了下来，每处都有自己的特点，都是在会长的组织下实施。兴隆寺的初建在成化年间，善士郑普春发起组织，开光立碑时葭州知州李廷直镌刻于名单之中，说明这样的活动得到当时高级地方官的支持，有相当的实力。至光绪六年（1880）重修，会长郑元美、郑继顺等30余人留名于碑刻，但此时已经不见当年初建时的规格和政府官员的名字。在兴隆寺，流传至今的庙会活动更加简单，每年十月份的打太平醮活动，内容包括念经、上供、唱戏等，会期三天。

西长墕释迦牟尼庙设立于一个家族式村庄，创办者李清是李氏家族家谱所记的第五代祖先，这是一个规模小，用途明确的水陆壁画庙。如将水陆庙与李氏家族联系起来，他们的"忆志"是十分重要的物证。据李氏十四代传人李永和说，现在村里的几个庙宇都不举行庙会，但阅读家族中"忆志"可以发现，一直到20世纪50年代，李氏家族如有人去世，一定会举办家族式追荐法会，并邀请离此地十里的兴隆寺僧人前来念经、打醮、做法事。

香严寺是一处具有官方背景的寺庙，清代中期在这里环庙修建了一个巨大的百果园，成为一处既可烧香拜神，又可游玩的处所。该寺最大的特点是三教合一的信仰。该寺历代主持由道士和僧人交替担任，使得寺内建筑和所供养的神祇十分杂乱。寺内庙会经过多个主持的改换而多次变化，没有将原有庙会内容存留下来。

这些寺庙的建立和维持依靠于不同的捐助者和社会力量，寺庙背后的背景和实力集中体现于它的建筑、宗教活动和仪式规模。从镌刻于碑石的会长、参与者身份都可看出这些寺庙的宗教活动在当时社会中所处的地位和在当地的影响力。

3 当地民间丹青艺人的变迁

榆阳佳县一带在近古时代有多条商贸通道，榆林为九边重镇之一，居民基本上是军转民人员，或者是现役军人的家属，生活奢华，豪门大院遍布全城，门楼屋檐，多有雕绘，装饰精美，十分讲究。在榆林城外的广大农村却是另外一番景象，土地沙漠化严重，相当不利于耕种，地区经济长期处于贫困状态。在这样的生存艰难之地，两千年来，工匠们留下了画像石、石窟彩塑、寺庙壁画、建筑藻饰彩作、卷轴水陆画等优秀的文物遗产。

当代丹青艺人在乡间主要从事以下两种绘画活动：① 古典式建筑部件的彩画；② 民间寺庙里的神像、壁画、神器装饰画。原来流行的婚嫁箱柜画、新窑洞炕围画现在已经基本退出生活。当地农村的职业或半职业画匠，就是我们所说的民间丹青艺人，寺庙碑刻中称为"丹青"。该区域一些以家族、地方名匠为核心的团队，常年游动在乡村揽工做活，形成相对固定的活动范围。该地区的装饰样貌有别于其他地方，有着独特的榆林式风格。这一风格是在特殊自然环境和历史人文背景下，对该传统技艺的全面继承和创造性发挥，是立足当地居民生活、美化环境、传达人生信仰理想和铭记情感的一种特殊艺术语言，内容富有地方特色，形式多样。

《榆林府志》记述，明代天启年间，为建立文武圣庙，榆林镇守官员曾专门派人赴河南颍州，延聘塑、画高手五六人来此地塑像绘画，并请他们向本籍军户授艺。清代咸丰年间，榆林城内知名画匠有田丰、韩忠义等人在本地带徒传艺。

《榆林县志轻工志》记："1950年以前，在榆林县城内开设铺面承揽做活的画匠有：宋自丑，北大街水桥畔开店，承揽裱糊字画；秦润鼎，鼓楼东北立铺，主搞人物绘画；万德雄、万德清兄弟，四方台东北设铺，主搞泥塑彩画、庙画，极负盛名；孙寿山，擅山水花卉；李金祥，盐市巷口东开铺，主搞建筑油漆彩作等，共十多家。"[11]

特殊的地理人文环境，使得丹青艺人能多方寻谋生路，榆林丹青艺人的足迹遍及陕北北部、内蒙古、宁夏、晋西北等地。笔者曾经在采访万画传人万忠选时，在他家看到了几幅蒙画，与藏传佛教的唐卡极为相似，只是尺幅很小，这是他们的祖先在内蒙古游画归来所留。在其弟万忠昌家观赏了他们家传的30余幅明清宫灯画，这些宫灯画是旧时榆林大户人家过年过节在门口悬挂的装饰物，一般有四片、六片和八片一组。万画家族清代以来一直在榆林城四方台经营一家画店，祖上作为职业画匠谋生已经传承了七辈，在榆林一带颇有名气。万家除了画店经营的小件画片和箱柜绘画，也出外承做寺庙塑绘以及民居的炕围子等活计。丹青艺人在"文革"中备受打击，20世纪80年代改革开放以后，借助民间宗教活动正常化得到复苏，开始在乡间修葺的庙宇中揽活绘画。

除上述少数职业绘画家族，陕北民间丹青艺人大多数为兼职的农民，能作画也兼作雕塑、木工、纸扎工艺等。他们既了解寺庙中各式神谱仪轨，又熟知老百姓的审美心理。在该区域有许多地方上的名匠，为大家所熟知。他们习惯于从身边生活中汲取灵感，乐于吸收新材料、新工艺，颜料能够就地取材，风化石、颜色土都可用作绘画，从地里折一把蒿草拧在一起就当笔使用。他们就生活在当地的风俗人情当中，可以在绘制菩萨时将邻居大娘的笑容加入，绘孤魂野鬼时也会把身边所见的悲惨事件真实再现。他们绘画的同时也在表达，从情感到审美都已经打上民间化朴拙真挚的烙印，陕北山沟里的水陆壁画终究是属于当地百姓生活中的艺术。

陕北榆阳、佳县、神木一带的水陆壁画在当地寺庙宗教艺术中占有相当地位，说明该区域在明清时期社会状况和自然条件之恶劣，造成大量人员死亡，对当地民众造成心理创伤。该水陆壁画庙宇群就是这些民间工匠应社会水陆法会活动的需要，依照历代遗留的水陆神祇画谱绘制。当地画匠万画家族、宋画和雷画都曾绘制过水陆画，现在万画家族还藏有一套珍贵的清代水陆画谱，它们已经成为研究陕北水陆画的宝贵资料。这些绘画家族所形成的职业画匠群体，是该区域水陆画出现的基础，正如佳县化云寺明代隆庆二年（1568）《天地冥阳水陆神祇碑记》所记，水陆壁画的绘制者为"本州丹青刘子宣、梅世清"，他们两人就是当年掌握水陆画绘制技法的本地民间画匠。

4 民间醮会与宗教艺术的返璞归真

4.1 从寺院大醮会到民间小庙会

陕北地区最大的醮会是佳县白云山四月八庙会。道教圣地白云山位于佳县城南五千米处，规模宏大，常驻道士有数十人。白云山道教影响到整个陕北地区以及山西、内蒙古等地，在当地和周边辐射区按片划为六个朝山会，必须轮流朝山，否则白云山根本无法接待。白云山庙会从清末开始逐渐向民间转化，《葭县志》载："民国初年开始……道观活动次数增多，形式多样化发展"，且"道教活动进一步走向民间"。白云山道教活动随着影响的不断扩大，结合民间春节活动转九曲和民间祭祀活动撒路灯、转幡等形式，在白云山周边的乡村中形成了多种形式的系列庙会活动。这样的活动在闭塞落后的地区无疑促进了人与人之间、村与村之间的交流，它既满足了在文化经济落后、交通相对封闭地区人们心中求福祈祥的愿望，又包含有喜庆娱乐的成分，给当地老百姓精神上带来满足和慰藉，形成人际交流的空间。

由大型庙会延伸至乡间山村的小庙会在陕

北地区十分普遍，笔者曾考察过的庙会就有好几个——如横山县的牛王会，这是一个崇祀牛王菩萨的庙会，每年正月十三到十五举办三天，搭建临时佛堂，张挂全堂卷轴水陆画是该庙会最大的特色，结合出幡、迎幡、收幡、念经和上供等活动，在周边十余个村庄轮流活动。二是延安老醮会，这是一个在混元教具体组织下起醮活动的醮会，此会的特点是起醮目的明确，因为民国十八年（1929）大饥馑以救人为目的，举办法会祈福安慰民众。三是佳县张家堡则村等地方有一种打醮活动叫"放社"，即将八仙神像和老寿星像从山顶顺着大绳快速放到沟底，结合念经、上供、转九曲等活动，十分贴近民众的心理。四是绥德县定仙墕有一种娘娘庙会叫"花会"，这种活动以赛花比巧为主要活动内容，实质是一个祈求生育和婴儿抚养顺利为主要目的的醮会，既是一种热闹的民间赛花会，也是求平安保生育的民间宗教法会。类似醮会在当地百姓生活中占据十分重要的地位，逐渐成为该区域广大群众岁时年节生活的一个组成部分。

这些庙会的活动情形和背景需求各不一样，都具有实用性和功能性，如求子、祈福、医病等功能必不可少，唱戏娱乐、转九曲等也是当地百姓一年一度所期盼的重大活动。

仅带有超度亡魂、忏悔祈福性质的醮会类型，有以下几种情况。一种是庙中设法会。有固定的僧人主持，有时这样的活动还会有官员的参与，应该是遇到较大灾情或战后为军阵亡魂祈福的大型水陆法会，比如观井寺、香严寺、金山寺、化云寺等应该就属于这种寺庙。在香严寺康熙四十三年（1704）碑刻中，记有举办万桃胜会的到会人员名单，几乎囊括榆林以及周边所有政府官员和军事首领。另外一种是设斋于村野的水陆法会。这种法会有大有小，因战争的规模不同而不同，有时大的瘟疫造成地方人口集中死亡，需要现场召开水陆法会时，会首和供养人会在野外搭建临时佛堂，挂起卷轴水陆画召开法会，这

样的打醮形式一直流传到今天。笔者所见的横山县牛王会、延安老醮会都是搭建临时佛堂举办法会，横山牛王会的确认历史在120年以上，延安老醮会起醮于民国十八年（1929），距今80多年。这一方式应该是古代流传的一种常用打醮方式，卷轴式水陆画就是在这种斋会中使用，卷轴水陆画与搭建的临时佛堂共同构成打醮的场所。第三种是设斋于家宅。其涉及小范围的人口亡故，在村中或家族中设斋超度，如佳县的郑家后沟兴隆寺为郑氏家族服务，榆阳区西长墕村的水陆庙为李氏家族服务，与外界的关系不大。西长墕李氏家族所存"忆志"与释迦牟尼庙的水陆壁画互相印证，成为这种超度斋会方式的最好佐证。

在对陕北地区水陆庙宇群的调查研究中，笔者总结出了集中斋会的举办方式，也慢慢搞清了历史上为什么出现卷轴和壁画两种水陆画的原因。笔者认为不管是哪种方式的水陆画，都是出于实用的目的，是民间所用的艺术，淳朴纯真，发自内心，与阳春白雪的艺术有着本质的区别。这种真可以归之于善，可以安抚人的心灵，鼓舞人的勇气，倡导社会的义愍和真诚。

4.2 乡间水陆画艺术的"朴"与"真"

陕北地区的水陆壁画庙宇群所涉及的打醮活动是水陆法会转入民间后的叫法，这些打醮活动的核心内容仍然是超度亡魂，祈福未来。这12处水陆壁画庙并不是划齐统一的规格，艺术风貌总体上可以归结为返璞归真。各个寺庙建庙时间和水陆壁画绘制时间不尽相同，大多都有在重修庙宇时将水陆壁画重新绘制的情况，还有几处是中途改掉原来的内容绘制水陆壁画。这两种情况基本集中于明代的成化年间和清代的同治、光绪年间。陕北水陆壁画庙宇群，其建筑的墙面决定壁画的整体构图，神像的方位和重要性（顺序）都是依据水陆仪轨，在整体构图中有着大概相对固定的位置，结合寺内塑像和摆放供品的神案，构成一个法会场所的空间形式。这一空间是古代水

陆法会活动的重要组成部分，也是当地人信仰系统的组成部分。

陕北地区民间信仰极其杂乱众多，一般都直观地反映在寺庙内所供奉的牌位、壁画和泥塑神像上。民间宗教活动所供奉的神祇反映出的当地信仰，主要有以下几种：一为娘娘信仰；二为关帝信仰；三为龙王信仰。除此之外，在陕北榆阳、神木一带的寺庙中的水陆殿也可视为一种特殊信仰，这种殿宇一般存在于老庙中，新中国成立后新修庙宇基本没有水陆殿，水陆内容的壁画不管新旧，都与水陆法会有着历史渊源。可以说，陕北寺庙中数量如此之多的水陆殿是一种在别处不易见到的景象。寺庙的装饰、仪轨中的神像、楼轿、法器、戏台等构成了民间宗教艺术的展示舞台，这些民间宗教艺术扎根于乡村的土地中，活跃于下层民众中间，也出自乡村民间画匠之手，迎合了偏远地区民众的审美，必然显示出其返璞归真的艺术特质。

"朴"的艺术内涵是纯朴稚拙，不属于灵巧和贵气的审美，线条粗壮，用色单纯，这样的艺术往往以厚重和大气取胜，给人一种美感。"真"则是艺术追求的又一高度，是民间艺术的天然特质，人物形象和场景贴近生活，衣饰装扮朴素自然，给人以亲切和真实的感受。这样的神像画虽然不免背离宗教绘画的神圣威仪，但却实现了它宗教艺术的教化功能。正如帕森斯指出的那样："终极价值观、社会结构和社会团结所依赖的情感，是通过仪式的作用才不断地变成力量的状态，从而有可能有效地控制行动和分派社会的诸种关系。"[12]

在考察陕北水陆画的过程中，看到水陆壁画中那么多表现灾难的图像，在起醮大士面燃鬼王的引导下，一幅幅人间的惨景呈现在眼前，往古人伦人物的形象中出现了戴当地蒙古帽子的老者，出现了农村老太太形象的菩萨，稚拙生涩的线条，单纯的色彩，这是渗透在血液里的朴拙和真实。在造型方面的变形与夸张和形体的不准

确，一点也不会影响这些艺术品打动人心。在这些图像里出现了很多当地民间画匠的艺术创造，这些艺术创造是那么触动人心，其内在原因是什么呢？其实这就是艺术创造贴近生活后所形成的效果，是朴实鲜活的，是与下层民众的生命观念相关联的。艺术触及到生命本身才能达到真的境界，尽管朴拙无华，缺少高贵的气息，也是很多书斋里的画家所不能理解和创造的，但这正是民间艺术的灵魂所在。

结语：乡土的宗教艺术及民众心灵史

本书通过对陕北北部地区一个水陆壁画庙宇群的田野调查，从存留水陆壁画、碑刻、寺庙建筑等的记录开始入手，将这些寺庙的分布区域以及壁画形成的年代联系起来作为一个大的时空背景，探究这些民间宗教图像背后的文化内涵。在讨论壁画内容和图像的艺术特色的同时，对相关会长、画匠以及当地信众进行采访，通过层层的讨论，将这个水陆壁画寺庙群的生成原因指向明清时期该区域灾难所导致的大量人口死亡和由此造成的社会精神、心理震荡。

战争灾难或者自然灾害一旦发生，就会是全社会的灾难，然而在实际生活中，直接受害最深最重的是处于下层的贫苦百姓，他们在风调雨顺之年是弱势群体，遇到灾年就更是陷入绝境。在他们陷于绝望之时，只有乡土的宗教始终伴随着他们，抚慰着他们的心灵。他们在生命遭遇威胁的情况下，相信超自然力量能够改变这一切，正如人类学家马林诺夫斯基所说："人类在求生存的过程中，经常遇到种种困难与挫折，譬如灾害、疾病、伤亡等，其中死亡是人生过程中所遇到最具破坏性的挫折，宗教信仰多能适时地给予人类某些程度的助力，使人类有信心生存下去。"[13]这一时期的陕北，因其地理位置的特殊，

遭遇了有别于其他地域的超重灾难，也激发起了有别于其他地域的超强的自救愿望，产生了多如牛毛的民间醮会。这些醮会在骨干分子的组织下，依照一种虔诚信念和良善心灵，一边设法救人，一边设坛打醮安慰民众，对灾后社会秩序恢复和道德伦理重建起到了很大的作用。

通过对陕北水陆壁画庙宇群在明清的时代背景下发生和演变的研究，以小见大，对这种散布于偏远乡村，信众文化层次低的乡村民间宗教，从人数众多的下层民众心灵史的角度去审视，透过这些水陆壁画所提供的信息，关注到人的精神世界。用这样的研究视角，关注宗教艺术品的实用性和功能性，才能还原出艺术品被创造出来的本来动因。而陕北水陆壁画从明代成化九年（1473）到光绪年间（1875~1908）发生的艺术风貌的演变，正昭示了艺术来源于社会、来源于生活的文化规律。

宗教是社会生活的一个组成部分，特殊的历史情景会催生特殊的民间宗教和宗教艺术。宗教关乎人的精神世界和心灵演变，正像涂尔干所说："如果一个信徒相信一种他所依赖的道德力量的存在，相信他从中能够获得美好的一切，他并没有受骗，因为这种力量确实存在，它就是社会。"[14]对陕北水陆壁画庙宇群的考察与研究，价值的落脚点正在于对宗教艺术、民众心灵与乡土社会历史情境之间复杂关系的认知，这种认知指向是对中国乡土社会道德正义力量的肯定与信任。

注释：

1　吴真，《宗教仪式和灾后心理治疗》，《读书》2008年第8期。

2　清·张廷玉等，《明史·列传第六十六》，4737页，中华书局版。

3　王琼，《陕西延宁类叙》，《明经世文编》卷二。

4　曹颖僧辑著，《延绥揽胜》，54页，史学书局民国三十四年（1945）版。

5　张晓虹，《文化区域的分异与整合》，46

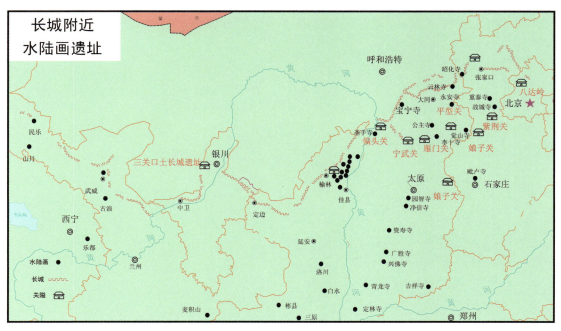

长城附近水陆画遗址

页，上海书店2004年版。

6 [法]爱弥儿·涂尔干，渠东、汲喆译，《宗教生活的基本形式》，85页，上海人民出版社1999年版。

7 李淞，《陕西古代佛教美术》，陕西人民教育出版社2000年1月版。174页："（陕北）历史上有过两次成为汉族官军与少数民族武装冲突的主要战场，第一次是东汉中期至东汉后期的百余年时间；第二次即北宋中期之后的百余年。……作为第二次战争的结果，我们又在延安看到了大量的佛教石窟……"

8 笔者调查的一处"延安老醮会"，活动于延安和安塞周边一百多个村庄，发起于民国十八年陕西大年馑，目的为救人和举办法会超度亡魂，活动中至今保留有民国二十年安塞县县长吉天相题赠的横幅书法"普度众生"。

9 《天地冥阳水陆仪文·召请当境风伯雨师》，明代刻本，国家图书馆藏。

10 《天地冥阳水陆仪文·召请五道大神仪》，明代刻本，国家图书馆藏。

11 榆林县志编纂委员会，《榆林县志·轻工志》。

12 张朋，《美术史研究中的寺观庙堂绘塑与建筑》，《美术观察》2008年第3期。

13 ［英］马林诺夫斯基，《文化论》，59页，台湾商务印书馆1967年版。

14 ［法］爱弥尔·涂尔干，渠东、汲喆译，《宗教生活的基本形式》，296页，上海人民出版社1999年版。

附录：

参考文献

现代编著：

1 任继愈主编．中国道教史．北京：中国社会科学出版社，1992

2 梁启超．梁启超说佛．北京：中国青年出版社，2005

3 王树村．中国民间美术史．广州：岭南美术出版社，2004

4 沈从文．中国古代服饰研究．上海：上海世纪出版集团，2005

5 王宁宇．中国西部民间美术论——根性文化与文化生态．西宁：青海人民出版社，1992

6 王宁宇，党荣华．陕西药王山崇祀风俗考察记．北京：学苑出版社，2010

7 王宁宇主编．关中民间器具与农民生活．北京：学苑出版社，2010

8 钟敬文主编．民俗学概论．上海：上海文艺出版社，1998

9 张燕．北朝佛道造像碑精选．天津：天津古籍出版社，1996

10 邓福星主编．中国民间美术学导论．哈尔滨：黑龙江美术出版社，2000

11 王子云．中国雕塑艺术史．北京：人民美术出版社，1988

12 王卫明．大慈圣寺画史丛考．北京：文化艺术出版社，2005

13 高奇等编著．走进中国民俗殿堂．济南：山东大学出版社，2005

14 〔美〕巫鸿．礼仪中的美术——巫鸿中国古代美术史文编．北京：三联书店，2005

15 〔美〕巫鸿．武梁祠——中国古代画像艺术的思想性．北京：三联书店，2006

16 〔美〕巫鸿．时空中的美术．北京：三联书店，2009

17 郑岩．魏晋南北朝壁画墓研究．北京：文物出版社，2002

18 李凇．论汉代艺术中的西王母图像．长沙：湖南教育出版社，2000

19 李凇．长安艺术与宗教文明．北京：中华书局，2002

20 李凇．陕西古代佛教美术．西安：陕西人民教育出版社，2000

21 周学鹰．解读画像砖中的汉代文化．北京：中华书局，2005

22 王树村．中国民间画诀．北京：北京工艺美术出版社，2003

23 彭勇．明代北边防御体制研究——以边操班军的演变为线索．北京：中央民族大学出版社，2009

24 弘学．佛教图像说．成都：巴蜀书社，1999

25 赖永海主编．中国佛教百科全书（仪轨卷）．上海：上海古籍出版社，2001

26 〔德〕马克斯·韦伯．儒教与道教．北京：商务印书馆，2004

27 余欣．神道人心——唐宋之际敦煌民生宗教社会史研究．北京：中华书局，2006

28 孟森．清史讲义．北京：中华书局，2006

29 谭维四．曾侯乙墓．北京：三联书店，2003

30 国家图书馆善本特藏部敦煌吐鲁番学资料研究中心编．敦煌学国际研讨会论文集．北京：北京图书馆出版社，2005

31 龙门文物保管所编．龙门石窟．北京：文物出版社，1981

32 罗宏才．西部美术考古．上海：上海大学出版社，2008

33 王富春，张飞荣．中国·佳县 白云山白云观碑刻．西安：陕西旅游出版社，2008

34 敦煌研究院编．敦煌遗书总目索引新编．北京：中华书局，2000

35 业露华撰文. 中国佛教图像解说. 上海：上海书店出版发行，1992

36 曹厚德，杨古城主编. 中国佛像艺术. 北京：中国世界语出版社，1998

37 唐研究基金会编. 唐研究：第十二卷. 北京：北京大学出版社，2006

38 〔苏联〕乌格里诺维奇著. 艺术与宗教. 王先睿，李鹏增，译. 北京：文化生活译丛，1987

39 〔美〕朱学渊. 中国北方诸族的源流. 北京：中华书局，2002

40 金申著. 佛教美术从考. 北京：科学出版社，2004

41 〔英〕彼得·伯克. 什么是文化史？. 蔡玉辉，译. 北京：北京大学出版社，2009

42 〔日〕秋道智弥，市川光熊，大塚柳太郎编著. 生态人类学. 昆明：云南大学出版，2006

43 费孝通. 江村经济——中国农民的生活. 北京：商务印书馆，2001

44 李青. 古楼兰鄯善艺术综论. 北京：中华书局，2005

45 李青. 艺术文化史论考辨. 西安：三秦出版社，2007

46 彭德. 中国美术史. 上海：上海人民出版社，2004

47 王子云. 中国雕塑艺术史. 长沙：岳麓书社，2005

48 叶朗. 中国美学史大纲. 上海：上海人民出版社，1985

49 俞建华. 中国壁画. 北京：中国古典艺术出版社，1958

50 张朋川. 黄土上下：美术考古文萃. 济南：山东画报出版社，2006

51 赵丰主编. 丝绸之路美术考古概论. 北京：文物出版社，2007

52 康兰英主编. 榆林碑石. 西安：三秦出版社，2003

53 〔英〕马林诺夫斯基. 西太平洋的航海者. 梁永佳，李绍明，译. 北京：华夏出版社，2002

54 王铭铭主编. 20世纪西方人类学主要工作指南. 北京：世界图书出版公司，2008

55 王铭铭主编. 西方作为他者——论中国"西方学"的谱系与意义. 北京：世界图书出版公司，2007

56 王铭铭. 走在乡土上——历史人类学札记. 北京：中国人民大学出版社，2009

57 李立. 汉墓神画研究——神话与神话艺术的考察与分析. 上海：上海古籍出版社，2004

58 〔美〕古塔·弗格森. 人类学定位——田野科学的界限与基础. 北京：华夏出版社，1996

59 董晓萍. 田野民俗志. 北京：北京师范大学出版社，2003

60 〔美〕欧大年. 中国民间宗教教派研究. 上海：上海古籍出版社，1986

61 周齐. 明代佛教与政治文化. 北京：人民出版社，2005

62 黄洽. 《聊斋志异》与宗教文化. 济南：齐鲁书社，2005

63 吕澂. 中国佛教源流略讲. 北京：中华书局，1979

64 马西沙. 中国民间宗教简史. 上海：上海人民出版社，2005

65 李文海，周源. 灾荒与饥馑（1840～1919）. 北京：高等教育出版社，1991

66 〔英〕贡布里希. 艺术发展史. 天津：天津人民美术出版社，1989

67 陈中浙. 苏轼书画艺术与佛教. 北京：商务印书馆，2004

68 俞剑华编著. 中国古代画论类编. 北京：人民美术出版社，2004

69 段友文. 黄河中下游家族村落民俗与社会现代化. 北京：中华书局，2007

70 〔日〕足立喜六. 长安史迹研究. 西安：三秦出版社，2003

71 万国鼎. 中国历史纪年表. 北京：中华书

局，1978

72　李国栋. 民国时期的民族问题与民国政府的民族政策研究. 北京：民族出版社，2007

73　李显光. 混元仙派研究. 北京：中国社会科学出版社，2007

74　龚国强. 隋唐长安城佛寺研究. 北京：文物出版社，2006

75　马书田. 中国冥界诸神. 北京：团结出版社，2002

76　马书田. 中国佛教诸神. 北京：团结出版社，2002

77　马书田. 中国道教诸神. 北京：团结出版社，2002

78　张道一. 画像石鉴赏. 重庆：重庆大学出版社，2009

79　孙美兰主编. 艺术概论. 北京：高等教育出版社，1989

80　许抗生，赵建功，田永胜. 六朝宗教. 南京：南京出版社，2004

81　〔日〕曾布川宽. 六朝帝陵. 南京出版社，2004

82　〔日〕江上波夫. 蒙古高原行纪. 呼和浩特：内蒙古人民出版社，2008

83　宗鸣安. 西安旧事. 西安：西安出版社，2009

84　〔美〕弗朗西斯·亨利·尼科尔斯. 穿越神秘的陕西. 西安：三秦出版社，2009

85　甘肃文物考古队，庆阳北石窟寺文管所编. 庆阳北石窟寺. 北京：文物出版社，1985

86　李养正. 道教概说. 北京：中华书局，1989

87　〔法〕索安. 西方道教研究编年史. 北京：中华书局，2002

88　何小莲. 宗教与文化. 上海：同济大学出版社，2002

89　杜泽逊. 文献学概要. 北京：中华书局，2001

90　色音主编. 民俗文化研究. 北京：知识产权出版社，2010

91　贺西林. 古墓丹青——汉代墓室壁画的发现与研究. 西安：陕西人民美术出版社，2001

92　祝重寿. 中国壁画史纲. 北京：文物出版社，1995

93　郑午昌. 中国画学全史. 北京：东方出版社，2008

94　李宗仁，杨怀. 延安府志. 西安：陕西省图书馆，西安古旧书店出版，1962

95　段双印. 陕北古事钩沉. 西安：三秦出版社，2008

96　罗哲文. 长城. 北京：清华大学出版社，2008

97　张晓虹. 文化区域的分化与整合. 上海：上海书店出版社，2004

98　爱弥尔·涂尔干. 宗教生活的基本形式. 渠东，汲喆，译. 上海人民出版社，1999：296页

文物图集：

1　金维诺主编. 永乐宫壁画全集. 天津：天津人民美术出版社，1997

2　河北省石家庄市文物保管所编. 毗卢寺壁画. 石家庄：河北美术出版社，1984

3　中国美术全集 绘画篇·隋唐五代绘画. 北京：人民美术出版社，1984

4　北京市文物局编. 明清水陆画精选. 北京：北京出版社出版集团及北京美术摄影出社，2006

5　山西博物馆编. 宝宁寺明代水陆画. 北京：文物出版社，1988

6　柴泽俊主编. 山西寺观壁画. 北京：文物出版社，1997

7　水陆道场鬼神图像（明刻本）. 中国古代版画丛刊二编 （第二辑）. 上海：上海古籍出版社，1994

8　金维诺主编. 山西寺观壁画典藏·山西浑源永安寺壁画. 石家庄：河北美术出版社，2001

9　梅宁华，陶信成主编. 北京文物精粹大系·佛教造像. 北京：北京出版社，1999

10 佳县人民政府编. 白云山白云观壁画. 北京：文物出版社，2007

11 刘新合，雒长安主编. 古代建筑壁画艺术. 西安：世界图书出版西安公司， 2008

12 王树村编著. 中国古代民俗版画. 北京：新世界出版社，1992

13 陕西省艺术馆编. 陕西艺术馆藏·民间美术精品集（综合卷）. 2009

14 潘恩德编著. 民间信仰诸神谱. 潘照耀绘图. 成都：巴蜀书社出版，2001

15 品丰，苏庆编著. 高平开化寺壁画. 重庆：重庆出版社，2001

16 品丰，苏庆编著. 稷山青龙寺壁画、洪洞水神庙壁画、汾阳圣母庙壁画. 重庆：重庆出版社，2001

17 品丰，苏庆编著. 新绛稷益庙壁画、繁峙公主寺壁画. 重庆：重庆出版社，2001

古籍文献：

1 〔日〕高楠顺次郎（1866～1945），等编. 大正藏. 东京大藏经刊行会，台北新文汇出版股份有限公司，2001

2 大正新修大藏经（光碟版第二版）. 台北佛教基金会，2000

3 CBETA电子佛典. 卍续藏. 台北新文汇出版有限公司，1983年再版

4 明·袾宏. 法界圣凡水陆胜会修斋仪轨 // 卍续藏129卷

5 天地冥阳水陆仪文（明代刻本）. 国家图书馆、北师大图书馆藏

6 唐·张彦远. 历代名画记. 北京：人民美术出版社，1964

7 汉·司马迁. 史记. 北京：中华书局，1982

8 佚名. 道子墨宝. 北京：人民美术出版社，1964

9 宋·孟元老撰. 东京梦华录. 济南：山东友谊出版社，2001

10 钱振民点校. 搜神记·世说新语. 长沙：岳麓书社，1989

11 孔凡礼点校. 苏轼文集. 北京：中华书局，2004

12 民国·曹颖僧辑著. 延绥揽胜. 西安：史学书局发行，中华民国三十四年

13 宋·郭若虚著. 图画见闻志. 北京：人民美术出版社，1964

14 宋·岳仁译注. 宣和画谱. 长沙：湖南美术出版社，1999

15 宋·李诫. 营造法式. 北京：人民出版社，2006

16 唐·玄奘述，辩机撰. 大唐西域记. 南宁：广西师范大学，2007

17 清·刘献廷撰. 广阳杂记. 北京：中华书局，1957

18 宋·李昉，等编. 太平广记. 北京：中华书局，1961

19 明·黄宗羲. 明夷待访录. 长沙：岳麓书社，2008

20 明·王世贞原著. 中国的神仙. 长沙：岳麓书社，2003

21 明·黄瑜撰. 双槐岁钞. 北京：中华书局，1999

22 汉·许慎撰. 说文解字注. 清·段玉裁注. 上海：上海古籍出版社，1988

23 清·毕元撰，张沛校点. 关中胜迹图志. 西安：三秦出版社，2004

24 民国·刘济南，张斗山，曹子正，曹思聪撰. 陕西横山县志. 民国十八至十九年

25 民国·苏其炤，何炳勋编. 怀远县志. 民国十七年

26 民国·孙让编. 怀远县志. （1644～1911）

27 清·佚名. 葭州乡土志. （1851～1911）

28 清·李寿昌，任佺编纂. 葭州志. 光绪二十年

29　清·高珣，龚玉麟．葭州志．光绪二十年

30　民国·李寿昌，任佺．葭州志．民国二十二年

31　民国·陈瑄，赵思明，张德华．葭县志．民国二十二年

32　民国·余正东，黎锦熙，吴致勋．洛川县志．民国三十三年

33　民国·余正东．洛川县志．民国三十三年

34　清·刘毓秀，贾构．洛川县志．道光年间

35　清·王致云，朱塥，张琛．神木县志．道光二十一年

36　清·洪蕙．延安府志．光绪十年

37　清·李熙龄．榆林府志．光绪十年

38　清·佚名．榆林县乡土志．道光二十一年

39　严用琛修，高崶纂．府谷县乡土志．陕西图书馆藏稿本，民国十三年（1924）

学术论著：

1　洪起龙．元明水陆法会图研究．博士论文．中央美院，1997

2　戴晓云．北水陆图考．博士论文．中央美院，2007

3　赵明荣．浑源永安寺壁画绘制年代考．硕士论文．北京大学，2004

4　张炳杰．水陆画之神祇谱系及其社会功能的初步研究．硕士论文．山东大学，2007

5　陈尧军．中国佛教的水陆法会之研究．硕士论文．香港中文大学，2005

6　洪锦淳．水陆法会仪轨．硕士论文．台湾中兴大学，2006

7　呼延胜．陕西现存世几套水陆画调查与初步研究．硕士论文．西安美院，2007

8　熊雯．山西繁峙县公主寺东西壁水陆画内容考释与构图分析．硕士论文．北京大学，2008

9　徐戈．河北地区水陆壁画在宗教壁画中的地位与价值研究．硕士论文．苏州大学，2008

考古报告：

1　负安志，左正．洛川县兴平寺水陆道场画．文博，1991（3）

2　白万荣．青海乐都西来寺明水陆画析．文物，1993（10）

3　李小荣．水陆法会小考．戒幢佛学，2002（2）

4　李小荣．水陆法会源流略说．法音，2006（4）

5　夏朗云．麦积山瑞应寺藏清代纸牌水陆画的初步整理．文物，2009（7）

6　谢生保，谢静．敦煌文献与水陆法会——敦煌唐五代时期水陆法会研究．敦煌研究，2006（2）

7　谢生保．甘肃河西水陆画简介——兼谈水陆法会的起源和发展．文化研究，2004（1）

8　谢生保．甘肃河西道教黄箓图介绍∥李凇主编．道教美术新论．济南：山东美术出版社出版，2008

9　苏金成．石家庄毗卢寺水陆画及其艺术特征．艺术百家，2006（7）

10　苏金成．石家庄毗卢寺水陆画宗教思想探析．艺术百家，2007（4）

11　苏金成．水陆法会与水陆画研究．南京艺术学院学报，2005（1）

12　李欣苗．毗卢寺壁画引路菩萨与水陆画的关系．美术观察，2005（6）

13　赵燕翼．古浪收藏的水陆画．丝绸之路，1994（3）

14　徐建中．怀安昭化寺大雄宝殿水陆画．文物春秋，2006（4）

15　戴晓云．水陆画基本情况简述．中国文物科学研究，2009（1）

16　陶思炎．南京高淳水陆画略论．艺术学界，2009（1）

17　黄晓蕙．略论佛山水陆画．佛山科学技术学院学报，2007（5）

18　柳建新．泰山岱庙馆藏水陆画初探．民俗研究，2008（3）

19 张鹏. 美术史研究中的寺观庙堂绘塑与建筑. 美术观察, 2004（3）

20 王国建. 民间水陆画之"非物质文化"属性及其保护. 郑州大学学报, 2009（11）

21 〔美〕胡素馨. 模式的形成——粉本在寺院壁画构图中的应用. 敦煌研究, 2001（4）

22 张志春. 从具象到抽象的演化轨迹. 艺术百家, 2003（3）

23 张萍. 风俗所见黄土高原土地利用方式的差异——以民国时期陕北为例. 陕西师范大学学报, 2009（5）

24 梁严冰. 1928~1932年的陕北大旱灾及其影响. 延安大学学报, 2010（2）

25 石衍丰. 近现代民间秘密宗教中的神仙信仰. 宗教学研究, 1996（1）

26 王伟. 探析民国初期中原文化对其民间宗教信仰的影响. 洛阳理工学院学报：社会科学版, 2009（2）

27 梁庭望. 壮族原生型民间宗教结构及其特点. 广西民族研究, 2009（1）

28 徐敏. 乡村民间宗教的研究综述. 农村经济与科技, 2009（4）

29 马雁. 民间宗教的乡村化生存、流变与政府治理——以宋明清时期的考察为背景. 北京行政学院学报, 2009（3）

30 赵献海. 瘟疫与民间宗教——以林兆恩与三一教为例. 中国社会历史评论, 2005（1）

31 王健. 近年来民间信仰问题研究的回顾与思考:社会史角度的考察. 史学月刊, 2005（1）

32 李利安. 一处罕见的民间宗教"活化石"——太兴山民间宗教历史遗存调查. 世界宗教研究, 2003（3）

33 车锡伦. 明清民间宗教与甘肃的念卷和宝卷. 敦煌研究, 1999（4）

34 陈晓峰. 对1928年陕甘灾荒及救济的考察. 兰州大学学报, 2004（3）

35 陶继波. 清代至民国前期河套地区的移民进程

与分析. 内蒙古社会科学, 2003（9）

36 王新凤. 民国时期陕北地方志纂修. 延安大学学报, 2004（4）

37 李勤. 民国时期的灾害与巫术救荒. 湘潭大学学报, 2009（4）

38 王伟. 民国初期中原民间宗教广泛传播的文化因素. 郑州航空工业管理学院学报, 2009（2）

39 色音. 科尔沁萨满教艺术的人类学解析. 内蒙古大学艺术学院学报, 2010（2）

40 温燕. 灾荒与人性. 社会科学家（增刊）, 2005（5）

41 安绍梅, 王建军. 陕西"民国十八年年馑"巨灾的人祸原因分析. 西安文理学院学报, 2008（11）

42 余同元, 王来刚. 晚清边疆与内地一体化发展的途径与标志—兼说"走西口"、"跑口外"与"闯关东"的历史内容. 西北史研究, 1990

43 王长启. 古老的水陆画∥西安关中民俗艺术博物院编. 关中民俗艺术论文集. 西安：三秦出版社, 2003

44 吴真. 宗教仪式和灾后心理治疗. 读书, 北京：三联书店出版社, 2008（8）：28页

后　记

时间过得真快，读博三年已然成为我人生中最紧张最充实的三年，渐行渐远，但那些经历过的事情，仍记忆犹新。赴陕北田野考察十余次，查阅文献资料和整理考察带回的现场记录，伴随我度过了无数个不眠之夜，即使在除夕夜的鞭炮声中，我依然在电脑上整理资料……现在提交上这部博士论文，算是我人生一个新的起步，成绩虽小，但也敝帚自珍。今后的路还很长，现在收获的不仅仅是这篇学位论文，更珍贵的是在这几年跟随导师王宁宇教授学习过程中的一些感悟和体会，使我对追求事业的执着精神有了更深的理解。几年来，年过花甲的导师和我这个身强力壮的年轻人一起下乡，白天爬山做田野考察，晚上在旅馆整理资料，讨论我的文章的写法。惭愧的是，我明显能够感觉到他对我真诚的关爱和恨铁不成钢的焦虑。几年来的下乡经费全部由王老师设法筹措，尽量不给我造成负担。深情厚意，我当永远铭记在心。

同时，感谢程征教授对我的关怀和教导。相识二十多年，亦师亦友，他温婉随和的处事态度让人如沐春风，谦虚严谨的治学态度更是我学习的榜样。李淞教授在我硕士阶段给予我学业的指导，将我带入学术研究的大门。还有西安美院为我们授课的博导彭德教授、李青教授、周晓陆教授、钱志强教授、赵农教授等，都曾给予我学业上的指导，在此一并致以谢忱！

我要感谢生活在陕北窑洞里76岁的老父亲。每次回家探望，他都报喜不报忧，为的是不让我担心他的身体状况，也不为家中琐事操心。感谢我的岳父岳母，不辞劳苦照顾我们的儿子，为我解除了后顾之忧。感谢妻子成军梅女士，结婚18年来，她从未享受过优越的生活，一直陪伴着我爬坡苦斗，在我陷入困顿时，在我情绪低落时，是她的支持让我度过一个个难以逾越的沟坎。

此外，我还要感谢陕西国画院的同事和朋友们，尤其是王有政老师。他曾多次伸出援手助我在关键时刻度过难关。张立柱、邢庆仁和郭亚荣三位老兄多年来的关心也让我心生温暖。特别要感谢张振学、蔡亚红伉俪，张老师得知我考上博士，欣然挥毫作画志贺，他们不仅在精神上给予我鼓励，还将他们的高档相机长期借给我考察时使用。

感谢学兄胡春涛博士、孟凡行博士、吴克军博士、师弟王陆建、师妹王楠等人，他们在我读博期间曾给予我诸多的帮助。

对几年来下乡考察中相识并给予我帮助的朋友们，也要说一声感谢！他们是：西安摄影家黄新力；榆林市文联画家马飞、栗子明；榆林画家尤玉玲；榆林民间画匠任今明、张彦珍、万忠学；横山牛王会刘启成、刘炳成、马宏洲等几位会长；安塞县文化馆孙胜利副馆长；志丹县文化馆胡铿、宿平二位馆长；延安市文联画家宋如新；延长油矿摄影师李建增、房海峰；佳县兴隆寺会长郑进旺；佳县民间画匠高生武及其家人。

谨以此书献给所有支持和帮助过我的人和单位！

呼延胜于西安美院

2012.06.05